살아있는 다문화교육 이야기

살아있는 다문화교육 이야기

손소연·이륜 지음

테크빌교육

여는 글

언젠가 모든 학교에서
겪게 될지도 모르는 이야기

손소연

　　다문화라는 말이 없었던 십수 년 전의 일입니다. 당시 저는 초등학교 4학년 담임을 했었는데 학급 아이 중에 어머니가 일본인인 석훈이라는 아이가 있었습니다. 자신의 생각을 잘 표현하지도 않고 나서는 성격도 아닌 조용한 아이였습니다. 그러나 어느날부터인가 석훈이가 점점 준비물도 안 챙겨올 뿐만 아니라 성적도 떨어지고 성격은 더욱 내성적으로 변해 걱정되기 시작했습니다. '집에 무슨 일이 있나?' 하는 생각에 방과 후에 물어봐도 대답이 없었습니다.
　　결국 석훈이의 어머니를 만난 후 해답을 얻을 수 있었습니다. 당시 일본의 교과서 왜곡 사건과 독도 문제가 사회적으로 불거지면서 석훈이 어머니가 일본인이라는 이유 때문에 질타의 대상이 되어있었던 것입니다. 석훈이가 "엄마는 일본에 가서 살라고, 엄마 때문에 '일본 놈' 소리를 들어서 스트레스 받는다며, 차라리 엄마가 없으면 좋겠다"고

울었다고 합니다. 그 말을 하면서 석훈이 어머니도 울었습니다.

저는 원일초등학교에서 7년에 걸쳐 외국인근로자 자녀 특별학급 담임교사를 했습니다. 어느 날 갑자기 다문화라는 말이 광풍처럼 불어 닥쳤습니다. 다문화란 말이 없을 때에도 숨죽여 살려고 했던 석훈이처럼, 다문화가정 아이들은 처음엔 드러나고 싶어 하지 않았습니다. 다문화가정 아이들의 학업이 부진해서 특별학급에서 공부를 도와주겠다고 하자 다문화가정 부모님들은 이렇게 말했습니다. "다문화가정인 것이 드러나도 크게 영향을 받지 않는 외국인근로자 가정의 자녀들이나 잘 가르쳐라."

2012년에 저는 학급인원 26명 중 17명이 다문화학생인 일반학급의 담임교사였습니다. 쉬는 시간이 되면 중국에서 온 아이들끼리만 몰려다니며 중국어로 너무 크게 떠들어서 소수국가 출신의 아이들은 귀를 막고 내 앞으로 달려오곤 했습니다. 중국어로 생활해도 불편함이 없어서 한국어를 배우려고 노력하지 않는 아이들, 복도건 교실이건 한국 선생님들 앞에서조차 "타마더(씨발), 사과(바보), 촌니마(fuck your mother)"를 쏟아내는 아이들 때문에 비중국계 아이들의 불만이 나날이 커져가는 학교였습니다. 특별학급이 세 반이나 있어서 혜택이 많아져 좋아할 줄 알았던 다문화가정 학부모들은 특별학급 아이들 때문에 특별학급과 관련이 없는 다문화가정 아이들이 오히려 피해를 본다고 섭섭해 했습니다. 다문화가정 학생보다 수가 적은 일반가정의 한국 학생들은 다문화가정에게만 혜택이 집중된다고, 세금은 한국인이 내고 혜택은 다문화만 받는다는 역차별 논리로 제노포비아(외국인 혐오증) 장벽을 쌓고 있었습니다. 급기야 한국인 학부모들이 옆 동네로 위장전입을 하러 가기도 했습니다. 아이들을 전학시키려고!

한 학급 학생 수 26명 중 다문화가정 자녀 17명….

베트남, 중국, 일본 등 다양한 나라의 부모와 함께 사는 학생들….

하루에도 수십 통씩 걸려오는 전화….

법원, 경찰서 등을 종횡무진하며 아이들의 문제를 해결하고 있는 지금.

제가 할 이야기는 지어낸 이야기가 아니라 실제 학교 교실에서 일어나고 있는 일들입니다.

다문화가정의 아이들이 전교생의 50%가 넘는 학교에서는 과연 어떤 일들이 일어나고 있을까요? 만약 문제상황이 발생하면 교사인 우리는 어떻게 해야 할까요?

아직 많은 학교가 다문화가정의 자녀가 반에 1~2명, 또는 없는 경우가 대부분인 학교일 것입니다. 그러나 언젠가는 다수의 다문화가정 자녀들과 한국 학생들이 한 교실에서 함께 공부할 것이라는 생각을 지울 수가 없습니다.

교사인 우리들은 과연 다문화교육을 어떻게 해야 할까요?

다문화가정 자녀에게서 문제가 발생한다면 어떻게 해야 할까요?

일반학생과 다문화가정 자녀 사이에서 문제가 발생한다면 어떻게 해결해야 할까요?

그리고 그 밖의 일로 다문화가정의 자녀를 상담해야 하는 일이 생기면 어떻게 해야 할까요?

그래서 이 책에서는 교사가 꼭 알아두어야 할 다문화교육에 대한 이야기와 다문화가정 학생의 문제를 과연 어떻게 대처할 것인가에 대한 답을 실제 사례를 바탕으로 이야기해보고자 합니다. 아무쪼록 앞으로의 다문화사회에서는 다양한 문제로 인한 사회적 비용이 최소화되고 다문화가정의 자녀들이 대한민국 미래의 기둥으로 성장하기를 기원합니다.

여는 글
다문화교육의 답을 찾는 첫 걸음

이륜

　다문화사회, 다문화교육, 다문화상담, 다문화캠프, 다문화 거점학교, 다문화 예비학교… 등등.
　다문화와 관련된 다양한 정책들이 봇물처럼 쏟아지고 있습니다. 학교에서는 다문화 업무를 맡게 되면 무엇부터 해야 할지 우왕좌왕하는 일이 익숙하고 당연하게 느껴집니다. 그리고 우리는 '다문화'라는 용어를 고민해 보지도 않은 채 일상적으로 아무렇지도 않게 쓰고 있습니다. 다문화라는 용어에 익숙해져 아무렇지도 않게 다문화가정의 학생들을 "다문화"라고 부르고 있습니다.
　그러나 '다문화'라는 말로 가슴에 상처를 받는 학생들도 있다는 것을 우리 교사들은 꼭 기억했으면 합니다. "다문화가정의 학생들을 만나면 어떻게 해야 하나요?"라고 물으시면 "저도 그 답을 찾기 위해 이렇게 책을 써보게 되었습니다"라고 답하고 싶습니다. 다문화 교육을 공부하면서 가장 많이 생각했던 부분이 바로 이 부분이었습니다. 교사로서 다문화가정의 학생들을 받아들이거나 받아들이지 않는 것은 우리의 선택이 아닙니다. 교육은 계층을 막론하고 모두에게 돌아가야 하는 매우 중요한 권리이자 의무입니다.

학교 교실에는 다문화가정의 학생들이 시나브로 함께 생활하고 공존하고 있습니다. 그리고 그 수가 점점 증가할 것이라는 전망이 설득력을 더해 가고 있습니다. 그렇다면 우리는 다문화학생들과 함께 생활하면서 어떻게 해야 하고, 그리고 무엇을 알아야 할까요? 이 책의 앞 부분은 이런 의문에서 시작되었습니다. 교사들이 다문화교육을 시작하거나 혹은 접함에 있어서 무엇을 알아야 할까요? 다양한 주제들로 범람하고 있는 교육의 상황에서 다문화교육까지 해야 한다면 도대체 어떻게 해야 할까요? 이 책은 이 물음에 대한 답을 찾는 첫걸음이 될 것이라고 생각합니다.

제가 맡은 책의 앞부분은 다문화교육에 대한 전반적인 이야기로 시작하려 합니다. 다문화교육을 실천하고 다문화가정의 학생들을 만나면서 알아야 하는 기본적인 이야기들을 풀어보려고 합니다. 다문화사회는 과연 무엇이고, 다문화교육은 과연 무엇인지, 다문화교육을 통해 무엇을 하고자 하는 것인지, 그리고 다문화가정의 자녀들과 상담하며 우리는 최소한 무엇을 알아야 하는지 등등에 대한 답을 구하고자 하였습니다. 교수님들이 쓴 책처럼 깊은 지식이 아니라 교사가 현장에서 겪는 다문화학생들과 일반학생들 간의 갈등 상황, 그리고 다문화가정의 학생을 상담할 때, 다문화 학부모님을 만나 상담하면서 알아두어야 할 최소한의 기본적인 지식들을 모아보고자 하였습니다. 그걸 알고 나면 이 책의 다음 부분, 손소연 선생님이 소개하는 학교생활 속에서 만나는 다문화학생들, 학부모님들과의 이야기를 더욱 쉽게 이해하게 될 것입니다. 또한 다문화교육과 상담을 처음 접하는 교사들이나 다문화교육을 공부하는 이가 교육 현장에 다문화와 관련된 상황과 접하게 될 때 도움이 되리라고 생각합니다.

동아시아는 사람에 관심을 두고 있는 문화를 갖고 있다고 합니다. 다른 나라와는 달리 우리 교육이 이렇게 발전하고 주목받을 수 있는 것은 '홍익인간'처럼 사람에 주목하고 사람을 평가의 대상이 아닌 사람과 사람 간의 관계의 측면에서 바라보았기 때문이라고 생각합니다. 그리고 다양성은 창조력의 원천이라고 합니다. 다문화사회를 맞이하는 우리 미래의 가능성은 조화와 관계에 달려 있습니다. 그래서 우리 아이들이 다양한 문화를 이해하고 그들과 더불어 살아가는 인간이 되도록 가르치는 것이야말로 교사가 당연히 해야 할 일이 아닐까 생각해 봅니다. 우리의 아이들이 상대방이 기쁠 때 같이 기뻐하고 아플 때 함께 아파해 주는 상대방을 위해 울어줄 수 있는 사람이 되기를 바랍니다.

이런 좋은 기회를 주신 즐거운학교 출판 관계자 여러분께 감사의 인사를 드리고 싶고, 이 책이 더불어 살아가는 대한민국을 만드는 데 조금이나마 도움이 되었으면 합니다.

차례

여는 글

언젠가 모든 학교에서 겪게 될지도 모르는 이야기　4
다문화교육의 답을 찾는 첫 걸음　8

다문화교육 열기 이륜　15

- 01　알기 쉬운 다문화사회의 이해　16
- 02　다문화교육이란 무엇일까?　24
- 03　다문화가정이란 무엇일까?　59
- 04　다문화 상담이란 무엇일까?　70
    학교 다문화교육을 위한 교사 10대 가이드라인　78
    참고문헌　80

다문화교육 들어가기 손소연 83

꼭 알아야 하는 다문화교육 현장지식

01 모두 다 학교에 갈 수 있는 아이들 89
02 학교에서 만나는 다문화가정 학생의 유형 98
03 선생님이 만드는 학적 108
04 부모를 대신하는 선생님 128

다문화학생의 이해, 다문화가정 이야기

01 반드시 필요한 가정방문의 중요성 139
02 역차별과 제노포비아 152
03 대한민국은 언제 어디서나 인종차별 160
04 나는 누구인가요? 168
05 가족관계 정립이 시급한 다문화가정 175

다문화 교실 속 이야기

01 학교 와서 어리둥절 199
02 고민스러운 급식 208
03 말, 말, 말, 말조심 224
04 아! 조선인, 그리고 고려인 230
05 쉽지 않은 교복 입기 246
06 다문화교실 속 갈등 해소를 위한 노력 252
07 다문화교실 속 역차별 상황과 해소를 위한 노력 264
08 교실 안 골칫덩어리, 핸드폰 273

한 걸음 더 나아가기

01 인성교육과 생활지도 283

02 사회가 너무 어려워 298

03 다문화체험 교실수업의 계획 305

부록1 — 전국 다문화가족지원센터 알아보기 314

부록2 — 전국 청소년 쉼터 알아보기 322

* 본서의 저자 두 분 중 손소연 선생님은 다문화교실의 담임선생님으로서 다문화교육의 생생한 현장을 설명하는 '다문화교육 들어가기' 원고를, 이륜 선생님은 다문화교육의 전반적인 이론을 개괄적으로 설명하는 '다문화교육 열기'의 원고를 만들어주셨습니다.

* 편집적으로는 이륜 선생님의 '다문화교육 열기'를 먼저 배치하여 다문화교육을 이해하기 위해 미리 알아둬야 하는 이론과 정보들을 설명하고, 이어서 손소연 선생님의 '다문화교육 들어가기'를 통해 다문화교육의 현장을 알려주는 구성을 택했습니다.

* 본서에 등장하는 모든 다문화 학생들의 이름은 가명입니다.

다문화교육 열기

이륜

01

알기 쉬운 다문화사회의 이해

　아침에 출근하며 길을 걸어가다가 혹은 버스나 전철을 타서 외국인을 만나는 것은 이제 낯선 풍경이 아니다. 학생들과 놀이동산, 관광지, 유적지 등으로 현장체험학습을 가도 외국인을 많이 만날 수 있다. 교사인 나는 아직 낯설기만 한데 아이들은 외국인을 보고도 씽긋 웃으며 반갑게 인사를 건네는 모습을 보며, 우리 아이들이 성장한 후에 한국의 모습을 생각해 보면 분명 다문화사회로 변모되어 있을 것이라는 확신마저 생긴다. 또 TV 프로그램, 영화 등의 대중매체에서도 다문화가정의 모습과 외국인들을 주제로 한 프로그램이 많이 방영되고 있다.
　사회의 변화와 더불어 학교 교실에서 다양한 인종들이 함께 어울려 생활하는 모습을 과거에는 상상하지 못했다. 중국, 일본, 베트남 등의 어머니 혹은 아버지를 둔 친구들, 한국을 처음으로 와서 함께 공부하게 된 외국인근로자 가정의 자녀 등 우리와 피부색이 다르고 문화적 배경이 다른 다문화인들을 접하는 것은 더 이상 특별한 일이 아니다.

다문화인들을 소재로 제작되는 다양한 방송 프로그램과 영화들.

OECD에서는 전체 인구의 5% 이상이 외국인이면 다인종·다문화국가로 분류하는데 우리나라의 경우 조만간 다문화국가가 될 날이 멀지 않은 것 같다.

김범수 한국다문화사회연구소 소장(2009)은 다문화사회를 우리 사회에 거주하고 있는 소수민족이 다양해지고, 국제결혼의 증가로 다문화가족 자녀들이 많이 출생하고, 한국에서 공부하기 위해 많은 유학생들이 입국·거주하며, 다문화가정으로 인해 증가하는 사회문제를 예방하기 위해 법과 제도를 만들고 그들을 위해 서비스를 제공하는 시설이 증가하는 사회라고 설명한다.

〈다문화교육의 이해와 실천〉(2010)에서는 다문화사회의 특징을 다음과 같이 기술하였다.

- 민족, 인종, 문화 등을 기반으로 한 다양성과 특수성이 존재한다는 것이다. 다문화사회는 다양한 민족, 인종, 문화가 존재하며 가족형태, 학교 교육, 지역사회, 직장, 성, 연령, 신체, 성적 취향 등에 있어서도 다양성과 특수성이 두루 발견된다.
- 다양한 유형의 집단 간 갈등이 존재한다는 것이다. 다양한 인종, 민

다문화사회로 변모할 한국사회는 보다 열려있는 사회로 진화해야 한다.

족, 언어, 종교, 계층, 특성을 가진 집단이 공존하는 다문화사회에서는 집단 간 욕구 충돌로 인해 갈등이 생길 수밖에 없다.
· 유입집단에 대한 고정관념이 존재한다는 것이다. 이러한 고정관념은 유입집단에 대한 차별로 이어질 수 있다.

앞으로 한국사회는 다문화사회로 계속 변모할 것이며, 이에 따른 준비가 필요할 것이다. 무엇보다도 문화적 차이를 극복하고 남과 다른 '다름'을 인정하는 자세가 필요하다. 나아가 문화적 다양성의 장점을 살려 새로운 문화를 창조할 수 있는, 가능성이 열린 사회로 탈바꿈해야 할 것이다.

다문화사회인 외국에서는 어떤 일들이 일어났을까?

외국에서는 다양한 인종과 언어, 문화가 공존하면서 여러 가지 문제들이 발생하고 있다. 다문화사회에서 발생할 수 있는 다양한 사건들을 미리 살펴봄으로써 우리사회에서 어떤 일들이 발생할 가능성이 있는지 예측해 볼 수 있을 것이다. 이를 통해 서로가 공존하고 배려하며 사회적 비용을 최소화하기 위한 다문화교육의 중요성을 다시 한 번 생각해 보는 계기가 될 것이다.

1989년, 이란 지도자 아야톨라 호메이니는 소설가 살만 루시디를 처형한다는 파트와(종교칙령)를 내렸다. 1988년 9월 루시디가 발간한 소설 〈악마의 시〉 때문. 이슬람 신도들은 이 소설이 예언자 마호메트의 부인을 창부로 묘사하는 등 신성한 종교를 모독했다고 분노를 터뜨렸다. 곳곳에서 시위가 이어졌고 이슬람과격단체는 루시디의 목에 300만 달러의 현상금까지 걸었다. 이에 영국 등 유럽 각국은 이란과 단교조치를 취하며 강력히 반발했다. 1991년에는 이탈리아 번역가 피습에 이어 일본 번역자가 살해당했다. 루시디는 경찰의 보호 아래 영국 이곳 저곳으로 피신하던 중 1998년이 되어서야 대외관계 개선에 나선 모하마드 하타미 이란 대통령이 〈악마의 시〉 사건 종결을 선언함으로써 위협에서 벗어날 수 있었다.

2001년 9월 11일에 뉴욕 세계무역센터가 비행기 테러로 무너진 사건은 문명과 문명이 부딪친 가장 첨예한 대립 사례 중 하나로 역사에 남았다. 이 사건 이후로 미국은 아프가니스탄과 이라크라는 두 이슬람 국가에서 전쟁을 치뤘고 미국 내에서는 아랍계 인종에 대한 극심한 배척 기류가 발생하여 사회 갈등이 일어났다. 다양한 인종으로 이뤄진 미국은 이 테러 사건의 여파에서 아직 완전하게 탈출하지 못한 상태다.

2005년에는 프랑스 저소득층 이민자 가정이 몰려 사는 프랑스 파리 교외 클리시-수-부아에서 경찰 검문을 피해 달아나던 10대 소년 2명이 감전사하면서 폭력 소요사태가 발생했다. 차별과 실업문제로 극심한 소외감을 느낀 북아프리카계 이민 2세들의 분노가 폭발해 3주간 소요사태가 지속된 것이다. 경찰이 사태종료를 선언한 11월 17일까지 전국적으로 1만여 대의 차량이 방화됐고, 미성년자를 포함해 3천여 명이 체포됐다. 특히 저소득층 이민자 2, 3세 청소년들이 주도한 이번 소요 사태는 서구 선진국들에게 이민자 정책을 성찰하는 계기로도 작용했다.

같은 해 호주 시드니 해변에서는 수천 명의 백인 청년들이 아랍계 이주민들을 공격하는 일이 벌어졌다. 시드니 남부 크로눌라 해변에서 5,000여 명의 술 취한 백인 청년들이 아랍 출신으로 보이는 사람들을 닥치는 대로 폭행하고 이를 제지하는 경찰과도 충돌하는 등 난동을 부렸다. 이들은 호주 국기를 흔들며 인종주의를 선동하는 구호를 외쳤다. 크로눌라에서 시작된 폭동은 미란다, 로크데일, 마로브라, 템프 등 다른 교외 지역으로도 퍼졌으며 다음날 아침까지 산발적으로 계속됐다. 수 시간에 걸친 폭력사태로 경찰과 구급요원 8명을 포함해 30여 명이 다치고 28명이 경찰에 체포됐다. 이번 폭동은 레바논계 청년들이 크로눌라 해안구조대원 2명을 시비 끝에 구타한 사건에서 비롯됐다.

2005년 7월 7일 런던에서 발생하여 '7.7테러'라고 불리는 테러 사건은 영국에서 성장한 무슬림 청년 3명과 파키스탄인 1명이 런던 시내 지하철역과 버스정거장 4곳에서 동시다발적으로 자살폭탄 테러를 자행, 시민 52명이 죽고 700명이 넘는 부상자가 생긴 영국 최대의 테러사건 가운데 하나다. 이 사건은 영국 태생 무슬림 청년들에 의해서 일어났다는 점이 주요한 이슈이다. 이로 인해 영국의 다문화주의에 대한 논의가 촉발되었다.

이러한 일련의 사건들은 오래 전부터 다국적민들로 구성된 다문화사회였던 서구권에서도 다른 문화를 받아들이고 그것을 사회적 시스템에서 포용하는 데 여전히 어려움을 겪고 있다는 걸 알려준다. 문제는 우리나라 사람 또한 한국을 떠나 다른 나라에 가면 수많은 이민자 중의 하나로서 똑같은 차별을 받을 수 있을지도 모른다는 사실이다.

우리나라에서 일어나는 문제들

현재의 다문화사회가 우리에게 도전인 것은 우리가 오랜 세월 동안 인종적·언어적·문화적으로 동일한 사회를 유지해 왔기 때문이다. 최근 국제결혼가정과 그들의 자녀, 외국인노동자 및 북한이탈주민의 증가로 다양한 사회적 문제가 발생하고 있다. 과연 우리나라에서는 어떤 일들이 일어나고 있을까?

2009년에는 외국인에게 인종차별적 발언을 해 국내 사법 사상 처음으로 기소된 남성에 대해 법원이 유죄를 인정했다. 박모 씨는 2009년 7월 10일 오후 9시께 버스에 함께 타고 있던 인도인 보노짓 후세인 성공회대 연구교수에게 "아랍인은 더럽다", "냄새 난다"는 등 인종차별적 발언으로 모욕감을 준 혐의로 약식 기소됐다. 재판부는 "당시 상황을 고려해 볼 때 피고인이 특정 종교나 국적의 외국인을 혐오하는 듯한 발언을 해 피해자에게 모욕감을 느끼게 한 점이 인정된다"고 밝히며 벌금 100만 원의 약식명령을 내렸다.

동남아 여성들이 한국 남성과의 결혼을 위해 한국으로 건너오는 건 이젠 흔한 일이다. 그러나 그러한 결혼 생활은 종종 불행한 결말을 드러내곤 한다. 2010년 부산 사하구 신평동 10평 남짓한 주택에서 베트남인 주부 A씨가 흉기에 찔려 숨진 채 발견됐다. 당시 A씨의 얼굴과 몸엔 맞은 흔적이 선명하게 남아 있었다. 체포된 남편인 장씨는 경찰 조사에서 "귀신이 아내를 죽이라고 말하는 환청을 듣고 범행을 저질렀다"고 진술했다. 두 사람은 국제결혼회사를 통해 만났지만 A씨는 남편의 정신병력을 정식 결혼 전에 전혀 알지 못했던 것이 비극의 시작이었다.

2012년에는 생김새가 다르다는 이유로 따돌림 당하던 다문화가정 청소년이 연쇄방화를 저지르다 붙잡혔다. 서울 광진경찰서는 화양동 일대 주택가를 돌아다니며 하루 세 곳에 불을 질러 2200만원 상당의 피해를 입힌 혐의로 정모 군을 구속했다. 푸른 눈에 하얀 얼굴의 정군은 1995년 러시아 유학중이던 아버지와 러시아인 어머니 사이에서 태어났다. 그러나 두 살 무렵 아버지가 교통사고로 세상을 떠났고 어머니도 정군을 떠났다. 정군은 한국으로 들어와 할머니 손에 맡겨졌지만 초등학교에 입학하면서 외모 때문에 따돌림을 받기 시작했다. 중학교 2학년 때는 심한 우울증으로 6개월간 정신과 치료까지 받았다. 중학교를 자퇴하고 가출을 거듭한 그는 검정고시를 거쳐 고등학교에 입학했지만 적응하지 못하고 지난해 5월 다시 자퇴한 뒤 가출했다. 정군 할머니는 가출한 정군을 찾아다니다 교통사고로 숨진 상태였다.

북한에서 건너 온 새터민 학생들도 차별의 대상이 된다. 한국교육개발원이 최근 내놓은 「탈북청소년의 교육 종단연구」(2011)에 따르면 북한에서 온 청소년들이 학교 적응에 큰 어려움을 겪고 있다. 원인은 기초학습 부족과 문화적 이질감, 소득 격차 등에서 비롯되는 것으로 분석됐다. 탈북 학생의 교내 왕따를 예방하기 위해서는 교사의 역할이 중요하지만 정작 교사들은 다른 학생과 학부모들 눈치를 살피느라 소신을 펴기도 어렵다는 게 중론이다. 이들은 경제적인 문제에도 시달리고 있다. 종단연구에 따르면 소득 수준을 묻는 질문에 북한 출신 학부모 410명 중 69.8%에 해당하는 286명이 기초생활수급자라는 대답이 나왔다.

　상황이 이렇다 보니 새터민들 중에는 북한으로 다시 돌아가는 이들도 나올 정도다. 2012년 6월부터 2013년 1월까지 재입북한 탈북자는 4건에 달한다. 재입북 탈북자들은 북한 방송에 나와서 탈북자라는 이유로 취직을 거절당하고 임금차별을 당했으며 처지가 조금도 나아지지 않았다고 주장했다. 해당 방송이 북한의 체제선전용이라는 걸 감안하더라도 한국 내 새터민의 처지가 녹록하지 않은 것만은 사실이다. 전문가들은 무엇보다 소수 탈북자 때문에 성실히 살아가는 대부분 탈북자들이 불이익을 받지 않도록 우리 사회 전반에 탈북자를 향한 좀 더 따뜻한 시선이 필요할 때라고 말한다.

02

다문화교육이란 무엇일까?

　　이제 다문화교육이라는 용어는 생소하게 다가오지 않는다. 교사라면 누구나 연수나 공문 등을 통해 다문화교육이라는 말을 들어본 적이 있을 것이다. 그러나 막상 다문화교육을 교실 속에서 실천하거나 교실에서 발생하는 다양한 문제를 해결하려고 하면 어떻게 해야 할지 막막해지는 것은 여전하다. 다문화교육과 상담을 실천하기에 앞서 다문화교육이 과연 무엇인지에 대해 알고 넘어가야 할 것 같다.
　　교사들은 국어, 수학, 사회, 과학 등 교과교육처럼 다문화교육의 개념에 대해 간단하고 명확하게 알기를 원한다. 하지만 다문화교육이라는 용어가 출현한지도 오랜 시간이 흘렀지만 여전히 다문화교육이라는 용어는 모호하기만 하다. 다문화교육에 대한 개념은 학자들마다, 그리고 관련 서적들마다 조금씩 차이가 있다. 교사들의 다문화교육에 대한 이해를 높이기 위해 다문화교육 관련 책들과 연구들에서 이야기하고 있는 다문화교육에 대한 개념들을 정리해 보았다. 이를 통해 다문화교육이 도대체 무엇인지 이해하는 데 도움을 주고자 한다.

다문화교육의 개념들

다문화교육에 대한 개념은 많은 학자들과 관련 서적을 통해 정의되고 있다.

뱅크스Banks(2008)는 "다문화교육은 학생들의 교육에 중대한 변화를 추구하는 하나의 개혁운동이라고 말하며, 학교나 다른 교육기관을 변화시키고자 모든 사회계층, 성별, 인종, 그리고 문화적 집단 등이 학습을 위해 균등한 기회를 갖게 하는 것"이라고 정의하였다.

베넷Bennett(2009)은 "다문화교육은 민주주의의 신념과 가치에 기초를 두고, 상호의존성이 높은 세계, 문화적으로 다양한 사회 안에서 문화다원주의를 지지하는 교수-학습 방법이다"라고 말하며, 평등교수법, 교육과정 재검토, 타인의 문화적 관점 이해, 사회정의를 지향하는 가르침 등의 네 가지 차원으로 구성하였다.

캠벨Cambell(2004)은 '다문화교육이란 문화적, 인종적 배경이 다른 사람들이 상호 문화적 전통을 이해하고 존중함으로써 궁극적으로 인간의 존엄성과 모든 인간의 평등성을 증진시키는 교육이다'라고 이야기한다.

〈다문화교육의 이해와 실천〉(2012)에서도 다문화교육은 학자들마다 다양하게 정의되고 있다고 밝히며, 다문화교육 학자들이 다문화교육의 개념을 '평등교육을 실현하기 위한 교육과정 개혁을 통한 학교 및 사회개혁'으로 정의한다고 하였다.

경기도교육청에서 발간한 「다문화 교육 정책방안 연구」(2007)에서는 다문화교육의 개념을 "다양한 민족, 인종뿐만 아니라 계층, 성별, 지역 등에 의해 발생되는 다양한 집단의 문화를 이해하는 능력과 문화적 가치를 존중하는 태도를 기르며, 문화적 차이에 의해 발생되는 편견이나 갈등문제에 스스로 적극적으로 대처하고 나아가 상호 소통하여 원만한 관계를 형성할 수 있는 능력을 함양하도록 하는 모든 교육활동"으로 정의하고 있다.

〈다문화교육의 이론과 실제〉(2010)에서 설명되고 있는 다문화교육이란 '교육과정 및 교육제도를 개혁하여 다양한 계층, 인종, 민족 집단의 학생들에게 균등한 교육기회를 제공하고자 하는 개혁운동이며, 사회 정의의 원리를 추구함으로써 학교와 사회의 모든 종류의 불평등에 도전하며, 모든 학생들의 지적, 개인적, 사회적 잠재력을 최대한 실현하고자 하는 교육'이라고 정의하고 있다.

다문화교육의 개념은 계속 진화하고 확장되어 가며 그 체계를 잡아가고 있다. 교사가 느끼는 학교 교실 현장에서의 다문화교육은 구성원들의 다양성을 서로 이해하여 원만한 대인관계를 형성하고 평등한 교육의 기회를 제공하는 것이 무엇보다 중요하다고 생각된다.

다문화교육을 통해 무엇을 하고자 하는 것일까?

그렇다면 교실 속 다문화교육을 통해 무엇을 하고자 하는 것일까? 이것은 다문화교육의 목표는 무엇인지에 대한 대답들을 통해 알 수 있다. 뱅크스Banks(2008)는 다문화교육의 목적을 여섯 가지로 제시하고 있다.

첫째, 개인들로 하여금 다른 문화의 관점을 통해 자신의 문화를 바라보게 함으로써 자기 이해를 증진시키는 것이다.
둘째, 학생들에게 문화적·민족적·언어적 대안들을 가르치는 것이다.
셋째, 모든 학생이 자문화, 주류문화, 그리고 타문화가 공존하는 다문화 사회에서 요구되는 지식과 기능, 태도를 습득하는데 있다.
넷째, 소수 인종·민족 집단이 그들의 인종적, 신체적, 문화적 특성 때문에 겪는 고통과 차별을 감소시키는 데 있다.
다섯째, 학생들이 전지구적이고 평평한 테크놀로지 세계에서 살아가는 데 필요한 읽기, 쓰기, 그리고 수리적 능력을 습득하도록 돕는 것이다.
여섯째, 학생들이 자신이 속한 문화 공동체, 국가적 시민 공동체, 지역 문화, 그리고 전지구적 공동체에서 제구실을 하는 데 필요한 지식, 태도, 기능을 다양한 인종, 문화, 언어, 종교 집단의 학생들이 습득하도록 도와주는 것이다.

그리고 다문화교육의 중요한 목표는 남녀 학생 모두와 다양한 인종과 문화적 배경을 가지고 있는 학생들, 그리고 특수한 학습자들에게 평등한 교육의 기회를 보장한다는 것에 있다는 것이다. 동시에 다문화교육의 또 다른 목표는 향후 다양한 인종이 함께 대한민국 사회를 살아갈 때 주류 한국 학생을 포함한 모든 학생들이 더불어 살아갈 수 있도록 지식, 기능, 태도를 길러주는 것이다.

켄들Kendall(1983)은 다문화교육의 목표를 다음과 같이 제시하였다.

첫째, 다른 문화와 가치뿐만 아니라 자신이 속한 문화와 그 가치를 존중하도록 아동들을 가르칠 것
둘째, 다문화적·다인종적 사회에서 성공적으로 살아갈 수 있도록 모든 아동들의 태도와 능력을 기를 것.
셋째, 인종주의 등에 영향을 많이 받는 유색인종의 아동들이 긍정적인 자아개념을 갖도록 할 것
넷째, 문화적 다양성과 인간의 공통성을 긍정적으로 경험하도록 할 것.
다섯째, 공동체의 독특한 참여자로서 함께 일하는 다양한 문화의 사람들을 경험하도록 도울 것.

〈다문화교육의 이론과 실제〉(2010)에서는 위의 6가지 목표를 크게 세 가지로 나누었는데 첫째는 소수자를 위한 배려와 교육의 균등 추구, 둘째는 주류 학생들을 포함한 모든 학생들의 시민적 자질 육성, 셋째는 지구촌 공동체의 일원으로서의 역량 함양으로 두었다.

이것들을 종합해 볼 때 교실 속에서의 다문화교육은 모든 아이들이 다함께 잘 지내는 것, 즉 다양성을 수용하는 통합성의 형성에 있다고 할 수 있다. 2013년 여성가족부에서 발표한 「청소년의 다문화수용성 조사」를 보면 청소년 다문화수용성 지수는 60.12점으로 2011년의 51.17점보다 8.95점 높아진 것으로 나타났다. 특히 다문화교육 및 다문화활동 경험이 다문화 수용성 향상에 기여한 것으로 나타났는데 다문화교육 경험이 있는 학생의 다문화 수용성이 높았다. 또한 청소년의 67.1%는 다문화활동 참여를 원하며, 참여를 원하는 다문화활동은 '다른 나라 음식을 함께 만드는 활동(27.1%)'을 가장 선호하였고 '여행

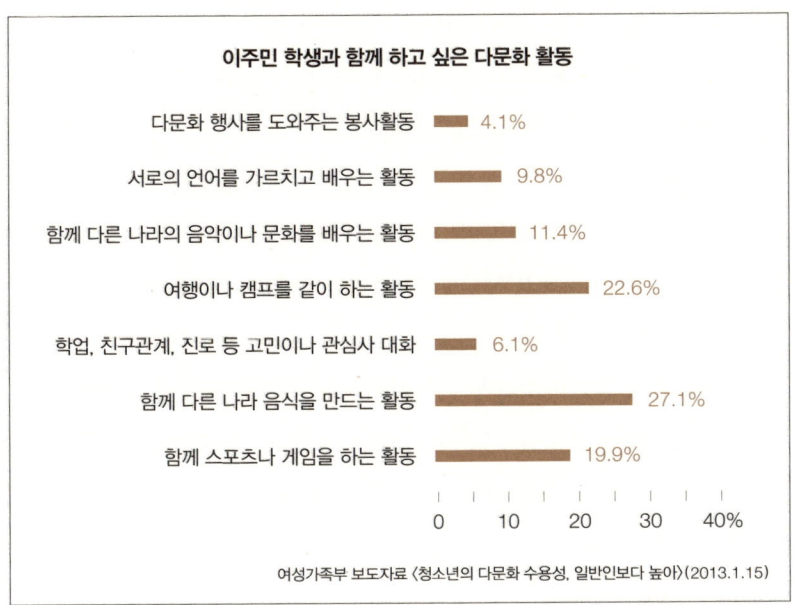

이나 캠프를 같이하는 활동(22.6%)', '스포츠나 게임을 함께하는 활동(18.9%)' 순으로 선호하였다.

그리고 대중매체를 통한 다문화 접촉기회가 많을수록 다문화수용성은 향상되는 것으로 나타났는데 대중매체를 통해 다문화 관련 경험이 높은 청소년들은 문화개방성, 이주민에 대한 거부·회피 정서의 저하, 이주민 및 이주민 자녀와의 문화교류의지 향상에 긍정적으로 기여를 하여 다문화 수용성을 높이는 것으로 나타났다. 그러나 학원이나 과외 외국인 선생님과 접촉 경험이 있는 청소년은 친구, 친척, 자원봉사로 인한 접촉에 비해 다문화수용성이 낮았다. 좀 더 자세히 살펴보면 이주민과의 접촉 증가가 다문화수용성 향상에는 기여하나, '학원/과외 선생님' 관계이거나 '동네주민' 관계의 접촉 증가는 다문화수용성을 오히려 저하시키거나 향상에 기여하지 못하는 것으로 나타났다.

청소년들은 일반 국민에 비해 이주민을 덜 위협적인 대상으로 여기며, 한국인의 자격요건으로 '한국 국민임을 느끼는 것'을 중시하는 것으로 나타났다. 반면 한국인의 자격요건으로 '한국인의 조상을 갖는 것'을 중요하다는 비율이 일반국민 86.6%인 것에 비해 청소년은 40.1%로 찬성하는 비율이 매우 낮았다. 물론 혈통을 중시하는 학생일수록 다문화수용성은 낮았다.

이번 조사 결과에서 '다문화교육 및 다문화활동 참여가 학생 다문화수용성 지수에 영향을 미쳤다'는 점은 학교 다문화교육에 의미 있게 다가온다. 다문화교육을 통해 '이주민과의 교류의지'를 높이고, '한국인이 되는 것에 대한 완고한 기준'이나 '이주민의 출신국가나 경제개발 수준별 이중적 평가'에서 벗어나게 해 줄 수 있다는 걸 확인할 수 있기 때문이다.

이처럼 다문화교육은 소수자인 다문화가정의 자녀에게 자신의 출신문화에 자긍심을 갖고 새로운 환경에 적응하도록 하는 것이며, 다수자에 대해서는 다양한 문화를 이해하고 수용하도록 가르치는 것이라고 할 수 있다. 앞으로 다문화사회가 도래하고 아이들이 교실 속에서 함께 생활해야 한다면 모든 아이들 서로를 배려하며 지낼 수 있도록 하고 개개인의 학업 성취를 이뤄 다함께 꿈을 개척할 수 있도록 하는 것이 무엇보다 중요하다고 할 수 있다.

다문화교육이 필요한 사회적 이유

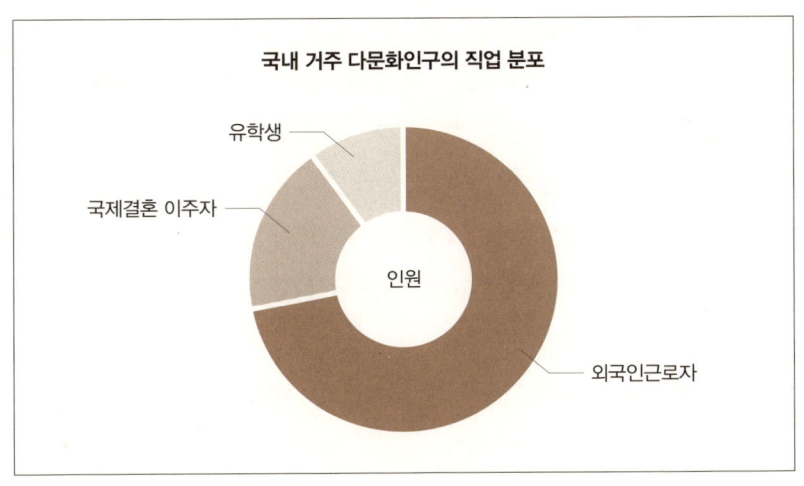

　　행정안전부의 '2012년 지방자치단체 외국인주민 현황'을 살펴보면, 주민등록 인구의 2.8%인 1,409,577명이 외국인 주민이었으며 이는 2011년 대비 11.4%가 늘어난 수치에 해당한다. 외국인 주민의 구성을 살펴보면 외국인근로자는 588,944명, 국제결혼이주자는 144,214명, 유학생은 87,211명으로 140만 명의 외국인이 국내에 거주하며 함께 살아가고 있다. 이제 거리에서 외국인은 일상적인 광경이다.
　　서울대학교 조용한 교수(2008)는 우리 사회의 변화 모습을 다음과 같이 열거하였다.

　　첫째, 국제결혼이 늘어나면서 혼혈이 증가하고 민족의 정체성이 복잡해져 간다.
　　둘째, 이주 노동자, 유학생, 파견근무자 등이 늘어나면서 외국인 구성비가 급격히 증가한다.

셋째, 우리나라를 찾는 외국 여행객이 나날이 늘어난다.

넷째, 부모의 유학이나 해외 근무 중에 외국에서 출생하여 자란 이른바 '귀국 자녀'들이 늘어난다.

다섯째, 장단기 여행, 해외 유학, 조기 유학 등으로 다른 언어/문화권의 체류 경험자가 증가한다.

여섯째, 세계화 물결을 타고 외국의 언어/문화 학습에 대한 사회적 요구가 급격히 늘어난다.

일곱째, 각급 학교에 다른 민족, 언어, 문화 배경을 가진 학생들이 현저히 늘어난다.

OECD 출산율 통계에 따르면 우리나라의 출산율은 2012년 1.23으로 세계 최저 수준(전세계 227개국 중 222위)이다. 지금처럼 저출산이 계속 이어질 경우 빠른 인구 감소가 예상된다. 여성가족부의 「2012 청소년 백서」에 따르면 2060년이면 청소년 인구가 급감할 것이라고 예측하고 있고, 2050년에는 초고령 사회로 진입하게 될 것이라고 말하고 있다. 생산인구의 감소는 국가 경쟁력의 저하를 가져온다. 인구의 연령 구성 중 생산인구는 15~64세의 생산연령 인구를 말하는데, 30년 후(2020년~2039년)에는 생산인구의 비율이 71%에서 51%로 급감할 것이라는 예측도 있다. 그래서 부족한 일손을 채우기 위해 외국인근로자를 고용할 수밖에 없는 상황이다. 또 내국인은 힘들고 어려운 일들은 피하고 하이 퀄리티 직종을 선호하게 되면서 흔히 3D 업종이라고 불리는 일들을 기피하게 되어 중소기업에서는 부족한 노동력을 채우기 위해 외국인 노동자를 고용하는 게 현실이다.

그러나 외국인 노동자들이 한국 경제의 한 부분을 담당하며 경제

발전에 기여하고 있음에도 불구하고 이들을 바라보는 불편한 시선은 여전하다. 백인과 유색인 사이의 차별도 여전하다. 외국인 노동자를 우리보다 못한 사람으로 여기며 고까운 시선으로 바라보는 것은 이들로 하여금 대한민국 사회에 편입하지 못하도록 하고, 우리 사회를 넘기 힘든 장벽으로 생각하게 만들고 있다.

또한 우리나라의 국제결혼가정이 1990년대 이후 급격하게 증가하고 있다는 것도 주시해야 한다. 국제결혼가정은 외국인근로자와 더불어 우리사회에서 외국인의 다수를 차지하고 있다. 통계청에 따르면 우리나라 전체 결혼 10건 중 1건이 국제결혼으로, 이는 전체 혼인의 약 10%를 차지하고 있다. 앞으로 국제결혼은 계속해서 증가할 것으로 보인다. 문제는 국제결혼가정의 증가와 더불어 이들의 이혼율도 증가하고 있다는 것이다. 통계청에서 발표한 「2011년 다문화인구 동태 통계」에 따르면 다문화 결혼은 3만695건, 전체 혼인의 9.3%로 소폭 감소하였으나, 이혼은 14,450건으로 계속 증가하고 있다. 국제결혼가정의 이혼율 증가는 다문화가정 학생들의 안정적인 학교생활에 어려움을 초래할 수 있다. 다문화가정 학생들의 안정적인 학교생활을 위해서 이들에 대한 교사의 관심이 더욱 필요하다.

국제결혼의 증가는 자연스럽게 다문화가정 자녀의 증가로 나타났다. 2011년 다문화가정의 출생아는 2만 2014명(2010년 2만 312명)보다 1702명(8.4%) 증가하였다. 그러나 다문화가정 학생들의 학교 중도탈락률은 일반학생에 비해 훨씬 높다. '외국인이주노동자인권을 위한 모임'의 석원정 대표가 2012년 4월 13일자 프레시안에서 보도한 기사에 의하면 2008년 이주아동들의 경우 학교 중도탈락이 일반 아동의 경우보다 높고, 중학생의 39.7%, 고등학생의 69.6%가 학교를 이탈하였

다문화가정 아이들의 장기결석 이유

	빈도	퍼센트(%)
학업흥미 상실	17	25.4
교우관계 악화	15	22.4
부모의 단속	10	14.9
본국 귀국	9	13.4
취업	3	4.5
아동의 단속	0	0
기타	12	17.9
결측	1	1.5
합계	67	100

석원정, 프레시안 〈이주아동이 학교에 결석하는 이유〉(2012.4.13.)

다. 이는 다문화가정의 자녀를 통틀어 추정한 것으로 실제 이주아동의 학교 결석율과 탈락률이 어느 정도 되는지는 정확하게 알지 못한다.

　다문화가정의 자녀들의 학교 탈락률이 높은 것은 왜일까? 다양한 이유가 있겠지만 '외국인이주노동자인권을 위한 모임'의 조사에 따른 장기결석의 이유 중의 가장 높은 빈도를 차지한 것은 학업흥미 상실(25.4%)로 가장 높았고, 그다음으로 교육관계 악화(22.4%), 부모의 단속(14.9%) 등으로 나타났다.

　교사인 우리는 중도 탈락하는 학생들을 보듬고 대한민국의 국민으로서 잘 지낼 수 있도록 지도하고 상담해야 한다. 왜냐하면 이들은 사회에 진출하여 대한민국 국민으로써 의무를 다하며 살아가야 하기 때문이다. 단적인 예로 만약 이들이 대한민국 국민으로 국방의 의무를 다해야 함은 당연한 일임에도 불구하고 과연 이들에 대해 주류 사회의 한국인들은 어떻게 생각하고 있을까? 해법은 교육에서 찾을 수 있으며 그중에서도 균등한 교육의 기회를 제공하고 모든 학생의 잠재력을 최

북한이탈주민 인원, 연령별, 학력별 현황

구분	~'98	~'01	'02	'03	'04	'05	'06	'07	'08	'09	'10	'11	'12	'13.3 (잠정)	합계
남(명)	831	565	511	472	624	423	512	571	608	671	589	797	402	87	7,663
여(명)	116	479	632	810	1,272	959	1,510	1,977	2,196	2,258	1,813	1,909	1,107	233	17,271
합계(명)	947	1,044	1,143	1,282	1,896	1,382	2,022	2,548	2,804	2,929	2,402	2,706	1,509	320	24,934
여성 비율	12%	46%	55%	63%	67%	69%	75%	78%	78%	77%	75%	70%	72%	70%	69%

구분	0~9세	10~19세	20~29세	30~39세	40~49세	50~59세	60세 이상	계
누계(명)	999	2,835	6,621	7,421	3,983	1,237	1,105	24,201
비율(%)	4	12	27	31	16	5	5	100

구분	취학 전 아동	유치원	인민학교	고등중	전문대	대학 이상	기타 (불상)	계
누계(명)	644	217	1,580	16,993	2,230	1,711	826	24,201
비율(%)	3	1	6	70	9	8	3	100

통일부 [북한 이탈주민 현황](2013)

대한 실현하고자 하는 다문화교육에 있다고 생각한다.

다문화 구성원의 주를 이루고 있는 외국인근로자와 결혼이민자를 제외하고 외국인은 아니지만 한국사회 적응에 힘들어하고 있는 다문화 구성원으로 북한이탈주민을 빼놓아서는 안 될 것이다. 북한이탈주민을 다문화 성원으로 분류하는 것에는 찬반 논의가 이어지고 있긴 하지만 반세기에 걸친 남북 분단의 역사가 만들어낸 간극 속에서 이들이 문화적 어려움을 겪고 있는 건 사실이다. 특히 우리나라의 초·중·고등학교에 진학하고 있는 북한이탈주민의 자녀들이 교실에서 느끼고 있는 문화적 차이와 편견은 이들로 하여금 어려움을 겪게 하고 있다.

다가올 통일에 대비하여 우리는 이 학생들이 학교생활에 잘 적응하고 조화롭게 지낼 수 있도록 지도해야 한다.

재정적 측면에서 봤을 때 다문화교육은 다문화사회에서 발생할 수 있는 사회적 비용을 최소화 할 것이다. 최충옥은 〈다문화교육의 이해〉(2010)에서 세계 여러 나라는 다문화사회로 급격히 진행해 가는 과정에서 사회적 문제와 갈등해소를 위한 비용이 크게 증대되고 있다고 지적했다. 특히 다문화사회로의 개방 정도에서 배타적 동화정책을 고수한 일본, 프랑스, 독일 등은 정책기반과 제도가 미흡하여 계속 밀려오는 이주민으로 인해 사회적 혼란과 갈등이 가중되고 있다.

다문화사회로 진행될수록 사회적 갈등 비용은 증가하기 마련이다. 다문화사회가 안정기에 접어들었다고 평가되는 캐나다, 미국, 호주, 뉴질랜드, 스웨덴 등의 경우 이주민 비율이 높음에도 불구하고 사회적인 갈등비용은 우리나라와 비슷한 것으로 알려져 있다. 반면 아일랜드의 경우, 1994년 영국과의 대타협 이후 지난 10년 동안 외국인 이주민에게 참정권을 인정하는 등 삶의 만족도가 매우 높은 다문화주의 국가로 변모하였다고 한다. 지난 10년간 다문화정책을 적극 추진하여 발생하는 사회적 비용을 최소화 할 수 있었던 것이다. 앞으로 우리나라도 외국인의 비율이 증가할 것임은 분명하며 그럼으로 인해 발생될 사회적 갈등 비용을 최소화 할 수 있도록 다문화교육은 꼭 필요하다고 할 수 있다.

이상에서 살펴본 바와 같이 다문화사회로 접어들면서 다른 인종·문화를 가진 사람들과 함께 생활하는 것은 이제 피할 수 없는 현실이 되고 있다. 이러한 상황에서 발생하는 여러 가지 문제를 해결하는 방법으로 교육의 기능과 역할에 관심이 집중되고 있으며 다양한 문화를 인정하고 소수문화에 대한 차이를 해소하며 사회 통합에 기여하는 다문화교육이 절실히 필요한 상황이라는 공감적 합의가 도출되고 있다(안경식 외, 2010). 학교 교실 속 다양한 문제들을 해결할 수 있는 해법은 바로 다문화교육과 그에 걸맞는 다문화상담에 있다고 생각한다. 이제 우리 교사들도 세계화되고 다원화되고 있는 시대에 다른 사람들의 다양성을 인정하고 그들에게 적극적인 지원을 통해 그들의 장점을 살려 이 시대에 꼭 필요한 인재로 양성하기 위해서 과감하고 적극적인 노력이 필요하다.

다문화교육에 대한 오해들

다문화 교육의 필요성에도 불구하고 많은 사람들이 다문화교육이 사회통합을 저해한다고 생각하고 있다. 우리나라의 경우에도 다문화교육을 반대하는 목소리가 있다. 다문화교육의 확산이 일반학생들과 역차별 문제를 발생시킨다는 지적도 있다. 다문화교육학자들은 이러한 상황이 다문화교육에 대한 오해에서 비롯되었다고 생각한다.

뱅크스Banks(2008)는 다문화교육에 대한 오개념들을 열거하였는데 첫째는 다문화교육은 소수 민족만을 위한 교육이라는 오해이다. 다문화교육이 소외된 자만을 위한 것이라는 것은 최악의 편견이라는 게 뱅크스의 견해다. 다문화교육은 소외된 자들을 위한 복지 프로그램이 아니라 상호이해를 위한 모두의 교육이다.

둘째로 다문화교육은 반서구적인 교육이라는 지적이다. 뱅크스는 다문화교육은 서구 사회의 자유와 평등의 기치에 반하여 그들의 역사를 폄하하는 것이 아니라고 강조한다. 서구 사회의 발전이 많은 유색 인종과 여성 등의 희생이 있었으며 이들의 이야기를 교육과정에 포함시켜야 한다는 것이다. 이러한 관점에 따라서 우리나라의 경우에도 다문화교육을 통해 외국인근로자와 결혼이주민 등 다문화사회를 구성하고 있는 그들의 이야기를 교육과정에 포함시켜야 한다. 그리하여 그들을 인식하고 이해함으로써 온전한 다문화사회가 가능해질 것이다.

셋째는 다문화교육이 국가를 분열시킨다는 편견이다. 다문화교육이 사회통합을 저해한다고 여기는 것이다. 그러나 앞서 말한 것처럼 다문화교육은 통합을 위한 교육이다. 하나를 이루기 위해서는 다양한 문화 공동체 구성원들이 함께 참여해야 하며 그리고 협상하고 토론하며 재구성해야 한다. 이를 통해 비로소 성숙한 시민 공동체가 만들어질 수 있다. 한국 사회의 다문화 모습은 비록 서구의 것과는 다르지만 뱅크스의 비판들은 동일하게 적용될 수 있을 것이다.

다문화교육의 구성요소는 무엇일까?

다문화교육은 복잡하고 다차원적인 것인데 많은 사람들이 단편적인 것으로 생각하고 있다. 뱅크스(2008)는 다문화교육이 내용 통합, 지식 구조 과정, 편견 감소, 공평한 교수법, 학생들의 역량을 강화하는 학교 문화와 사회 구조라는 차원으로 구성되어 있다고 주장하고 있다.

첫째, 내용 통합은 교사들이 자신의 교과나 학문 영역에 등장하는 주요 개념, 원칙, 일반화, 이론을 설명하기 위해서 다양한 문화 및 집단에서 온 사례, 자료, 정보를 가져와 활용하는 정도를 말한다.

둘째, 지식 구성 과정은 특정 학문 영역에 내재하는 문화적 가정, 준거틀, 관점, 편견 등이 해당 학문 영역에서 지식이 형성되는 과정에 어떠한 영향을 미치는지를 학생들이 이해하고, 조사하고 판단할 수 있도록 교사가 도와주는 것이다.

셋째, 편견 감소는 학생들의 인종적 태도의 특징 및 그것이 수업이나 교재에 의해 어떻게 변화될 수 있는가에 중점을 둔다.

넷째, 공평한 교수법은 교사가 다양한 인종, 민족, 사회계층 집단에서 온 학생들의 학업 성취도를 향상시키기 위하여 수업을 수정하는 것을 말한다. 여러 문화적·인종적 집단 내에 존재하는 독특한 학습 양식에 부합하는 다양한 교수법을 사용하는 것을 포함한다.

다섯째, 학생의 역량을 강화하는 학교 문화 조직으로 집단 구분과 낙인의 관행, 스포츠 참여, 성취의 불균형, 인종과 민족 경계를 넘나드는 교직원과 학생의 상호작용 등은 학교 문화를 구성하는 요소이다.

다양한 인종, 민족, 문화 집단 출신 학생들의 역량을 강화하는 학교 문화 창조를 위해서는 이 요소들을 면밀히 검토해야 한다. 이와 같은 작업은 다문화 학생들이 교육 소외되지 않도록 하기 위해서 학교의 문화를 재구조화 하는 것을 의미한다.

다문화사회를 살아가기 위한 역량은 무엇일까?

다양한 인종이 함께 살아가는 다문화사회에서 서로를 이해하고 더불어 살아가기 위해 필요한 역량은 무엇일까? 독일의 학자 메이어 Meyer는 '다문화적 행동능력'을 설명하는데 이때 설명하는 '다문화 능력'은 다음과 같다.

① 다문화적 상황과 관계를 인식하고, 문제점을 파악하여 해결점을 찾는 능력
② 자신의 가치관을 정확하게 인지하고, 자신의 행동, 가치체계, 인식 등을 비판적 자세로 성찰할 수 있는 능력
③ 차별과 편견에 대항하고 불이익을 주는 일을 없애는 능력
④ 타 문화를 존중하고 수용하는 다문화적 감성을 개발하고 발전시키는 능력
⑤ 이주민의 역사, 종교, 문화, 차별 등에 관한 지식을 습득하는 능력
⑥ 자신이 습득한 내용을 다른 상황에 적용할 수 있는 능력
⑦ 다문화적 맥락에서 갈등을 이해하고 승화시킬 수 있는 능력

다문화사회에서 필요한 역량을 '다문화 감수성'이라는 용어로 사용하기도 한다. '다문화 감수성(multicultural sensitivity)'이라는 용어는 다문화적 의사소통 능력 연구에서 볼 수 있는데 다문화적 의사소통이 일어나가 위해 문화적 차이를 인식하고 존중하는 정서적인 태도를 다문화 감수성이라고 본다.

베넷Bennett(2004)은 문화적 차이에 대한 감수성이 어떻게 발달하였는지를 연구하였다. 즉, 둘 이상의 문화가 존재하는 사회에서 문화적 차이를 경험하면서 다양한 문화에 대하여 한 개인이 문화적 차이에 대한 감수성을 어떻게 발달시키는가를 부정, 방어, 최소화, 수용, 적응, 통합의 6단계로 설명하였다.

이러한 다문화적 역량은 학교 교육에서 개발되어질 수 있다고 본

베넷Bennett의 간문화적 감수성 발달 단계

단계	단계별 특징	문화를 보는 관점
문화차이 부정	· 문화적 차이를 전혀 느끼지 않으며 자신의 주류적 문화 위치를 우월하게 느낌 · 다른 문화에 대해서는 이방인으로 취급함	자문화중심주의
문화차이 방어	· 문화적 차이는 인식하지만 자신의 문화를 우월한 것으로 인지함 · 다른 문화에 대해서 자신의 문화 정체성을 위협하는 존재로 보고 방어전략을 사용할 수 있음	자문화중심주의
문화차이 최소화	· 문화적 차이를 '인정'하지만 여전히 주류집단이 제도권 내에서 문화적 우월성을 발휘하는 것을 특권으로 인식하지 않고 당연한 것으로 여김	자문화중심주의
문화차이 수용	· 다양한 문화권에서 가치, 신념, 행동의 맥락적인 차이를 인정함 · 자신의 문화권에서의 가치 체계 등이 문화적 맥락에 따라 가능한 여러 입장 중 하나라고 봄	문화상대주의
문화차이 적응	· 자신의 인지적 틀을 바꾸어 다른 문화의 관점에서 사고하고 행동할 수 있는 간문화적 능력이 형성됨	문화상대주의
문화차이 통합	· 문화적으로 어떤 특정 문화를 고려하지 않으면서도 개별 문화들에서 나타나는 고유성이 주변화된 채로 상호 독립성을 가지면서도 공존할 수 있음을 인식함 · 문화적 맥락의 안과 밖을 유연하게 넘나들면서 다양한 문화에 대하여 통합적인 인식을 행함	문화상대주의

구정화 외 2인, 《다문화교육의 이해와 실천》(2009), 동문사

다. 다문화사회에 적응하여 살아갈 수 있는 인재를 만들어 나가는 것은 학교 교육의 큰 목표 중의 하나이며, 이를 위해 학교 구성원 모두 다문화교육을 받아야 할 필요가 있다.

다문화교육을 받는 대상은 누구일까?

다문화교육은 다문화가정의 자녀가 있는 학급에서만 실시해야 하는 것은 아니다. 다문화교육은 다문화사회에 살고 있는 모든 학생들이 앞으로 사회에 진출하기 전에 꼭 받아야하는 교육이다. 우리 아이들이 사회에 진출하는 때에는 분명 한국은 다문화사회로 바뀌어 있을 것이기 때문이다. 그러나 많은 교사들이 아직도 다문화교육이 다문화가정의 학생들이 있어야만 실시하는 교육으로 생각하고 있다. 우리 아이들이 사회로 진출하는 그때 발생할 수 있는 사회적인 비용을 최소화하기 위해서 우리나라 교실 속 아이들 모두는 다문화교육을 받아야 한다.

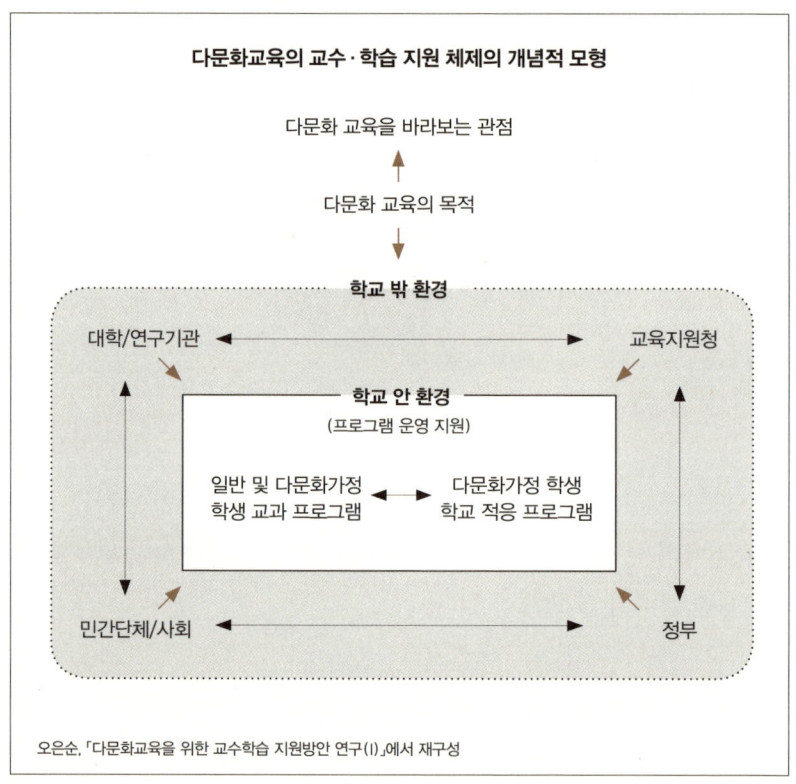

다문화교육을 위한 교수·학습지원방안 연구 I (2007, 오은순 외)에서 제시한 다문화 교육의 교수·학습 지원 체제 개념적 모형을 살펴보면 다문화교육의 프로그램은 두 가지로 개발되어 운영될 수 있다. 하나는 다문화 가정 학생 및 일반학생을 대상으로 하는 교과 프로그램이며 다른 하나는 다문화가정 학생들만의 학교 적응을 돕기 위한 프로그램이다. 이 연구에서 개발된 다문화 교육의 교수·학습 지원 제체 개념적 모형을 재구성하면 위와 같다.

　이 그림에서 중요한 관점은 '한 사회가 다문화교육을 어떻게 보느냐' 하는 부분이고, 이에 따라 다문화교육에서 추구해야 하는 궁극적인 목적을 설정하게 된다. 그리고 다문화교육의 교수·학습 방법을 두 가지로 개발하여 운영하게 된다. 이 두 가지 프로그램은 학교 안의 환경에서 운영되며, 학교는 학교 밖의 대학/연구기관, 민간단체/사회, 교육지원청, 정부의 영향을 받게 된다. 이 연구는 다문화가정 학생뿐만 아니라 일반학생의 다문화교육도 중요하게 생각되어야 한다는 것을 알려준다.

다문화교육에서는 무엇을 가르쳐야 할까요?

　현재 다문화교육에 관심 있는 많은 교사들과 연구회 등이 다양한 교수·학습 자료를 개발하고 있다. 다음에 소개되는 다문화 교수·학습 프로그램의 주제들을 교육과정 속에 녹아들게 만드는 것은 다문화교육과정의 목표라고도 할 수 있다. 궁극적으로는 특별한 다문화교육이 아닌 일상적인 교과 속에 다문화교육이 포함되어야 할 것이다.

교육과정평가원에서 개발된 다문화 수업자료를 살펴보면, 다문화 교육의 내용을 3개의 주제로 분류하였다. 1주제는 다양성과 정체성, 2주제는 문제해결, 3주제는 반편견, 관용, 인권으로 정하여 각각의 주제에 맞게 하위 주제 및 학습목표를 제시하고 있다.

1주제 다양성과 정체성에서는 문화의 다양성과 자아 정체성을 주제로 정하여 우리 사회에 공존하고 있는 문화의 다양성에 대해서 인식하고 낯선 문화에 대해 합리적으로 이해하여 각각의 문화를 존중하려는 태도를 기르도록 한다. 그리고 삶의 주체로서의 '나'와 특정 국가에 속해 있는 문화가 아닌 '나의 문화'를 소중히 여기며 긍정적인 자아 정체성을 형성하려는 태도를 기르고자 한다. 정체성은 다문화가정 자녀의 교육에서 아주 중요한 요소이다. 정체성은 나를 찾아주는 과정이며 나를 인정하게 해주는 과정이다. 그리고 소속감을 심어주어 삶의 희망과 긍정적인 태도를 형성할 수 있도록 준다. 이때 일반학생들에게는 '가족 형태의 다양성'에 대한 교육이 꼭 필요하다. 대가족, 핵가족, 한부모가족, 다문화가족 등과 같은 다양한 형태의 가족이 있음을 알고 인정하는 태도를 길러주어야 한다.

2주제 문제해결에서는 다문화사회에 적합한 문제 해결 능력을 길러주기 위해 문화적 차이에서 오는 문제 상황을 해결하는 방법을 배우고 적용해 본다. 그리고 문제해결과정을 역할극으로 꾸며봄으로써 이해와 대화를 통한 문제해결이 가능하게 한다.

다문화사회에서 꼭 해결해야 할 편견과 인권의 문제를 3주제에서 다루고 있다. 3주제에서는 반편견과 인권존중을 주제로 우리와 다른 생김새와 문화를 가진 타인에 대해 알고 이해함으로써 그들은 존중하려는 마음과 태도를 기른다. 또 피부색, 국적, 종교, 생활방식 등의 차

범교과 다문화 교수학습 프로그램의 하위 주제별 학습목표

주제	하위주제	학습목표
1주제 다양성 정체성	문화의 다양성	1-1. 우리 사회에 공존하고 있는 문화의 다양성에 대해서 인식하고 낯선 문화에 대해 합리적으로 이해함으로써 각각의 문화를 존중하려는 태도를 기른다. 1) 우리 사회에 공존하는 다양한 문화 긍정적으로 인식하기 2) 다양한 문화의 차이를 합리적인 시각으로 바라보고 이해하기, 존중하기 3) 다양한 문화 속에 존재하는 보편성 알기
	자아 정체성	1-2. 삶의 주체로서의 '나'와 특정 국가에 속해 있는 문화가 아닌 '나의 문화'를 소중히 여기며 긍정적인 자아 정체성을 형성하려는 태도를 기른다. 1) "나는 누구인가?"라는 생각 갖기 2) '나'와 '나의 문화' 찾아가기 3) 긍정적인 자아 정체성 형성하기
2주제 문제 해결	다문화사회에 적합한 문제 해결 능력	2-1. 문화적 차이에서 오는 문제 상황을 해결하는 방법을 알고, 적용할 수 있다. 1) 상황을 통해 문제 상황 인식하기 2) 문화의 차이에 대해 이해하고, 해결 방법 생각하기 3) 대화를 통해 문제 상황 해결하기
	문제 해결 역할극 경험	2-2. 문제 상황 해결 경험을 통한 문제 해결 능력을 향상시킬 수 있다. 1) 상황을 통해 문제 해결 방법 인식하기 2) 이해와 대화를 통한 해결 경험하기 3) 다양한 문제 상황 해결하기
3주제 반편견 관용 인권	반편견과 인권존중	3-1. 우리와 다른 생김새와 문화를 가진 타인에 대해 알고 이해함으로써 그들을 존중하려는 마음과 태도를 갖는다. 1) 낯선 문화와 인종에 대해 알고 그들이 겪는 문제점 인식하기 2) 사회적으로 차별받는 소수집단에 편견을 극복하고 그들을 존중하는 마음 갖기
	반인권주의	3-2. 피부색, 국적, 종교, 생활방식 등의 차이로 인한 차별의 부당함을 알고 반 차별적인 태도를 갖는다. 1) 인종 차별의 부당함 인식하기 2) 차별받는 집단의 심정을 이해하고 반 차별적인 태도 갖기

경기도다문화교육센터&경기대 교육연수원 〈학교다문화교육의 이해(2기) 연수자료집〉(2009)

다문화수업 우수사례집 주제별 교육내용

주제영역	학습주제	학습내용
다양성	1. 다양한 관점의 인정과 상대주의적 태도	· 문화 다양성에 대한 상대주의적 태도, 자문화 중심주의 극복 · 하나의 문제, 사건에 대한 다양한 맥락과 관점에서의 조망
	2. 다문화사회에 필요한 공동체 의식	· 다문화적 한국사회를 살아가는데 필요한 공통의 규범과 민주시민의식
	3. 문화의 보편성과 다양성 인식	· 우리와 세계문화의 다양성과 보편성 이해
사회정의 / 평등	1. 관용과 배려윤리	· 타인의 입장에서 생각하고 배려하는 태도
	2. 반편견, 고정관념 감소	· 우리 사회에 존재하는 차별과 고정관념 인식과 해결
	3. 평등과 사회정의 인식	· 평등의식과 사회정의 이해
정체성	1. 타인의 정체성 인식과 존중	· 타인의 정체성 인식과 존중
	2. 나의 정체성에 대한 긍정적 태도	· 나의 정체성 이해, 존중 긍정하는 태도
	3. 우리 사회의 다양한 정체성 이해	· 우리사회 다양한 정체성간의 충돌 갈등문제에 대한 인식과 해결방안
문제해결 / 참여	1. 다문화적 갈등상황의 문제 해결	· 개인적·사회적 다문화 갈등문제에 대한 의사결정·문제해결능력
	2. 학교에서의 갈등상황 대처	· 왕따, 집단 괴롭힘, 폭력 등 학교 갈등 상황 대처
	3. 불평등과 편견감소를 위한 사회참여와 실천	· 사회적 불평등 감소를 위한 청소년 실천방안

학교 다문화교육연구회, 〈다문화수업 우수사례집〉(2009), 경기도다문화교육센터

이로 인한 차별이 잘못되었음을 알고 반차별적인 태도를 배운다.

경기도다문화교육센터에서 개발된 〈다문화수업 우수사례집〉에서 살펴본 다문화교육의 교육내용은 다음과 같다. 주제영역은 크게 4개의 주제, '다양성', '사회정의와 평등', '정체성', '문제해결 및 참여'로 되어 있다.

'다양성'에서는 다양한 관점의 인정과 상대주의적인 태도, 다문화 사회에 필요한 공동체 의식, 문화의 보편성과 다양성에 대해 배운다. '사회정의와 평등'에서는 관용과 배려윤리, 반편견과 고정관념 감소, 평등과 사회정의 인식을 주제로, '정체성'에서는 타인의 정체성 인식과 존중, 나의 정체성에 대한 긍정적인 태도, 우리 사회의 다양한 정체성에 대한 주제로 학습한다. 마지막으로 '문제해결 및 참여' 부분에서는 다문화적 갈등상황의 문제를 구체적인 학교생활에서의 갈등상황을 중심으로 배움으로써 왕따, 집단 따돌림, 학교 폭력 등의 문제를 극복하고자 한다.

경기도다문화교육센터(2012)에서는 다문화교육을 위한 교육과정 구성 시 참고할 수 있는 지식, 기능, 가치·태도 영역에 관해 다음과 같이 제시하고 있다.

지식 측면

범주	하위요소	내용
문화 일반 이해	문화의 이해	공통적인 생활양식으로서의 문화
	문화의 이해태도	다양한 문화에 대한 이해 태도 한국사회 문화의 보편성과 다양성에 대한 이해태도
다문화 현상 이해	지구촌의 상호의존성	세계화가 다문화 현상에 끼친 영향
	노동과 자본의 세계적 이동	노동력과 자본의 세계적 이동 속에서 한국사회의 다문화 현상 분석
	지구촌 공동의 문제에 대한 협력적 대응	협력과 공존이 요청되는 상호의존적인 세계와 지구촌 공동의 문제에 대한 협력적 대응
한국의 상황 이해	한국 사회의 변화	다원화된 한국 사회의 변화
	한국사회의 다문화 현상	다문화적 한국 사회의 이해

기능 측면

범주	하위요소	내용
의사소통 능력	의사소통	토의, 토론, 참여와 체험을 통한 상호 의사소통능력
자료 해석하기	조사 및 해석	다양한 관점에서 다문화 현상 분석 및 해석 다문화 현상 이해를 위한 적절한 자료 수집
문제 해결능력	민주적 절차 준수	대화, 타협, 다수결의 원리 등 준수
	의사결정	개인 의사결정 및 집단 의사 결정
	갈등 해결	사회의 다양한 갈등에 대한 인식 문화적 갈등에 대한 합리적, 평화적 해결
사회참여기능	공공문제에 대한 숙고 및 공동체 문제 해결을 위한 실천	공공문제에 대한 이해와 실천 다문화 갈등문제에 대한 참여 및 해결

가치 · 태도 측면

범주	하위요소	내용
편견, 고정관념, 차별	문화와 집단에 대한 인식태도	문화적 고정관념, 차별, 편견에 대한 인식 다양한 문화 존중에 대한 태도
차이와 다름에 대한 존중	다양성, 차이 존중	다양한 구성원이 함께 살아가는 사회 문화적 갈등과 편견의 인식과 극복
배려와 공감 타인이해	배려와 공감	체험, 배려, 공감능력을 통한 다문화 이해능력 함양, 공동체 민주시민성 함양

다문화교육을 위한 수업 방법

다문화 교육을 위해서는 기존의 학습 방법과 더불어 통합교육, 개별학습, 협동학습, 체험학습, 토론학습, 비언어적 수단 등을 활용할 수 있다.

통합교육 - 다양한 교과에 분산되어 있는 교육내용을 통합하여 교과교육 시 연계하여 가르치거나 방과 후 프로그램을 활용하여 교육하는 방법이다.

개별학습 - 수업의 초점을 학생 개인에 두고 가급적 모든 학생이 교수목표에 도달할 수 있도록 개인의 능력·학습속도·요구 등을 고려한 교수방법 및 절차·자료의 선택·평가 등을 실천하는 수업이다.

협동학습 - 구체적인 학습상황에서 각각의 학습목표를 달성하기 위해 상호작용이 가능한 소집단 학습방법. 구성원 모두가 상호의 존적 작용을 통해 집단에 부여된 학습목표를 공동으로 달성하여 그 집단 구성 모두가 유용한 학습효과를 가져오게끔 한다.

체험학습 – 일상적인 삶의 공간에서 다양한 경험을 통해 이루어지는 학습으로 학교 또는 지역행사 참여, 유네스코 문화교실(CCAP), 외국인과의 접촉 및 교류, 학부모 참여교육, 동아리 활동, 봉사활동, 캠프활동 등을 통해 학습하는 것이다.

토론학습 – 학생들이 다문화 공통관심사 및 쟁점에 대해 서로 다른 의견을 제시하고 대화를 통해 상호 검토하는 학습방법이다.

비언어적 수단 학습 – ICT 활용, 심리역할극, 미술, 음악, 체육, 시뮬레이션, 요리 등을 활용한 교육방법이 있다.

다문화교육의 기반이 되는 다문화주의의 변천사

다문화교육의 역사적 흐름을 아는 것은 다문화교육을 이해하는 데 많은 도움이 된다. 이는 곧 교육현장에서 다문화교육을 적용함에 있어 근거가 되는 부분이기도 한다. 그럼 다문화주의라는 것이 어떻게 변해 왔으며 다문화주의에 입각한 다문화교육의 모습은 어떤지 살펴보도록 하겠다.

현재 대부분의 다문화교육은 다문화주의에 근거하고 있다. 다문화주의(multiculturalism)의 '다문화'라는 뜻은 '많은 다(多)'자에 문화(文化)'라는 말이 붙어서 '여러 나라의 생활양식'이라는 뜻이다. 이는 여러 나라의 생활 양식을 수용하자는 입장으로, 문화의 다양성을 인정하고 상호 존중과 문화적 차이에 대한 이해를 기반으로 한다(위키백과). 또한 다문화주의는 "한 나라 안에서 몇 가지 문화가 공존하는 것"이라고 말할 수 있다. 하지만 다문화주의는 사람에 따라, 분야에 따라, 학파에 따라, 그리고 국가에 따라 그 의미가 엄청나게 다르다.

다문화주의는 동화주의에서 문화다원주의로, 그리고 지금의 다문화주의로 변화되었다. 최근의 교육개혁 방향을 보면 문화다원주의에서 다문화주의 교육으로의 전환이 강조될 필요가 있다(Banks, 2008).

초기의 다문화교육은 동화주의(assimilation)가 바탕이 됐는데 이것은 다양한 소수의 문화를 주류문화 속에 편입시키려는 것을 말한다. 즉, 소수의 문화를 주류 사회의 문화에 편입시킴으로써 동질적인 문화를 구성하고, 주류문화를 중심으로 사회를 통합하고자 하였다. 이러한 동화주의를 용광로(melting-pot) 이론이라고 불리기도 한다. 즉, 용광로 속에 쇳물이 녹아 섞이는 것처럼 주류사회의 문화를 교육하여 그들로 하여금 한데 섞일 수 있도록 하는 것이다. 그러나 동화주의는 소수 문화가 다수 문화에 편입되지 않고 여전히 소수문화의 정체성을 지니게 되는 현상과 함께 주류문화에 강제로 편입시키려고 하는 시도가 이민자들과 긴장과 갈등을 유발하는 등 한계를 보였다. 그래서 다문화주의는 문화다원주의로 변하게 됐다.

문화다원주의는 나라 안의 다양한 문화가 공존하는 것을 인정하고 존중한다. 이는 문화모자이크(Mosaic)라고도 부르기도 한다. 모자이

크는 기본적인 밑그림에 작은 조각들을 붙여 그림이나 모양을 나타내는 방법이다. 문화모자이크는 다양한 문화를 모자이크 조각에 빗대어 그들의 문화를 인정하고 존중하겠다는 의미이다. 문화모자이크는 캐나다에서 사용하기 시작한 용어로 캐나다 사회와 같이 언어, 인종, 문화 등의 다원주의사회는 '문화모자이크사회'라고 불리기 시작하였다.

또한, 문화모자이크는 미국 위주의 용광로 이론에 상반되는 개념으로 이상적인 다문화사회를 표현하는 용어다(김범수 외, 2010). 그러나 모자이크 이론은 다른 문화의 특성을 인정하고 더불어 살아가는 사회의 모습을 그렸어도 그 근간이 주류문화에 있다는 비판을 받게 된다.

문화다원주의가 다양한 문화를 인정하고 존중하는 소극적인 의미라면 다문화주의는 인정과 존중을 넘어 지원의 차원으로 확대되는 적극적인 의미를 가지고 있다. 이러한 다문화주의를 이른바 샐러드 볼(Salad Bowl)이라고 부르기도 한다. 샐러드 속에 다양한 과일들이 드레싱을 통해 버무려지지만 그들의 고유의 맛과 향을 잃지 않고 한데 어우러지는 모습처럼 다양한 문화를 인정하고 존중하면서 지원하여 공존하고자 하는 의미가 담겨있다. 이러한 이론은 우리나라에서 비빔밥 이론이라고 불리기도 한다. 다문화주의는 소수자의 문화적 권리를 존중하고 정치적, 법적, 경제적, 사회적 측면에서 불평등을 겪지 않도록 하기 위한 것이며 타인에 대한 존중을 바탕으로 문화적 다양성을 지향함을 뜻한다. 여기에는 진정한 다문화주의가 소수문화에 대한 지원을 넘어 정책 결정 과정에서 소수문화가 주류집단과 동등하고 합법적으로 참여할 수 있는 데까지 나아가야 한다는 의미가 있다.

다문화교육 정책 살펴보기

다문화교육을 실천하는 교사에게 다문화교육 정책을 살펴보는 것은 그에 맞는 학교 및 교실의 다문화교육 실천을 위해 중요하다. 왜냐하면 다양한 정책에 맞춰 보다 효율적인 다문화교육을 기획하고 구성

제2차 다문화가족정책 기본계획

비전	활기찬 다문화가족, 함께하는 사회

목표	· 사회발전 동력으로서의 다문화가족 역량 강화 · 다양성이 존중되는 다문화사회 구현

정책 과제 (86)	다양한 문화가 있는 다문화가족 구현	1-1. 상대방 문화·제도에 대한 이해 제고 1-2. 쌍방향 문화교류 확대 및 사회적 지지 환경 조성
	다문화가족 자녀의 성장과 발달 지원	2-1. 다문화가족 자녀의 건강한 발달 지원 2-2. 한국어능력 향상 2-3. 학교생활 초기적응 지원 2-4. 기초학력 향상 및 진학지도 강화 2-5. 공교육 등에 대한 접근성 제고
	안정적인 가족생활 기반 구축	3-1. 입국 전 결혼의 진정성 확보 3-2. 한국생활 초기 적응 지원 3-3. 소외계층 지원 강화 3-4. 피해자 보호
	결혼이민자 사회경제적 진출 확대	4-1. 결혼이민자 일자리 확대 4-2. 직업교육훈련 지원 4-3. 결혼이민자 역량 개발 4-4. 사회참여 확대
	다문화가족에 대한 사회적 수용성 제고	5-1. 인종·문화 차별에 대한 법·제도적 대응 5-2. 다양한 인종·문화를 인정하는 사회문화 조성 5-3. 대상별 다문화 이해 교육 실시 5-4. 학교에서의 다문화 이해 제고 5-5. 다문화가족의 입영에 따른 병영 환경 조성
	정책추진체계 정비	6-1. 다문화가족 지원대상 확대 및 효과성 제고 6-2. 다문화가족정책 총괄 추진력 강화 6-3. 국가간 협력체계 구축

하기 위한 토대가 될 수 있기 때문이다. 여기서는 가장 최근인 2012년에 발표된 여성가족부와 교육과학기술부 다문화교육 정책을 살펴보고자 한다.

여성가족부에서는 2010~2012년까지 이루어진 제1차 다문화가족 지원정책 기본계획이 마무리됨에 따라 2013~2017년에 이루어지는 제2차 다문화가족 기본계획을 마련하였다. 이번 계획에서는 '활기찬 다문화가족, 함께하는 사회'라는 비전 아래 ①사회발전 동력으로써의 다문화가족 역량강화 ②다양성이 존중되는 다문화사회 구현을 목표로 하고 있다. 학교 교육 차원에서 관심 있게 볼 주요 사업 내용은 다문화가족 자녀의 성장과 발달 지원을 위해 다문화가족 학생이 정규학교에 배치되기 전 사전 적응교육을 받을 수 있도록 예비학교를 전국적으로 운영하는 부분과 초등학교 입학 전 프로그램을 개발하여 실시한다는 부분이다.

다문화가족 자녀의 한국어 교육과 이중언어 교육의 확대, 정규수업 또는 방과 후에 한국어 교육과정(KSL)을 운영하고, 교과학습 집중 지원을 위해 글로벌 선도학교도 운영한다. 학교 차원에서는 다문화 이해 제고를 위한 유치원 교사용 지도서 및 초·중등 교과서에 반영하여 개발·보급하고 교원양성 연수과정 개선 등을 통해 교원의 다문화 이해역량을 강화하려는 목적이 보인다.

교육부에서는 다문화학생 교육 선진화 방안을 추진할 예정이다. 다문화학생이 지속적으로 증가함에 따라 학교가 중심이 되어 다문화 친화적인 환경을 조성하고 학생 개인별 특징에 따라 맞춤형 교육을 실시하는 것이다. 주요 내용은 다음과 같다.

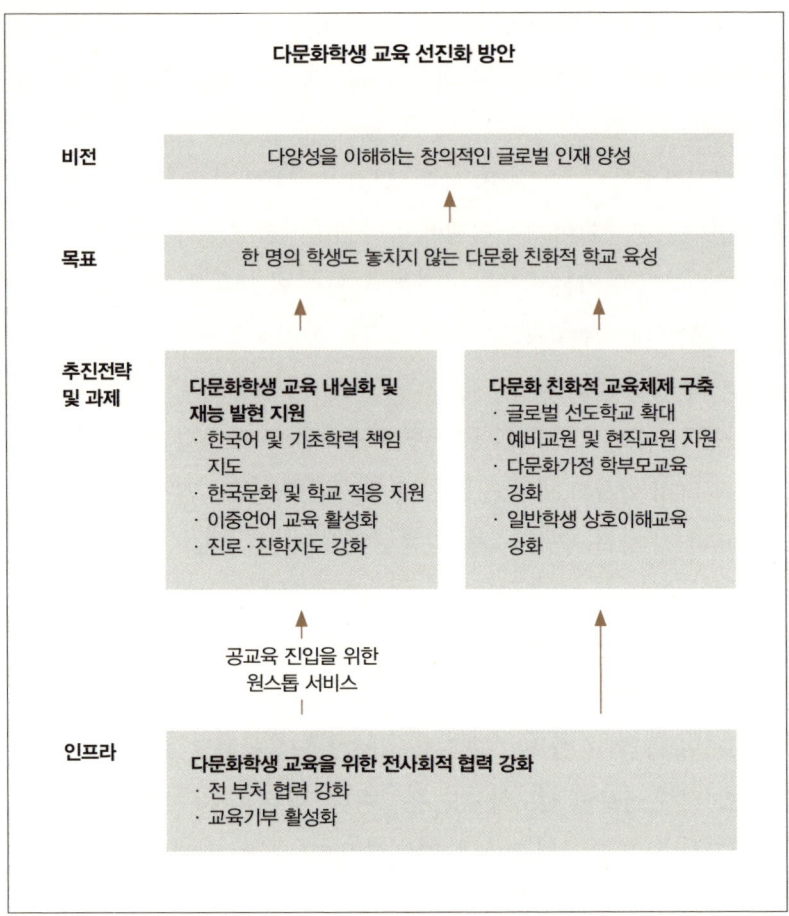

① 다문화학생 공교육 진입 지원을 위한 예비학교 및 다문화코디네이터 운영
② 한국어 교육과정(KSL) 도입 및 기초학력 책임 지도 강화
  * KSL(Korean as a Second Language: 제2언어로서의 한국어)
③ 다문화학생과 일반학생이 함께 배우는 이중언어 교육 강화

④ 다문화학생 진로·진학 지도 강화
⑤ 다문화친화적 학교 환경 조성
   * 글로벌 선도학교 150개교 육성(거점형 120개교 + 집중지원형 30개교)
⑥ 일반학생과 학부모에 대한 지원 강화

다문화학생 공교육 진입을 위해 예비학교가 전국적으로 확대 운영되며, 교육청에 다문화 코디네이터를 두어 입학 상담, 학교배치, 사후관리까지 입학의 전 과정을 지원하게 된다. 또 한국어가 서투른 다문화학생의 한국어 능력 강화를 위해 한국어 교육과정이 도입되며, 기초학력 신장을 위한 1:1 멘토링, 온라인 멘토링 시스템이 도입된다. 그리고 베트남어, 태국어, 몽골어, 러시아어 등 소수 언어 교재를 개발하여 모든 학생에게 다양한 문화와 이중언어 학습 기회를 부여할 예정이다.

다문화학생 진로진학지도를 강화하기 위해서는 2012학년부터 서울, 충북 지역에 직업 교육 대안학교인 다솜학교가 운영되고 2013년부터는 인천 지역에 추가로 운영된다. 다문화 친화적인 학교 환경을 조성하기 위해 150개교를 글로벌 선도학교로 집중 지원하고 인근 지역 다문화학생을 지원하기 위한 거점형 학교와 집중지원형 학교가 운영된다. 일반학생과 학부모에 대한 지원 강화를 위해 상호이해교육도 강화되며 이를 위해 다문화 친화적인 교과서를 개발·보급하고 방과후학교 프로그램, 창의적 체험활동 등 다양한 형태의 교육 프로그램이 활성화된다.

지금까지 여성부와 교육과학기술부의 다문화 관련 정책을 살펴보았다. 다문화교육이 소수의 교육이 아닌 다수의 교육이고 모든 학생을 위한 교육이라는 인식은 많이 개선된 것 같다. 그러나 다문화가족 지원 및 다문화교육 정책이 실현가능한 정책이 되기 위해서는 무엇보다 학교 교육과의 협력과 연계성을 갖추는 것이 중요하다. 실제로 다문화교육 정책을 이행하고 실천하는 것은 각 학교의 교사이기 때문에 학교 교사에 대한 현실적인 지원방안도 함께 마련되어야 한다. 또 다문화교육의 필요성을 인식하기 위한 인식개선의 노력은 지속적으로 이루어져야 하며 각 부처 간에 중복된 내용은 하나로 연결하여 시행할 수 있도록 해야 한다. 교사는 다문화교육 정책에 대해 관심을 갖고 이를 학교에 어떻게 적용할 수 있을지 고민해야 할 시점이다.

03

다문화가정이란 무엇일까?

　　다문화가정은 서로 다른 국적, 인종, 문화를 가진 남녀가 이룬 가정 또는 다른 문화적 배경을 가진 사람들이 포함된 가정을 의미한다. 서종남은 〈다문화교육 : 이론과 실제(2010)〉에서 다문화가정의 자녀를 그동안 '혼혈아, 코메리칸(한국인과 미국인 사이의 혼혈아), 아메리시안(미국인과 아시아인의 혼혈아), 아이노꼬(한국인과 일본인 사이의 혼혈아), 코시안(KOREAN과 ASIAN의 합성어로 1996년 안산외국인노동자센터의 박천응 소장이 처음 사용)' 등으로 불러 왔으나 현재는 국제결혼 가족을 중심으로 다문화가정이라는 용어가 사용되고 있다고 설명한다. 다문화가족지원법에서는 다문화가정을 대한민국 국민과 혼인한 적이 있거나 혼인관계에 있는 재한외국인으로 정의하고 있다.
　　다문화가정이라는 용어는 이제는 사회적으로 큰 무리 없이 통용되어 지고 있으며, 학교에서도 사용되고 있다. 그러나 학교 현장에서 다문화가정이라는 용어는 다른 학생들과 구분 짓는 또 하나의 용어이기 때문에 사용하지 말아야 한다는 의견도 있다. 그렇지만 대체용어의 부재로 인해 다문화가정이라는 용어는 계속 사용되고 있다.

다문화가정의 범위는?

우리나라에서 일반적으로 다문화가정을 이야기 할 때는 국제결혼가정, 외국인근로자가정, 북한이탈주민을 말하며, 이들 가정의 자녀는 다음과 같다(조영달, 2006).

다문화가정의 정의

다문화가정	그 자녀
국제결혼가정	· 한국인 아버지와 외국인 어머니 사이에서 태어난 아이 · 한국인 어머니와 외국인 아버지 사이에서 태어난 아이
외국인근로자가정	· 외국인근로자가 한국에서 결혼하여 태어난 아이 · 본국에서 결혼하여 형성된 가족이 국내에 이주한 가정의 아이
북한이탈주민가정	· 북한에서 태어나서 한국에 입국한 아이 · 한국에서 태어난 아이

교육과학기술부에서 발표한 「다문화가정 품어 안는 교육지원 대책(2012)」을 살펴보면 국제결혼가정 자녀와 외국인근로자 가정 자녀를 대상으로 정책을 지원하고 있다. 여성가족부에서는 다문화가족 지원이라는 이름으로 다문화가정을 지원하고 있으며 결혼이민자에 한국사회 조기 정착과 다문화가족의 안정적인 생활지원을 하고 있다.

또한 「다문화발전 방안 토론회 자료집(2012)」을 보면 경기도교육청에서는 다문화가정 교육대상을 다음과 같이 정하고 있다.

다문화가정 교육대상

국제결혼가정 자녀	국내출생 자녀	· 한국인과 결혼한 외국인 배우자(이하 '결혼 이민자') 사이에서 출생한 자녀 · 국적법 제2조 제1항에 따라 국내 출생과 동시에 한국 국민이 되므로 헌법 제31조에 따른 교육권을 보장받음
	중도입국 자녀	· 결혼이민자가 한국인과 재혼한 이후 본국에서 데려온 자녀, 국제결혼가정자녀 중 외국인 부모의 본국에서 성장하다가 청소년기에 입국한 자녀 등 · 국내 입국 시에는 외국 국적이나 특별귀화를 통해 한국 국적으로 전환가능 · 대부분이 중국인·조선족(약 90% 이상) · 비교적 연령대가 높은 10대 중·후반(고등학생)에 입국하는 경우가 많음
외국인가정 자녀		· 외국인 사이에서 출생한 자녀 · 헌법 제6조 제2항 및 「UN 아동이 권리에 관한 협약」('91, 비준)에 따라 한국 아동과 동일하게 교육권을 가짐 · 미등록 외국인 자녀의 경우에도 초·중등교육법 시행령 제19조 및 제75조에 따라 거주사실 확인만으로 초·중학교 입학이 가능

다문화 관련 연구 및 기관의 정책 대상을 살펴보면 다문화가정을 국제결혼가정과 외국인근로자가정으로 한정지어 생각하고 있는 것 같다. 하지만 가정의 형태가 다양해지고 있는 만큼 가정 내의 문화 차이, 다양한 인종·국가 등 넓은 의미로 다문화가정의 범위를 확대해 나갈 필요가 있으며, 다문화가정에 북한이탈주민 가정을 포함하는 것에 대한 논의가 필요하다.

다문화가정 학생들은 과연 얼마나 될까?

교육과학기술부가 2012년 전국 다문화가정 학생 현황을 조사한 결과 총 46,945명이 재학하고 있는 것으로 나타났다. 이는 2011년보다 8,276명, 약 21%가 증가한 수치이며 2006년보다 5배 증가한 수치이다. 앞으로 다문화가정의 학생수는 매년 증가할 것으로 보이며 2014년도에는 전체 학생수의 1%를 차지할 것으로 추정하고 있다.

또한 다문화 학생을 유형별로 보면 국제결혼가정 자녀가 85.3%(4만 40명), 외국에서 태어난 중도입국 국제결혼 가정 자녀가 9.1%(4천 288명), 외국인 가정 학생이 5.6%(2천 626명)이었다. 이중 중도입국 자

연도별 다문화가정 학생수

연도	2006	2007	2008	2009	2010	2011	2012
학생수(명)	9,389	14,654	20,180	26,015	31,788	38,678	46,954

연도별 전체학생 대비 다문화가정 학생 비율

연도	2008	2009	2010	2011	2012	2013 (추정)	2014 (추정)
전체학생 대비비율(%)	0.26	0.35	0.44	0.55	0.70	0.88	1.10

부모 국적별 다문화가정 학생 현황

구분	중국	일본	필리핀	베트남	태국	몽골	기타	계
다문화가정 학생수	15,882	12,933	7,553	3,408	1,136	1,021	5,021	46,954
비율	33.8	27.5	16.1	7.3	2.4	2.2	10.7	100

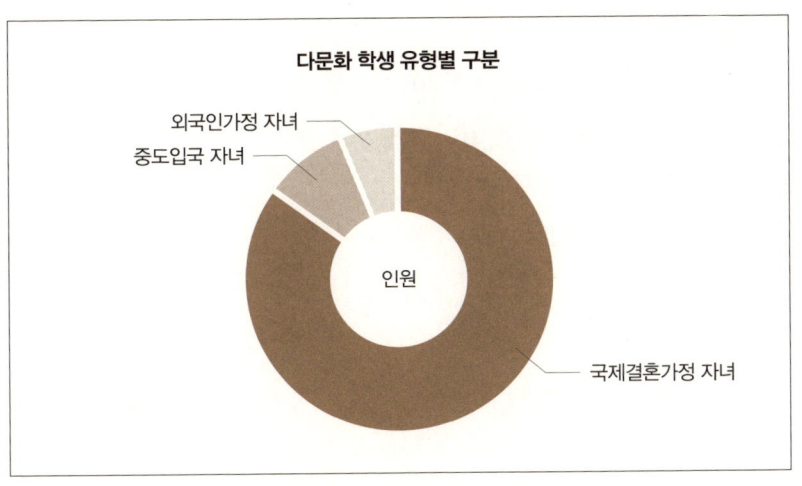

연도별 경기도 다문화가정 자녀 학생 수 증가 현황

연도	국제결혼가정				외국인가정				전체 학생 수	전체 학생 대비	전년 대비 증가율
	초	중	고	소계	초	중	고	소계			
2012	6,967	1,885	783	9,605	588	113	61	762	10,367	0.60%	21%
2011	5,836	1,498	632	7,996	437	123	52	612	8,579	0.48%	20%
2010	5,029	1,144	514	6,687	328	115	46	489	7,167	0.39%	25%
2009	4,262	725	359	5,346	256	97	30	383	5,729	0.31%	33%
2008	3,091	576	211	3,878	292	112	25	429	4,307	0.23%	35%
2007	2,283	460	127	2,870	204	97	11	312	3,182	0.17%	54%
2006	1,454	338	60	1,852	168	42	7	217	2,069	0.11%	40%

다문화 중도입국학생 현황

구분	초등학교		중학교		고등학교		총계	
	2011	2012	2011	2012	2011	2012	2011	2012
중도입국학생	226	915	93	304	45	160	364	1,379

경기도교육청, 「다문화교육 발전방안 토론회 자료집」(2012)

녀의 경우 2011년 2,540명보다 68.9%가 증가한 것으로 나타났다.

경기도교육청에서 조사한 2012년 초·중·고에 재학하고 있는 경기도 다문화가정 자녀수는 10,357명으로 전체 학생수의 0.6%를 차지하고 있는 것으로 조사되었다. 매년 평균 20%씩 증가하고 있으며 앞으로 더 증가할 것으로 보인다.

다문화가정 학생의 문제들

후싼은 운동도 잘 하고, 컴퓨터 타자 솜씨도 일품이다. 3년 전, 방글라데시에서 아빠를 따라 한국으로 왔는데, 공부도 잘 한다. 오늘은 컴퓨터 활용시간에 세계의 여러 나라에 대해서 조사학습을 했다. 문화, 정치제도, 풍습 등등을 알아보다가 앞자리에 앉았던 지훈이가 후싼에게 말했다.
"너 엄청 못 사는 나라에서 왔구나!"

6학년 명희는 어제 아빠와 보건소에 다녀왔다. 뇌염 예방접종을 하려고 보건소에 버스를 타고 갔단다. 명희 아빠는 한국에 일하러 왔다가 명희 엄마를 만나 결혼해서 명희를 낳았다. 필리핀 사람인 명희 아빠는 다른 사람보다 까무잡잡했다. 버스를 타면서 "보건소 가요?"하고 명희 아빠가 물었는데 버스기사가 "시청 앞에서 내려" 하고 반말을 해서 명희의 기분이 나빠졌다고 했다. 버스에서 내려서도 보건소 위치를 잘 몰라서 길을 물었단다. 길을 알려주는 사람들도 명희 아빠에게 서슴없이 반말을 하더란다. 대한민국에선 피부가 검으면 왜 반말을 들어야 할까?

국제결혼가족의 자녀	외국인이주노동자의 자녀	북한이탈주민의 자녀
뒤처지는 아이	방치되는 아이	탈락하는 아이
· 미숙한 한국어 구사능력 · 학습부진 · 정체성의 혼란 · 급우들의 따돌림	· 저조한 취학율 · 미숙한 한국어 구사능력 · 어머니의 국가에 대한 낮은 자부심 · 공교육체계의 미등록 자녀에 대한 배척	· 언어문제 · 학습부진 · 저조한 취학율 · 저조한 진학률 · 편견과 차별

조영달, 「다문화가정의 자녀교육 실태조사」(2006), 교육인적자원부

    많은 교사들이 학교에서 다문화가정의 아이들과 일반학생이 함께 생활을 하는 경우에 특별히 문제가 되지 않는다고 느끼는 경우가 많다. 그러나 그 내면을 들여다보면 교사가 알거나 혹은 알지 못하는 문제들이 있다. 교사의 경우에는 주로 낮은 학업성취에 대한 고민을 이야기하고 있으며, 다문화가정 학생의 경우에는 친구들과의 관계에 대한 문제를 이야기하고 있다. 다문화가정 자녀의 교육문제는 조영달의 논문 「다문화가정의 자녀교육 실태조사」(2006)에서 잘 나타나 있다. 국제결혼가정 자녀의 경우 미숙한 한국어 구사능력, 학습부진, 정체성의 혼란, 급우들의 따돌림을 들 수 있다. 외국인이주노동자 자녀의 경우 저조한 취학율, 미숙한 한국어 구사능력, 어머니 국가에 대한 낮은 자부심, 공고육체계의 미등록 자녀에 대한 배척의 문제를 밝혔고, 북한이탈주민 자녀의 경우에는 언어문제, 학습부진, 저조한 취학율, 진학률, 편견과 차별 문제를 언급했다.

    교실에서 다문화가정의 자녀가 겪는 문제는 크게 4가지로 나누어 볼 수 있다.

    첫 번째로 가정에서 부모가 한국어를 잘 못하여 유아기 때부터 언

어적 상호작용이 부족함으로 언어발달에 문제가 있는 경우가 있다. 또 많은 외국인근로자 자녀의 경우 한국어를 전혀 사용하지 못하기 때문에 학교에 잘 적응하지 못하는 경우가 발생한다. 북한이탈주민의 자녀는 특별히 언어소통에는 문제가 없으나 사용하는 어휘의 차이로 인해 학생들이 혼란을 겪는 경우가 있다.

두 번째는 낮은 학업성취도를 들 수 있다. 학교에서 일상적인 대화를 주고받는 경우에는 큰 문제가 없으나 언어사용 능력의 부족은 학교 수업 중 독해와 어휘력, 쓰기, 작문 등 능력이 일반학생보다 떨어지며, 수업에 대한 낮은 이해도는 학업성취도의 저하를 가져오고 있다. 언어사용의 문제만이 아니라 많은 다문화가정의 경우 경제적인 상황이 여의치 않아 학습능력을 향상시키기 위한 환경을 제공하지 못하는 상황에 놓여져 있다. 낮은 학업성취도는 학교에서의 탈락률을 증가시키는 큰 원인 중에 하나이다.

2012년 1학기 말 성취도평가를 바탕을 A초등학교의 3~6학년 학생의 학업성취도 평가를 분석한 결과인 「다문화가정과 일반학생 간의 학성성취도 격차 비교연구(최충옥 외, 2012)」에 따르면 다문화가정 학

A초등학교 학년별 평균 학업성취도 분석

집단 평균	① 일반가정 학생	② 국제결혼 가정 학생	③ 외국인근로자 가정 학생	격차 (①-②)	격차 (①-③)
3학년 평균	81.10(100)	75.04(92.5)	69.58(85.7)	7.5	14.3
4학년 평균	75.36(100)	76.25(101.1)	71.00(94.2)	-1.1	5.8
5학년 평균	80.01(100)	76.38(95.4)	70.60(88.2)	4.6	11.8
6학년 평균	80.49(100)	70.48(87.5)	50.15(62.3)	12.5	37.7

최충옥 외, 「다문화가정과 일반학생 간의 학업성취 격차 비교연구」(2012)

다문화가정 아이들의 장기결석 이유

집단따돌림을 당하는 이유	비율(%)
엄마가 외국인이기 때문에	34.1
의사소통이 잘 안되어서	20.7
특별한 이유 없이	15.9
태도와 행동이 달라서	13.4
외모가 달라서	4.9
기타	22.0

최일 외 2인, 〈다문화교육의 이론과 실제〉(2001), 학지사

생이 일반 가정의 학생보다 낮은 성취도를 보이고 있음을 확인할 수 있다. 이러한 현상이 누적된다면 학생의 학교이탈로 이어질 수 있어 이를 해결하기 위한 대책이 필요하다. 즉, 다문화가정 학생이 일반가정의 학생과 비교하여 낮은 성취를 보이는 요인이 교육과정과 교육내용에 포함되어 있는지를 확인해야 한다. 그리고 이를 해결하기 위한 중장기적 실태 파악과 더불어 교육전문가의 진단과 해법이 요구된다.

세 번째로는 학교생활 부적응 문제이다. 낮은 언어 사용과 학업성취도는 다문화가정 학생들로 하여금 학교생활에 적응하지 못하도록 하며 이는 일반학생들과 긍정적인 대인관계를 맺지 못하게 되는 원인이 된다. 또한 어머니가 외국인이라는 이유만으로, 피부색이 다르다는 이유로 배척의 대상이 되어 학교생활에 부적응 문제를 들어내는 경우가 많다.

〈다문화교육의 이론과 실제(2010)〉에서 설명된 내용에 따르면 학교에서 다문화가정 자녀 17.6%가 집단 따돌림을 경험하는 것으로 나

다문화가정 자녀들, 어떻게 괴롭힘 당하나

국가인권위원회가 지난해 다문화가정 자녀 185명을 대상으로 학교생활 차별 실태를 조사한 결과

41.9%
발음이 이상하다고 놀림당한 적이 있다.

36.6%
따돌림 당하거나 "너희 나라에 이런 것 없지"라며 무시당한 적 있다

30.6%
나에 대한 잘못된 소문을 퍼뜨리거나 뒤에서 수군댄다

25.3%
이름 대신 나라 이름을 부르거나 피부색이 다르다고 놀림당한 적이 있다

21.0%
"너희 나라로 돌아가"라고 하거나 (불법 체류 등을) 신고하겠다고 협박당한 적이 있다

15.1%
손이나 주먹으로 맞거나 발로 걷어차인 적이 있다

9.1%
돈이나 소지품을 빼앗긴 적이 있다

타났다. 집단따돌림의 가장 큰 이유는 '엄마가 외국인이어서'라는 응답이 34.0%로 가장 높았고, 의사소통이 잘 안되어서(20.7%), 특별한 이유 없이(15.9), 태도와 행동이 달라서(13.4%), 외모가 달라서(4.9%), 기타(22.0%)로 나타났다(설동훈 외, 2005).

국가인권위원회에서 2011년 다문화가정 186명을 대상으로 설문조사를 한 결과를 보더라도 위의 연구 결과와 크게 다르지 않음을 알

수 있다. 발음이 이상하다는 이유로 놀림을 당하는 아이들이 41.9%에 이르며, 아예 무시를 하거나 너희 나라로 돌아가라는 협박을 받는 경우도 있다. 이는 단지 외국인 부모를 뒀다는 이유 하나만으로 학교에서 배척당하고 있다는 의미다.

마지막으로 정체성의 혼란 문제를 들 수 있다. 다문화가정 자녀들은 자신의 의지와는 상관없이 부모나라의 문화와 한국 문화 사이의 이중문화를 겪고 있다. 가정과 사회에서 경험하는 생활방식의 차이와 문화적 차이, 사고방식의 차이 등으로 겪는 혼란과 갈등은 다문화가정 자녀에게 부정적인 영향을 끼친다. 이로 인해 '나는 누구일까?' 하는 의문을 갖게 되고 긍정적인 자아개념과 자기정체성 및 가치관의 형성에 어려움을 겪게 된다. 따라서 다문화가정의 자녀들에게 한국인으로서의 정체성과 다양한 문화적 상황을 긍정적으로 바라볼 수 있도록 하는 시각을 갖도록 해주는 것이 무엇보다 중요하다.

04
다문화상담이란 무엇일까?

　　다문화교육과 관련된 문제를 해결하기 위한 다양한 정책과 방향들이 제시되고 있는데 다문화가정의 자녀를 담당하고 함께 생활하는 교사로서 무엇보다도 상담의 중요성이 커지고 있다. 교사는 다문화가정 자녀의 학교 탈락과 일탈을 막아주고 보호해주며 학교 적응에 관심을 기울어야 한다. 열악한 여러 가지 고충 속에서도 현실을 직면하고 버티며, 자신의 적성을 발견하고 문화차이를 인식하면서 학습격차 해소와 관계 개선을 위해 노력하면 이들은 정체성을 확립하고, 학습능력이 향상되며, 구성원으로 인정받고 자아실현을 이룰 수 있다. 이러한 과정을 중재하는 역할로써 교사의 역할이 중요하다(한정애, 2006).
　　리로이 G. 배루스와 M. 리 매닝이 공동 저술한 〈Multicultural Counseling and Psychotherapy〉(2011)에서는 다문화상담이 국가의 형성단계부터 다문화사회로 출발한 미국을 비롯해 이민자들의 사회구성비가 높은 서구 선진국들을 중심으로 발전하였다고 설명한다. 그에 따르면 사회적인 필요와 요구에 따라 상담 및 심리치료에서 문화적 차이에 관한 문제가 비중 있게 다루어지고 있으며, 상담 분야에서 다문화상담은 주요 영역을 차지하고 있다.

데럴드 윙 수와 토니오(2005)는 다문화상담을 '조력하는 역할이자 과정'으로 정의했다. 그리고 다문화상담에 있어 내담자의 생활 경험 및 문화적 가치와 일관된 상담 목표와 양식들을 사용해야 한다고 주장한다. 이는 다문화상담의 기저에 상대의 문화적 정체성에 대한 존중이 무엇보다 전제되어야 한다는 걸 의미한다.

학교에 다문화가정의 학생들이 함께 생활하게 되면서 상담에 대한 기존의 방법들이 변화되어야 함을 느끼게 된다. 다문화상담은 기존의 일반학생 상담에서 상담할 수 없는 부분을 보완하기 위해 기존의 상담 방법에서 다문화적 요소를 적용시킨 방법이라고 말할 수 있다.

다문화상담을 하기 위해서는 앞서 살펴본 다문화적 배경을 잘 알고 있어야 한다. 다문화 가정의 특수성을 고려하여 상담을 해야만 학생과 소통할 수 있을 것이다. 다문화상담은 문화와 문화 간의 차이를 이해하고, 학생의 문화적 배경을 살펴 진행해야 할 것이다.

다문화상담, 어떻게 접근해야 할까?

교실 속의 학생들 간에도 따로 교실 문화가 존재한다. 이때 소수자인 다문화가정 자녀들은 주변인으로 남게 되는 경우가 많다. 〈다문화상담〉(2011)에 따르면 주변인은 이중문화 구성원이라는 의식 때문에 이중민족적 정체성을 형성할 수 없는 사람을 가리킨다. 이 학생들은 수

줆음이 많고, 회피적으로 보이는 경향이 있다. 다문화가정 학생들과의 상담은 다른 상담과는 다르며 이때 교사에게 필요한 핵심적인 역량은 문화적 역량이라고 할 수 있다. 이러한 문화적 역량을 데럴드 윙 수와 데이빗 수는 문화적 유능성으로 풀이하였고, 이어서 문화적 유능성을 인식, 지식, 기술로 나누어 다문화적 상담능력을 설명하였다.

인식 유능성은 상담자 개인의 영역으로 개인적으로 가치, 편견, 태도, 신념 등의 점검을 통해 자신의 문화적 조건을 확인하는 것이고, 지식 유능성은 다문화상담을 위해 다양한 문화적 지식과 정보를 습득하여 갖게 된 개인과 집단, 사회에 대한 이해를 말한다. 기술 유능성은 상담시 문화적 적절한 개입방법을 결정하고 사용하는 능력이라고 할 수 있다.

최충옥은 〈다문화교육의 이해〉(2010)에서 다문화상담은 소수자들을 대상으로 실시하는 상담이기 때문에 다음의 사항들을 확인하여 학교에서 실시하는 상담에 활용하도록 해야 한다고 조언한다.

첫째, 상담자는 다양한 세계관을 알아야 한다.
둘째, 상담자는 자신의 문화적 특성, 내담자의 문화적 특성, 그리고 적절한 상담개입을 찾기 위한 태도와 지식, 기술을 갖추어야 한다.
셋째, 상담자는 내담자의 인종적 정체성을 충분히 이해해야 한다.
넷째, 상담자와 내담자의 관계는 집단주의적이어야 한다. 협상과 합의가 중요하다.
다섯째, 의사결정과 상담과정에서 가족의 역할이 강조되어야 한다.

여섯째, 내담자의 세계관, 역사, 지역의 사회정치적 이슈, 그리고 고정관념이 충분히 토의되어야 한다.
일곱째, 내담자의 선택을 제한하는 인종/민족적 요인의 영향이 토의되어야 한다.
여덟째, 상담과정에서 내담자의 모국어 사용, 통역자 활용, 그리고 통찰과 방향을 제시할 수 있는 지역사회 구성원을 참여시키는 것 등 전통적인 심리치료와는 다른 방법의 개입도 필요하다.
아홉째, 내담자-상담자 간의 관계와 상담과정은 상담이 진행되는 동안은 물론이고 상담이 종결된 이후에도 계속적으로 평가되어야 한다.
열째, 광범위한 추수지도가 행해져야 하고 필요하면 상담이 다시 행해져야 한다.

또한 임은미(2010)는 다문화상담의 원리에서 다음 여섯 가지 측면의 내용들이 고려되어야 한다고 하였다.

첫째, 부모 세대의 문화를 고려해야 한다.
둘째, 지속적인 언어 습득 프로그램이 전제되어야 한다.
셋째, 소외계층의 특성을 고려해야 한다.
넷째, 돌봄과 훈육 사이의 합리적인 판단이 필요하다.
다섯째, 사회적인 지지체계를 구축해야 한다.
여섯째, 강점 개발 중심의 관점을 보유해야 한다.

다문화상담을 위한 방법은?

〈다문화교육의 이해〉(2010)에서는 다문화가정 학생들을 상담할 때 다음과 같은 단계로 절차를 제시하였다.

준비단계	문제 파악 단계	개입 단계	평가 단계
학기초 다문화가정 학생에게 관심을 갖고 지켜보며 상담을 준비한다.	다문화가정 학생의 특성과 가정환경, 또래관계 등을 이해한다.	학생의 특성 및 문제점을 인식하고 구체적 개입방법을 찾는다.	상담의 효과를 파악하고 향후지도 내용을 확인한다.

학생들에게 개입하는 방법으로는 다문화가정 학생의 동기 고취 및 잠재력 개발, 일반학생들의 수용적 태도 증진, 교사의 개방적 태도와 관심 증진, 학부모의 적극적인 협조, 전문가의 조언과 자문받기, 다문화 멘토링 활용하기 등을 들 수 있다.

많은 학생 상담에서 부모, 형제와 같은 가족과의 관계를 파악하고 가정과 연계하여 상담해야겠지만 다문화가정 자녀의 상담은 가족 상담이 무엇보다 중요하다. 다문화상담 센터 등을 활용해 적극적으로 상담에 개입시키기 위해 노력해야 한다.

다문화상담을 할 때 교사가 유의해야 할 점은?

문화, 민족성, 인종, 성별 등과 같은 상담자의 배경은 다문화가정의 아이들을 상담하는데 큰 영향을 미친다. 특히 학교에서 교사들이 다문화 가정 상담 시 교사의 편견, 문화 인식, 통역활동 등과 같은 점에 유의하며 상담을 실시해야 한다.

1. 교사의 편견

다문화상담에서 교사는 자신이 의식하지 못하는 문화적 가치와 편견을 인식하는 것이 중요하다. 자신이 모르는 사이에 다문화 가정의 학생을 상담할 때 이러한 편견이 작용한다면 학생은 불편함을 느끼고 상담을 포기하게 될 것이다.

다문화가정행복센터의 서정배 실장은 우리 사회에 다문화인들을 바라보는 편견으로, 첫째로 피부색이 다르면 배척하는 경향이 많다고 지적했다. 특히 동·서남아시아인, 흑인들을 열등하게 여기거나 부정적인 태도를 많이 취하고 있다. 외모를 보고 판단하는 편견의 잣대는 다문화인들을 열등한 사람으로 보게 만들었는데 우리들은 그들의 문화를 경험하지도 않고 그들을 오해한다. 둘째로, 외국인근로자, 결혼이주여성들은 대부분 가난하거나 못 배웠을 것이라는 편견을 가지고 있다. 이들에 대한 능력이나 수준과 관련된 편견은 우리의 오해이다. 다문화인들 중에는 학력의 수준이 높은 사람들, 자신의 나라에서 좋은 직업을 가지고 있었던 사람들이 많다. 우리의 경제적 지표로 그들을 평가하지 말아야 한다.

자신도 모르게 다문화인들에 대한 편견을 가지고 있다면 과감히 버리고 상담을 실시해야 한다. 또한, 교사는 다문화가정 학생들을 대할 때 '학업성취도가 낮을 것이다.' '학생들과의 관계가 좋지 않을 것이다.' '가정 형편이 좋지 않을 것이다.' '가정에 문제가 있을 것이다.' 등과 같은 편견을 갖고 상담을 실시할 수도 있는데 객관적인 관찰을 통해 학생들을 파악하고 깊이있는 이해와 수용을 바탕으로 상담을 실시해야 하는 것이 바람직할 것이다.

2. 가치관

많은 교사들이 학교에서 단일민족에 대해 공부하였고, 대한민국은 오랫동안 단일민족으로 살아 왔다는 가치관을 가지고 있을 수 있다. 단일민족의 가치관은 다문화상담에 편견적인 인식을 가질 수 있고 학생과의 관계가 개선되지 않는다. 국제화·다문화사회로의 전환에서 다양한 문화를 수용하고 받아들이는 넓은 마음이 요구된다.

3. 문화 인식

대부분의 교사는 다문화가정이 아니며 한국 사회의 일원으로 한국 문화에 적응되어 있다. 그러나 다문화가정의 자녀는 이와 같지 않다는 것을 인식해야 한다. 교사는 학교에서 학생들의 생활지도를 담당하고 있는데 문화의 차이로 인해 오해를 할 경우가 있다. 그 예로 무슬림 가정의 경우 열 살 이상이 되면 몸매가 들어나는 옷을 입지 않는데 초등학교 고학년이 되면 치마를 입지 않는다. 문제는 중학교에서 교복을 입어야 하는데 교복치마를 입을 수 없다는 것이다. 교복 치마를 입지 못하기 때문에 학교에서 학생들에게 왕따를 당하거나 이상한 시선을 느끼며 생활해야 한다는 것이다. 또 급식지도에 있어서도 오해를 할 경우가 있는데 무슬림 가정의 경우 돼지고기를 먹지 않는다. 학교에서 급식지도를 하면서 편식하지 않고 음식을 남김없이 먹는 것은 중요한 교육 중의 하나이지만 이 경우에는 학생 스스로 교사의 눈치를 보며 밥을 먹어야 한다. 다문화 선진국의 경우 이러한 때에 대체 음식을 제공하는 등의 노력을 하고 있다. 다문화가정의 다양한 문화를 인식하고 그에 맞는 상담을 실천해야 할 때이다.

4. 통역 활용

한국말을 모르는 학생들과의 상담은 교사에게 어려운 과제이다. 교사들은 이들과 상담을 위해서 통역사와 함께 상담을 실시해야 하는데 학생은 자신의 문제가 다른 사람을 통해 이야기되는 것을 지극히 꺼려하기 때문에 통역을 활용하는 상담에 주의를 기해야 한다. 통역사를 통한 상담을 위해서는 학생과의 관계형성이 매우 중요하기 때문에 라포형성에 많은 시간을 할애해야 한다. 그리고 통역사를 통해 학생과 대화해야 하는 취지와 의미를 진정성을 보이며 설명해야 한다. 한국말을 모르는 학생과 상담을 위해 곧바로 통역사를 통해 상담을 실시하거나 학생에게 진솔한 설명 없이 통역을 부탁하는 것을 자제해야 한다.

학교 다문화교육을 위한 교사 10대 가이드라인

경기도다문화교육센터에서는 학교에서의 다문화교육 실천을 위하여 다음의 10대 교사 가이드라인을 제시하고 이를 실천하도록 하고 있다. 다문화사회를 준비하고 다문화교육을 실천하는 교사들이 지켜나가야 하는 내용들로 구성되어 있다.

1. 교사는 다문화교육의 핵심적 역할을 수행하며 다문화교육을 담당할 수 있는 적절한 지식, 태도, 기능을 습득하고 있어야 한다.
2. 교사는 우리사회를 구성하고 있는 다양한 민족 집단들의 역사와 문화에 대한 기본적인 지식을 갖추고 있어야 한다.
3. 교사는 인종적 편견이나 고정관념의 문제점을 인식하고 이에 대해 반성적 사고를 할 수 있어야 한다.
4. 교사는 학생들이 가지고 있는 인종적 편견과 민족적 고정관념을 파악하여 이를 변화시키도록 노력해야 한다.
5. 교사는 수업 시간에 사용하는 교과서 및 관련 학습 자료에 인종차별적 요소가 있는지 파악하고 이를 개선해 나가야 한다.
6. 수업에서 다문화가정의 학생들에 의해 만들어진 여러 가지 자료(수기, 책, 면담 자료, 영화, 비디오테이프 등)를 활용하고, 그들의 견해에 관심을 가져야 한다.
7. 다문화 수업을 진행할 때는 학생들의 발달 단계를 고려하

여 개념, 내용, 활동 등을 적절히 적용해야 하며, 저학년에서는 보다 구체적 접근을, 고학년에서는 추상적인 개념이나 사례연구, 체험활동 등을 활용토록 한다.
8. 교사의 기대는 학생들의 성취에 지대한 영향을 미치므로 다문화가정의 자녀들이 높은 학업성취를 이루도록 교사는 그들의 가능성을 인정하고, 격려해주어야 한다.
9. 인종 간 교류와 통합에 매우 유용한 협동학습 방법을 사용하여 수업 시간에 다양한 인종적, 민족적 배경의 학생들이 어울려 학습할 수 있도록 장을 마련해야 한다.
10. 학급, 학교의 행사나 활동에 있어서 다문화가정의 학부모와 학생들이 초기에 능숙하지 않다는 이유로 배제되어서는 안되며, 반드시 참여하도록 해야 한다.

경기도다문화교육센터&경기대 교육연수원, 「학교다문화교육의 이해(2기) 연수 자료집」(2009)

참고문헌

Christine I. Bennett 지음 · 김옥순 외 공역, 〈다문화교육 이론과 실제(2009), 학지사
Derald Wing Sue&David Sue 지음 · 한혜숙 외 공저, 〈다문화상담 이론과 실제〉(2010), 학지사
L. Engle&J. Engle, 〈Assessing language acquisition and intercultural sensitivity
 development in relation to study abroad
James A. Banks 지음 · 최충옥 외 공역, 〈다문화교육 입문〉(2008), 아카데미프레스
Leroy G. Baruth, M. Lee Manning, 〈Multicultural counseling and Psychotherapy : A
 lifespan perspective〉(1991), Macmillan
program design(2004), Frontiers: The Interdisciplinary of Study Abroad/Fall 2004
SBS 스페셜 제작팀, 〈다른게 나쁜 건 아니잖아요〉(2012), 꿈결
경기도교육청, 「다문화 교육 정책방안 연구」(2007)
경기도교육청, 〈다문화 발전 방안 토론회 자료집〉(2012)
경기도다문화교육센터&경기대 교육연수원, 〈학교다문화교육의 이해(2기) 연수
 자료집〉(2009)
경기도다문화교육센터, 〈2012 다문화교육 담당교사 직무연수 자료집〉(2012),
 경기도다문화교육센터
교육과학기술부, 〈다문화가정 품어 안는 교육지원 대책〉(2012)
교육과학기술부, 〈다문화교육 선진화 방안〉 보도자료(2012)
구정화 외, 〈다문화교육의 이해와 실천〉(2010), 동문사
김범수 외(2010), 〈알기 쉬운 다문화 교육〉(2010), 양서원
다문화교육 직무연수 자료집(2010), 서울대학교 사범대학 교육연수원&중앙다문화교육센터
다문화교육방법연구회, 〈교실 속 다문화교육〉(2010), 학이시습
서종남, 〈다문화교육 이론과 실제〉(2010), 학지사
석원정, 〈이주아동이 학교에 결석하는 이유〉, 프레시안 2012. 4. 13.
설동훈 외, 〈국제결혼 이주여성 실태조사 및 보건·복지 지원정책방안〉(2005), 보건복지부
안경식 외, 〈다문화교육의 현황과 과제〉(2009), 학지사
안경식 외, 〈다문화교육의 현황과 과제〉(2009), 학지사
여성가족부, 〈다문화가족정책 기본계획〉 보도자료(2013)
여성가족부, 〈청소년의 다문화수용성 조사 결과〉 보도자료(2013)
오은순, 「다문화교육을 위한 교수학습 지원방안연구(Ⅰ)」(2007), 한국교육과정평가원
유네스코 아시아·태평양 국제이해교육원, 〈다문화사회의 이해 다문화 교육의 현실과
 전망〉(2008), 동녘
이강주 외 3인, 「탈북청소년의 교육 종단연구」(2011), 한국교육개발원
장인실 외 15인, 〈다문화교육의 이해와 실천〉(2012), 학지사
조영달, 〈다문화가정의 자녀 교육 실태조사〉(2006), 교육인적자원부

중앙다문화교육센터, 〈교육과학기술부 2010년 다문화교육 전문교원 연수
　　　연수자료집〉(2010), 서울대학교 교육연수원
최관경, 〈다문화 시대의 교육적 과제: 무엇을 위한 다문화교육인가. 한국교육사상연구회
　　　학술논문집 Vol.37.〉(2007), 한국교육사상연구회
최일·김병석·안정희, 〈다문화교육의 이론과 실제〉(2010), 학지사
최충옥 외, 〈다문화교육의 이해〉(2010), 양서원
최충옥 외,「다문화가정과 일반학생 간의 학업성취도 격차 비교연구」(2012),
　　　한국다문화교육연구학회 2012년 하반기 학술대회
통일부, [북한이탈주민 현황](2013)
학교 다문화교육연구회, 〈다문화수업 우수사례집〉(2009), 경기도다문화교육센터
한정애,「다문화가정 초등학생의 학교적응과정 분석」(2009), 경성대학교 박사학위 논문
행정안전부, 지방자치단체 외국인주민 현황(2012)
황매양 외, 〈초등교사의 다문화가정 아동 지도경험〉(2009), 초등삼담연구

다문화교육 들어가기

손소연

나는 2006년 2월 전국 최초로 원일초등학교에 외국인근로자 자녀 특별학급을 개설할 당시부터 특별학급 담임교사를 하게 되었다. 소외받는 제3국인들을 배려함으로써 국제화 시대 공존의 지혜를 실천하고자 하는 의도로 '외국인근로자 자녀 특별학급'이 운영되었고, 현재 '외국인근로자 자녀 특별학급'은 '다문화 특별학급'의 한 종류로 운영되고 있다.

'외국인근로자 자녀 특별학급' 담임교사를 하기 전까지 외국인근로자라든지 다문화라는 단어는 나의 삶과 거의 무관했었다. '외국인근로자 자녀 특별학급' 담임교사를 하기 전까지는 학교에 오지 않는 학생에 대하여 심각하게 생각해 본 적도 없었다. 그러니 '불법체류학생, 아동권리협약' 등과 같은 말들이 얼마나 낯설었는지 모른다. 현실적으로 내가 특별학급 아이들에게 무엇을 가르치고 지원해야 하는지 파악하는데 꽤 오랜 시간이 걸렸다. 누가 가르쳐주는 사람도 없었고, 참고할 수 있는 모범답안도 없었다.

　특별학급 담임교사로서 재직했던 원일초등학교에는 모친이 중국, 일본, 필리핀의 문화를 배경으로 하는 3개 국제결혼가정의 자녀가 재학 중이었다. 그리고 2006년부터 3월부터 2012년 2월까지 7년에 걸쳐 나이지리아, 러시아, 몽골, 미국, 스리랑카, 에콰도르, 우즈베키스탄, 인도, 일본, 중국, 카자흐스탄, 캐나다, 콩고, 키르기스스탄, 태국, 필리핀, 북한 등 17개국에서 온 아이들을 가르쳤다. 모두 외국인근로사 가정의 자녀와 국제결혼 재혼가정의 중도입국학생 및 북한이탈주민의 자녀들이었고, 7~17세까지의 아이들 대상으로 한국어와 한국문화, 한국학교 생활적응을 지도하였다.

　국제결혼가정 자녀가 입학 초기 학교생활에 잘 적응하고 있는 상황과 달리 내가 가르치고 있는 특별학급 아이들은 적응이 순조롭지 않았다. 아이들 대부분이 중도입국이었고, 한국에 입국하기 전 가족해체의 경험이 있어 정서적인 충격이 심했었다. 또한 한국에 오기 전후 교육 방치에 의한 학습공백기를 경험한 학생들이었다. 게다가 초등학교 연령을 넘어선 청소년기 아이들이 한 교실에서 생활하다보니 매번 벌어지는 일들이 초등교사인 내게 예사롭게 다가오지는 않았다. 가슴 답답한 날들의 연속이었다.

　한국에서만 성장한 내가 한국과 다른 문화적 배경과 언어적 환경에서 성장한 아이들을 다 이해하고 가르쳤다면 거짓말일 것이다. 정도의 차이는 있었으나 아이들 대부분이 문화적 충격에 어떻게 적응해야 할지 몰라서 힘들어 했다. 특별학급 담임교사 초창기에는 아이들의 안정적인 가족관계 형성과 함께 생활하는 일반 한국학생들과의 긍정적 관계 형성이 제일 시급하다 판단해서 매일 상담 아닌 상담, 한국어를 못 알아듣는 아이들에게 훈화 아닌 훈화를 쏟아 부으며 어찌하지 못하고 허둥거렸다.

한국어를 가르쳤다고 하면 굉장히 거창한 것을 지도한 것처럼 보이기도 한다. 그러나 한국어를 전혀 모르고 입학하는 아이들이 대부분이다보니 거의 영아기 수준의 음성언어부터 가르쳐야 했다. 입학 초기 특별학급 아이들에겐 유치원 수준의 한국어 교육과정도 어렵게 느껴질 때가 많았다. 의사소통이 불가능한 몇 달 동안은 다 큰 애들의 옹알이를 들으며 나도 같이 옹알이를 시작하곤 했다. 의사소통이 불가능한 아이들이 수시로 입학하는 관계로 같은 말을 또박또박 크게 반복해야 하는 수업 특성상 목은 늘 쉬어있었고 열로 부어 있었다.

처음 적응하는 한두 달 동안 아이들은 아픈 곳이 많이 생겼다. 인도에서 온 마얌크와 중국에서 온 카느리는 매일 머리가 아팠고, 몽골에서 온 에르데네와 새기는 배가 자주 아팠었다. 내가 한눈을 팔면 사르네는 화장실에 숨었었고, 토히롭과 뤼유는 하루도 빠짐없이 싸움을 하고 다녔다. 처음 한두 달은 아이들이 웃지도 않았다. 모두 나름대로 적응을 위한 성숙의 시간을 보낸 후에야 깔깔깔 소리 내어 웃을 수 있게 되었다. 돌이켜보면 아이들이 적응할 때까지 나도 매일 몸살기로 앓고 있었던 듯하다. 적응은 아이들 혼자만 하는 것이 아니었다.

말이 통하지 않는 스승과 제자 사이에 어찌 즐거운 일만 있었겠는가? 76명의 아이들과 7년에 걸쳐 함께 울고 웃고, 더불어 적응해야 했던 그 시련의 과정이 전근을 가야하는 시간이 되어서야 보람으로 다가오기 시작했다. 시련을 이겨낸 선물인지 이젠 허둥거리지 않는다. 다문화가정 아이들을 맡게 된 동료교사들이 청하면 웃으며 내 실수를 배움의 경험으로서 말할 수 있는 여유를 갖게 되었다.

전근 후 특별학급 담임은 아니지만 전체 26명 중 17명의 다문화가정 아이들을 가르치는 일반학급 담임교사로서, 다문화교육을 궁금해 하는 분들을 위해 기억을 더듬어 사례를 안내하고자 한다. 모쪼록 다문화교육과 아이들에 대한 이해를 도울 수 있었으면 하는 바람이다. 개인적 경험과 개인적인 판단에 의한 문제해결과정을 설명하면서 부분적으로 오해가 있을 수도 있으리라 생각한다. 그러나 나의 진심이 특정한 국가나 민족, 종교를 폄하하거나 비난하는 것이 아님을 너그러운 마음으로 양해해 주길 청할 따름이다.

꼭 알아야 하는
다문화교육 현장지식

01

모두 다 학교에 갈 수 있는 아이들

특별학급 담임을 하면서 전화 노이로제가 생겼다. 범상치 않은 문제들이 터져 나오면서 수많은 기자들과 하루가 멀다 하고 전화하는 연구자들, 교육계가 아닌 NGO(비정부기구 활동가)들과 엮여야 했고, 어떤 날은 다문화와 관련된 상담전화를 응대하다가 탈진한 날도 있었다. 질문자만 다를 뿐 질문 내용은 대동소이해서 퇴근 후에도 주말에도 이미 답변한 내용을 수십 번 반복하는 것은 너무 고통스러웠다. 급기야 "학부형들이 외국인노동자들이니까 두부공장으로 보내달라, 염색공장으로 보내달라"는 어처구니없는 전화까지 받으면서 아는 번호가 아니면 전화를 받지 않게 되었다. 단, 발등에 불 떨어진 선생님들의 애타는 전화를 제외하고!

A
"저는 초등학교 1학년 담임교사입니다. 삼월 중순에 미등록 외국인(불법체류)의 자녀가 취학하겠다고 학교를 찾아왔습니다. 한국에서 태어났다고 하는데 미등록 외국인의 자녀라 언제 태어났는지 서류도 없고, 입학처리가 가능한지 모르겠어요."

B
"여기 중학굔데요. 몽골에서 아이가 하나 왔어요. 몽골에서 초등학교 과정을 마쳤다고 하는데 졸업장이 없대요. 외국아이가 공립학교인 우리 학교에 입학하는 것이 가능한가요? 한국어를 하나도 못 하는데 어쩌죠?"

선생님들이 다문화가정 학생들의 입학 관련 의뢰를 받으시면 공통적으로 고민하시는 내용이 외국인 미등록(불법체류)자의 자녀와 중도입국학생의 입학처리 과정이다. 매년 1~3월, 9월이면 의무교육기간에 있는 중도입국 청소년에 대해서도 각 학교의 상담 문의가 많았다.
A와 B의 경우 초중등교육법시행령에 따라 모두 입학처리가 가능하다. 단지 B선생님의 경우에 몽골에서 초등과정을 마친 아이의 경우는 좀 더 자세히 상황을 알아봐야 한다. 내가 입학상담을 했던 몽골 아이들은 초등학교 과정을 5학년에 마치고, 바로 7학년으로 건너뛰는 학교들에 재학했던 아이들이 많았다. 러시아식 교육 시스템이 일반적인 나라에서 온 학생들도 재학했던 학교에 6학년이 없는 경우가 많았고, 한국과 달리 초등학교와 중학교의 구분이 없어서 당연히 졸업장이 없는 아이들도 있었다. 이런 경우 재학증명이나 성적증명으로 학년 이수를 확인하고, 6학년 과정이 미이수인 경우 중학교 입학을 의뢰받았지만 인근 초등학교의 6학년 취학을 안내하는 것이 좋다.

의무교육이라는데 진입하기 힘들어요

한국어로 말문이 트이면 아이들은 자기 이야기를 시작한다. 외국인근로자 자녀들이나 중도입국학생들이 어떻게 학교에 오게 되었는지 6개월쯤 지나면 상황을 듣게 된다. 특별학급에 입학하기 전에는 부모가 경제활동을 하는 동안 가정에서 혼자 놀거나 동일 국적의 형, 누나들과 어울려 소일하곤 했다고 한다. 그러다가 부모에게 "나도 한국 애들처럼 학교에 가고 싶어요"라며 졸라서 외국인근로자 자녀 특별학급에 입학하게 되었고, 생애 처음으로 한국에서의 학교생활을 시작하게 되었다. 특히 불법체류자(미등록 외국인근로자)의 자녀 중 초등학교 학령을 넘어선 아이들은 교복을 입고 중학교에 가는 한국아이들이 굉장히 부러웠다고 한다.

초·중등교육법시행령에는 대한민국에 거주하고 있는 의무교육기간에 해당하는 아이들은 모두 학교에 다닐 수 있다. 한국 국적이든 아니든, 합법체류 신분이든 불법체류 신분이든 제19조와 제75조는 아이

대한민국에 거주하는 의무교육기간에 해당하는 모든 아이들은 학교에 다닐 수 있는 권리가 보장된다.

모두 다 학교에 갈 수 있는 아이들 · 91

들의 교육받을 권리를 보장하고 있다. 제19조는 초등학교 입학을 위한 조항이고, 제75조는 초등학교를 중학교로 해석하여 적용한다는 조항이다. 잘 알아두었다가 학교 다니기를 원하는 학생들이 찾아온다면 학교 문을 활짝 열어주길 바란다.

제19조 (귀국 학생 등의 입학 및 전학)
① 다음 각 호의 어느 하나에 해당하는 아동이나 학생(이하 "귀국학생 등"이라 한다)의 보호자는 제17조 및 제21조에 따른 입학 또는 전학 절차를 갈음하여 거주지가 속하는 학구 안에 있는 초등학교의 장에게 귀국학생 등의 입학 또는 전학을 신청할 수 있다. [개정 2010.12.27]
1. 외국에서 귀국한 아동 또는 학생
2. 재외국민의 자녀인 아동 또는 학생
3. 「북한이탈주민의 보호 및 정착지원에 관한 법률」 제2조 제1호에 따른 북한이탈주민인 아동 또는 학생
4. 외국인인 아동 또는 학생
5. 그 밖에 초등학교에 입학하거나 전학하기 전에 국내에 거주하지 않았거나 국내에 학적이 없는 등의 사유로 제17조 및 제21조에 따른 입학 또는 전학 절차를 거칠 수 없는 아동 또는 학생
② 제1항의 신청을 받은 초등학교의 장은 「전자정부법」 제36조 제1항에 따른 행정정보의 공동이용을 통하여 「출입국관리법」 제88조에 따른 출입국에 관한 사실증명 또는 외국인등록 사실증명의 내용을 확인하여야 한다. 다만, 귀국학생 등의 보호자가 그 확인에 동의

하지 않을 때에는 다음 각 호의 어느 하나에 해당하는 서류를 첨부하게 하여야 한다. [신설 2010.12.27]
1. 출입국에 관한 사실이나 외국인등록 사실을 증명할 수 있는 서류
2. 임대차계약서, 거주사실에 대한 인우보증서 등 거주사실을 확인할 수 있는 서류
③외국에서 귀국한 아동은 제16조 및 제21조의 규정에 불구하고 교육감이 정하는 바에 따라 귀국학생 특별학급이 설치된 초등학교에 입학 또는 전학할 수 있다. [개정 2010.12.27]

제75조 (귀국학생 등의 입학·전학 및 편입학)
귀국학생 등의 중학교 입학·전학 및 편입학에 관해서는 귀국학생 등의 초등학교 입학 등에 관한 제19조 제1항 및 제2항을 준용한다. 이 경우 "초등학교"는 "중학교"로, "제17조 및 제21조"는 "제68조 및 제73조 제1항"으로 본다. [전문개정 2010.12.27]

인우보증서를 활용하세요

　　국제결혼가정의 부모가 사정이 있어서 거주지를 밝히지 못하거나 외국인근로자 역시 불법체류자여서 입학에 필요한 서류제출에 동의하지 못하는 경우도 있다. 국제결혼가정의 학생인데 아버지를 피해서 필리핀인 어머니와 도주생활을 하던 아이가 두려움으로 아무 진술도 없

이 입학을 허가해 줄 것을 호소했던 일도 있었고, 콩고 난민의 자녀 역시 내전으로 탈출하던 당시 아무 것도 챙겨오지 못해서 서류를 하나도 제출할 수 없었던 경우도 있었다.

 초중등교육법시행령에 의해서 아이의 입학을 처리하고 싶을 때 방법이 필요하다면 인우보증서를 활용하는 것이 좋다. 위의 아이들처럼 사정이 있는 아이들은 보통 NGO들이나 종교기관 종사자, 지역아동센터나 시설, 통역이 가능한 이웃집 사람들과 함께 학교를 방문하곤 한다. 함께 방문한 사람이 인우보증서를 작성해도 되는데, 학교에서 인우보증서 작성을 부탁하면 난감해하며 거절하는 분들도 있다. 금융기관에서 활용하는 보증서처럼 혹시 나중에 아이가 학교기물을 파손하거나 문제가 생길경우에 변상해야 하냐는 질문을 한 통역자도 있었다. 거주사실에 대한 인우보증이라는 사실을 한 번 더 강조하고, 아이의 신원을 자세히 파악하길 바란다.

 그리고 재학증명을 제출할 수 없는 경우 한국 입국 전 몇 학년까지 이수했는지를 들은 대로 기술해 달라고 요청하기도 했었다. 왜냐하면 나중에 학년 배정의 근거로 활용할 수도 있기 때문이다.

 다음은 미등록 중도입국학생이 관련서류를 제출하지 못하였을 때 인우보증서를 활용했던 예이다. 북한이탈주민의 자녀는 북한에서 어느 과정까지 이수했는지 확인할 수가 없다. 우리가 북한에 협조요청을 할 수도 없고 해서 부모나 자녀의 진술에 근거하여 학년을 배정하곤 한다. 그 관례에 따라 다문화가정 중도입국학생의 입학을 인우보증서를 활용해 처리하기도 했다.

┌───┐
│   │
│   통장 실거주 확인서(인우보증서)   │
│   │
│   │
│   이   름 : 진량량(Jin Ryang Ryang)   │
│   생년월일 : 1998.08.26 (외국인등록번호 없음)   │
│   보 호 자 : 홍길동(750303 - 1******)   │
│   │
│   위 사람은 안산시 단원구 원곡초교길 9 301호에 거주함을 확인함 │
│   중국에서 중학교 1학년 과정을 마치고, 2011년에 한국에 입국했다 │
│   고 함   │
│   │
│   │
│   2011년 3월 31일   │
│   원곡본동 12통 통장 : 전우치 (인)   │
│   │
└───┘

초중등교육법시행령과 다른 현실

위에서 언급한 시행령에 의하면 의무교육기간에 해당하는 모든 아이들은 학교에 갈 수 있다. 국적이 외국이든 아니든, 체류 신분이 등록이든 미등록이든, 국내 출생이든 중도입국이든 어떤 조건과 상관없이 아이들은 학교에 갈 수 있는 권리를 가지고 있다. 그런데 왜 중도입국 아이들은 학교에 가지 않고, 무엇을 하고 있는 것일까? 한국에 있다는 수많은 불법체류(미등록) 아이들은 보호받지 못하고 어디에 있는 것일까?

　외국인근로자 자녀 특별학급을 하던 첫 해에는 많은 실수를 했었다. 태어나서 처음 받아보는 몽골생활기록부, 태국어로 쓴 성적표, 중국어로 쓴 출생증명서 등 영어로 작성된 문서를 제외하고는 도저히 읽을 수가 없어서 학부모들에게 공증을 받아오라고 했었다. 나중에서야 알았다. 한 달 월급을 60만 원 받는 학부모가 아이를 학교에 들여보내기 위해서 한 장에 8만 원씩 하는 공증을 서너 장씩이나 받아왔다는 사실을! 얼마나 미안하던지 그 후로 공증을 요구하지 않았다. 몇 년 후 시행령이 개정되어서 한두 장의 서류만으로 입학을 시키고 있다.

　정원이 15명인 특별학급인지라 대기학생으로도 입학을 시키기 어려운 상황에서, 이미 초등학교 초과연령이었던 중국에서 온 한 학생을 이웃 중학교에 소개했었다. 그런데 그 중학교에서 학부모에게 입학을 시키고 싶으면 출생증명서, 재학증명서나 졸업증명서, 성적표 등을 준비해오고, 공증을 받아오라고 했단다. 국제결혼가정의 중도입국학생이었는데, 그 아이의 어머니가 울면서 전화를 했다. 각각의 서류를 준비하는데 모국의 기관에서 증빙서류 한 장 당 20만 원씩을 요구하더란다. 어떤 서류는 30만 원을 요구받았는데 아이를 학교에 보내고 싶은 급한 마음에 지불했다고 한다. 그런데 서류마다 공증까지 받고나니 아이를 학교에 보내는 일에만 150만 원이 들게 되었다. 화가 난 한국인 새아버지가 "서울 구경이나 시켜주고 돌려보내라"라고 말했다고 한다.

　초중등교육법 시행령은 각 호의 어느 하나에 해당하는 서류만 받아도 입학이 가능하다고 하는데 우리의 현실은 너무나 많은 서류를 요구한다. 학교 갈 권리가 있는 모든 아이들이 의무교육기관에 입학을 하면서도 돈이 없으면 학교를 못 가게 된다. 조금 못사는 것 같은 나라에서 온 외국 국적 학생에게는 야박하고, 미등록 학생에게는 더욱 포악을 부리는 우리 주변의 공교육기관이 얼마나 많은지 한 번쯤 반성해 보았으면 한다.

02

학교에서 만나는 다문화가정 학생의 유형

국제결혼 초혼가정의 학생

사례 ① : 준영이는 초등학교 4학년이다. 준영이 어머니는 필리핀 분이다. 준영이는 명랑하게 학교생활도 잘 하고 친구도 많다. 안타까운 점이 있다면 국어 읽고 쓰기에 어려움이 있고, 교과성적이 매우 낮은 편이다. 준영이는 눈에 띄는 외모의 엄마가 학교에 오시는 것을 아주 싫어한다. 준영이의 부족한 학습을 보완하려고 학습지도 멘토링을 시켜보려 하지만 준영이 부모님이 매번 거절했다. 게다가 자꾸 다문화가정이라고 이리저리 부르지 말고, 그냥 놔두라며 화를 내버렸다.

우리가 학교 현장에서 가장 많이 만나는 다문화가정의 학생은 국제결혼 초혼가정의 학생이다. 우리가 가장 흔하게 알고 있는 다문화가정은 부모님이 처음 결혼하셨을 때 한 분이 한국 국적이고, 나머지 한

분이 외국 국적이거나 귀화하여 한국 국적을 취득한 가정이다. 특히 학교 현장에는 아버지가 한국인이고, 어머니가 외국인인 국제결혼가정의 자녀가 많다. 이러한 가정의 자녀는 출생하면서 주민등록번호를 부여받고, 주민센터에서 취학통지서가 발부되므로 초등학교 입학이 자동으로 이루어진다.

국내에서 출생하고 성장한 국제결혼 초혼가정의 학생들은 외국인 근로자가정이나 국제결혼 재혼가정의 학생 중 중도입국을 한 학생에 비하여 학교생활에 적응하는 어려움이 다소 덜할 수 있다. 국제결혼 초혼가정의 자녀는 대부분 한국인 남성과 아시아 여성의 결혼을 통하여 출생한 자녀들로 국적이 한국이고, 의무취학 대상이며, 체류신분이 안정적이다. 부모 중 한 사람이 한국인이어서 자녀가 태어나 자라면서 한국문화와 음식, 예절을 자연스럽게 배울 수 있고, 학교학습활동에 필요한 요소들을 부모나 친인척이 도울 수 있으며, 주말에 보충할 수 있는 여유가 있다.

다문화가정 중 국내 출생 국제결혼가정의 학생들 대부분은 본인이 한국사람임을 믿어 의심치 않고 성장한다. 그래서 요즘 들어 다문화교육지원이나 사업에 동원되거나 자신이 호명되는 것에 스트레스를 호소하는 경우가 많다. 그러므로 선생님들은 이들이 갖는 스트레스에 관심을 갖고 지도할 필요가 있다.

잘 성장한 국제결혼가정의 학생도 많다. 그러나 일부의 학생은 발음이 부정확하거나 언어발달이 더디고, 학습결손이 누적되어 성적부진으로 이어지는 현상이 나타나고 있다. 선생님들은 국제결혼가정 학생이 갖고 있는 학습부진의 원인을 진단하고, 성취감을 높일 수 있는 학습경험과 방법을 안내할 필요가 있다. 내가 가르친 국제결혼 초혼가정의 학생들은 일본과 필리핀, 베트남, 인도네시아 문화를 배경으로 하는 학생들이었다. 어머니들이 한국의 교육제도 안에서 교육받지 않아서 학교의 교육활동을 이해하는 걸 매우 어려워했다.

국제결혼 재혼가정의 학생

1. 새 가족의 구성원으로 다문화를 만나게 되는 한국인 학생

사례 ② : 현민이는 초등학교 6학년이다. 현민이가 초등학교 5학년 때 아버지께서 재혼을 했다. 현민이의 새어머니는 베트남 사람이고, 19살이다. 현민이는 새어머니와 의사소통하기가 너무 어렵다. 이번 토요일에 학교에서 모둠마다 맛있는 음식을 해서 먹기로 했는데 새어머니에게 도저히 준비물을 설명할 수가 없었다. 6학년이 되어서 한 번도 제대로 준비물을 챙겨간 적도 없고, 고민이 있어도 말을 할 수 없다.

한국인 부모가 배우자와 이혼이나 사별 후 재혼하게 되는 경우 대부분 기존에 출생한 자녀를 데리고 재혼을 하게 된다. 한국인 아버지가 한국인 어머니와 이혼한 후 베트남 여성과 재혼한 가정의 학생을 가르친 적이 있다. 기존에 출생한 자녀의 입장에서 보면 외국인 새어머니를 갑자기 가족의 새로운 구성원으로 만나게 된다. 준비되지 않은 가족생활 속에서 외국인 새어머니와의 사이에서 많은 갈등을 보였다. 새어머니와 의사소통이 잘 되지 않았고, 문화가 달라서 겪는 어려움이 컸다. 양육의 개념이 없는 외국인 어머니의 학대와 불만을 호소하기도 했다.

그래서 이러한 경우에는 가족구성원 간의 관계 정립, 원만한 가정생활의 정착을 위한 도움과 선생님의 관심이 필요하다.

2. 새어머니 또는 새아버지가 모국에서 데려오는 중도입국학생

사례 ③ : 세르게이는 5학년 때 러시아에서 왔다. 세르게이는 어머니가 한국으로 돈을 벌러 간 후 세 살 때부터 외할머니와 살았다고 한다. 어머니가 한국사람과 결혼을 하게 되었고, 이제 같이 살자고 해서 한국에 왔다. 세르게이는 한국어도 모르고 한국문화도 잘 모른다. 학교에 가면 선생님이 무슨 말을 하는지 모르겠고, 학급 친구들도 낯설어서 싫다. 매일 혼자인 기분이라 어머니에게만 가슴 속 이야기를 한다. 그러면 한국인 새아버지는 러시아어를 쓰지 말고, 한국말을 빨리 배우라고 꾸중한다.

내가 가르쳤던 학급의 구성원 절반은 다문화를 가진 새어머니가 모국에서 출산했던 자녀를 한국에 입국시킨 경우였다. 이런 경우의 중도입국 학생들은 새로 구성된 가족 내에서 가족구성원으로서의 역할과 의무, 한국인 새아버지와의 의사소통 불가능으로 힘들어 했다. 그리고 모친이 데려온 중도입국 학생의 경우 가족해체 기간에 부재했던 모친이 함께 생활하면서 갑자기 보이는 관심과 사랑, 간섭을 부담스러워 했다.

한편 한국인 새아버지는 외국인 아내와 데려온 자녀가 모국어로 둘이만 의사소통하는 상황에 소외감을 느끼며 어려움을 호소하기도 했다. 이러한 경우 자녀양육과 상급학교 진학, 생활비 증가 등에서 심각한 갈등상황이 발생하므로 교사의 관찰과 지도가 요구된다. 또한 중도입국 학생의 경우 자신을 외국인이라고 생각하기 때문에 자신을 한국인이라고 생각하는 학생과 다른 관점에서 학생을 교육해야 한다. 그러므로 선생님의 다문화적 시각과 교수학습활동에 대한 준비가 매우 중요하다.

3. 국제결혼 재혼가정에서 출생한 학생

사례 ④ : 나에게는 13살 기준이 형도 있고, 14살 울란 형도 있다. 얼마 전 엄마가 몽골에서 울란 형을 데리고 왔다. 울란 형은 한국어를 하나도 몰라서 엄마하고만 몽골어로 이야기를 한다. 예전에 나와 기준이 형만 우리 집에 있을 때 우리는 참 사이가 좋았다. 울란 형이 우리 집에 온 다음부터 엄마는 울란 형의 편만 든다. 몽골에서 온 형이 한국어도 못 하고, 잘 모르는 것이 많으니 너희들이 잘 도와줘야 한다고 한다. 엄마가 없으면 기준이 형과 울란 형은 매일 싸운다. 나는 공정하게 행동하려고 무척 애를 쓴다. 그런데 기준이 형은 "너랑 울란은 엄마가 같아서 좋겠구나!"하고 매일 비죽거린다. 울란 형은 기준이 형과 내가 짜고 자기를 끼워주지 않는다고 매일 엄마에게 이르는 것 같다. 가끔 울란 형은 아빠에게 사랑을 가장 많이 받는 내가 미운지 아무도 없을 때 주먹으로 배를 때린다. 매일 형들의 눈치를 보기가 참 힘들다.

국제결혼 재혼가정에서 출생한 학생은 가족구성원으로 한국 국적의 형제자매와 외국 국적의 형제자매를 모두 가지게 될 확률이 높다. 이 학생들은 동일한 문화를 공유하고 있는 한국인 형제자매, 상이한 관습과 문화를 가지고 있는 외국 국적의 형제자매 사이의 가정생활에서 갈등을 하는 상황이 있다. 본인 의사결정의 순간마다 어느 형제의 편을 들어야 할지, 어머니나 아버지가 어떻게 생각할지 고민해야 하는 상황이 발생하는 것이다. 사이가 좋은 형제들도 있지만 형제들 간의 잦은 언쟁과 다툼이 재혼가정을 다시 별거나 이혼의 상황으로 만드는 경우도 있다. 위의 내용처럼 재혼가정에서 출생한 학생이 손위 형제들로부터 폭행을 당하는 경우도 있다.

4. 외국인근로자가정의 학생

사례 ⑤ : 마리나는 1학년 때 카자흐스탄에서 왔다. 어머니와 아버지는 러시아 음식을 파는 식당에서 일을 한다. 마리나가 잠들면 새벽 한 두시에 집에 들어오시고, 마리나가 학교에 가는 시간에는 주무신다. 어머니와 아버지가 한국어를 읽고 쓰지 못해서 학교에서 주는 안내장을 드려도 이해하기 어렵다. 마리나는 학교 숙제를 해 간 적이 한 번도 없다. 학교에서 시험을 보면 매번 꼴찌를 한다. 한국 친구들이 "너희 나라 사람들은 다 머리가 나쁘냐?" 하고 놀려서 학교에 가고 싶지 않은 날도 있다.

a. 가정에서 모국어를 사용하고, 모국문화를 유지해요

대부분 외국인근로자가정의 학생들은 가정에서 모국어로 대화한다. 모국에서의 생활방식으로 음식을 만들어 먹는다. 또한 이들은 모국의 명절과 기념일을 쇠고, 주말과 휴일에 동일국적이나 동일민족 사람들과 어울려 지낸다. 제가 가르친 외국인근로자가정의 자녀들도 하교 후 집에 돌아가면 부모와 모국어로 대화하고 있다. 매일 모국 음식을 먹고, 매주 모국인과 어울려 주말을 보낸다. 이런 까닭에 외국인근로자 자녀들이 학교 입학 전에는 한국문화를 접할 기회가 거의 없었다고 한다. 그래서 한국학교에 입학해서야 비로소 한국문화와 학교문화를 처음 경험하고 배우게 되는 경우가 많다.

b. 체류신분이 불안정해요

외국인근로자는 합법체류(등록 외국인근로자)와 불법체류(미등록 외국인근로자)로 구분할 수 있다. 이중 불법체류 신분의 외국인근로자 가정의 자녀는 부모가 불법체류 신분으로 한국에서 결혼하여 태어난 경우에 출생신고를 할 수 없어 주민등록번호(외국인등록번호)가 아예 없는 경우가 있다. 또한 외국인근로자가 자녀와 헤어져 살다가 비정상적인 경로를 통하여 자녀를 한국에 입국시키거나 합법적인 경로로 입국시켰다가 체류기간 내에 본국으로 돌려보내지 않는다. 부모와 함께 생활하는 경우에 부모와 함께 불법체류자의 신분이 되기도 한다.

초·중등교육법 시행령 제19조에는 외국인근로자의 자녀들이 의무교육인 중학교 과정까지 생활근거지와 인접한 학교에서 교육을 받을 수 있도록 되어 있다. 그러나 외국인근로자 자녀의 입학을 의뢰하면 학교는 한국어를 능숙하게 하지 못하는 상황에서 학습부진과 학교생활 부적응을 미리 예견한다. 그래서 입학이나 취학 또는 편입을 거부하는 사례가 많다. 그리고 입학 후에도 외국인근로자 부모와 학생의 체류신분(합법체류, 불법체류) 변동이 잦아 생활이 안정적이지 못하여 교육활동이 지속적으로 이루어지지 않는 상황이다.

c. 한국어 활용능력 신장속도가 빠르지 않아요.

외국인근로자 자녀의 경우 학교생활에서는 한국어로 의사소통을 시도해야 하지만 하교 후 가정에서 모국어로 대화를 해서 자녀의 한국어 활용능력 신장속도가 빠르지 않은 경향이 있다. 내가 가르쳤던 외국인근로자 자녀들의 부모님은 산업현장에서 익힌 한국어를 활용하여 간단히 말하고 듣는 것은 가능했다. 그러나 부모 모두 한국어 읽기 및 쓰기를 하지 못하여 자녀의 학습을 전혀 돕지 못하는 안타까움이 발견되고 있다. 부모 모두가 한글을 모르다보니 입학초기 특별학급의 아이들은 집에서 준비물 챙겨오는 것이 매우 어렵고, 숙제를 해오는 것은 더더욱 힘들어 했다.

이와 같이 외국인근로자 자녀들은 학교생활 적응기간 동안에 학교 및 가정, 사회 안팎에서 여러 가지 문제 상황을 직면하게 된다. 한국어를 처음 배우기 시작한 학생들이 자신의 문제를 한국어로 제대로 이야기하려면 적어도 2~3년이 걸린다. 학생들은 그 전에 혼자서 해결하기 어려운 문제 상황들을 만나기도 한다. 이런 상황 속에서 이들이 긍정적인 사고와 바른 인성 및 습관을 형성하려면 교사의 따뜻한 관심과 배려, 지속적인 관찰과 지도가 매우 중요하다.

5. 북한이탈주민가정의 학생

사례 ⑥ : 철수는 북한에서 2학년을 마치지 못하고 중국으로 탈출을 했다가 태국을 통해서 한국으로 왔다고 한다. 13살이지만 지금 초등학교 4학년에 다니고 있다. 초등학교 4학년 수학을 배우는데도 매우 어려워한다. 학급친구들을 "동무! 동무!" 하고 부르거나 친구들이 잘못하면 "간나새끼" 등과 같은 말을 쏟아내는 철수를 보면서 담임교사인 나도 깜짝 깜짝 놀랄 때가 많다. 동급생들보다 한참이나 위인 형인데 잘하는 것이 없어서 어깨가 축축 처지는 철수를 볼 때면 안쓰러움이 굉장히 크다.

북한이탈주민가정의 자녀들은 외국인근로자가정의 자녀에 비하여 한국어를 잘 구사하고 학습속도가 빠르다. 남한에 입국해서 조사를 마치면 바로 주민등록번호를 부여받기 때문에 상급학교 진학에 대한 어려움도 상대적으로 적다. 아이들은 삼죽초등학교와 한겨레중·고등학교에서 교육을 받아서 선생님들이 드물게 만날 수도 있지만 통일을 준비하는 입장에서 앞으로 많이 만나게 될 유형이라 생각된다.

북한이탈주민가정 자녀들도 대한민국에 적응하는 것에는 외국인근로자가정의 자녀나 중도입국 학생과 비슷한 어려움을 겪고 있다. 의미가 상이한 한국어와 북한어, 호전적인 언어습관, 북한이탈주민임을 나타내기 싫어하지만 흥분하면 나타나는 억양과 발음 때문에 힘들어하는 학생들이 많다. 또한 선생님은 북한이탈주민 가정의 학생들에게 알맞은 소비습관과 경제적 자립을 지도해야 한다. 그리고 신뢰감을 바탕으로 한 또래관계의 형성과 적성에 맞는 진로지도도 이들에게 매우 필요한 교육요소이다.

교실에서 아무 문제 없다는 아이들

외국인근로자자녀 특별학급이나 다문화 특별학급 아이들은 특별학급에서도 생활을 하고, 일반학급에서도 생활을 한다. 양쪽 선생님들이 아이들을 관찰해서 서로 관찰내용을 주고받고 협의하기 때문에 아이들의 적응이 빠를 수 있다. 일반학급 담임교사가 관찰한 내 아이들은 일반학급에만 가면 아무 말도 하지 않고, 책상에 엎드려서 잠을 자는 아이들이다. 조용해서 아무 문제도 없는 아이들이라고 한다. 특별학급이 없는 일반학교 선생님께도 만날 때마다 여쭈었다. 교실에 있었던 다문화 아이들은 언제나 조용하고 아무 문제가 없었다고 한다.

조용하기만 하면 아무 문제가 없는 것일까? 내가 가르쳤던 75개 가정의 다문화 아이들 중에 문제가 없었던 가정은 한 가정도 없었다. 가정의 문제는 모두 학교생활적응과 생활지도의 문제가 되어 드러났다. 안정된 자기 생활과 자기 생각을 갖추는데 2년은 걸렸고, 그 2년여의 기간 동안 끊임없이 신호를 보내고 있었다. 자기 좀 봐달라고! 그 신호를 놓치면 어김없이 지역아동센터나 다른 시설에서 문제행동을 벌여 담당자들로부터 학교에 지도요청이 들어오곤 했었다.

한국어를 못하니까 말을 못하는 녀석들도 있었다. 표현이 어눌해서 말을 안 하고, 설명하는 것이 어려워 포기하고 조용히 있었던 녀석도 있었다. 선생님과의 유대감이 없어서 속사정 이야기를 안 하는 것을 우리는 아이 성품이 조용하다고 하는 것은 아닐지. 조용하니까 문제가 없을 것이라고 선생님 혼자만 추론의 사다리를 타고 있는 것은 아닌지 생각해 볼 일이다.

03

선생님이 만드는 학적

　학교에 다니고 싶어서 학교를 방문하게 되는 외국인근로자의 자녀나 중도입국 학생의 입학상담을 하다보면 종종 신분증을 확인하고 처리해야 할 일이 있다. 우리가 흔히 접하는 다문화가정 학생의 경우 대부분 부친이 한국인이고 국내 출생자여서 출생과 함께 주민등록번호를 부여받는다. 그러므로 학교생활기록부에 제출된 자료를 근거로 기록하면 된다.

　외국인 국적의 학생인 경우는 2000년 이전 출생자의 외국인등록번호는 생년월일 다음의 일곱 자리 중 첫 자리가 5와 6으로 시작한다. 2000년 출생자부터 남아는 7, 여아는 8을 부여받는다. 그런데 가끔 학교 입학을 요청하면서 [0̲10826-2̲******, 9̲90826-3̲******, 0̲40826-9̲******]와 같은 신분증을 제시하는 아이와 부모가 있다. 위조된 신분증을 학교에 제출한 것이다. 그러면 학교에서는 위조된 신분증임을 발견하고 입학을 허가해 줄 수 없다고 할 것이 아니라 불법체류(미등록)

주민등록번호와 외국인등록번호 식별법

구분	내국인 주민등록번호	외국인등록번호
2000년 이전 남아 출생	990826-1******	990826-5******
2000년 이전 여아 출생	990826-2******	990826-6******
2000년 남아 출생	000826-3******	000826-7******
2000년 여아 출생	000826-4******	000826-8******

신분일 가능성을 염두에 두어야 한다. 그러면 부모에게 솔직한 진술을 요청하고, 이 아이를 학교가 어떻게 보호해 줄 수 있는지를 고민해야 한다.

'위조된 신분증을 들고 온 부모와 아이를 신고해야 하나? 성인인 불법체류자가 학부모로 학교를 드나드는 것이 법적으로 옳은 일인가?'

선생님은 공무원이다. 손에 받아든 신분증이 위조임을 알게 되면 '부모와 아이를 모두 보호해야 하나' 하는 딜레마에 빠지고, 국가공무원으로서의 책임과 의무에 위배됨이 없는지 걱정하기도 한다. 특별학급 담임교사 초창기에는 경찰서에서 학생들에 대한 신원파악 전화가 올 때, 기자들이 불법체류학생에 대해 질문할 때마다 어디까지를 대답해야 하나 자주 갈등했었다.

고민 끝에 결정하기를, 직속기관인 교육청의 공문에 의한 질의가 아니면 답하지 않기로 했다. 이미 우리나라가 2003년 유엔아동권리협약(Convention on the Rights of the Child)에 비준하였고, 제2조와 28조에서 외국인근로자 자녀나 중도입국학생에 대하여 교육 받을 권리를 보장하고 있다는 사실에 초점을 맞추어 판단하면 딜레마는 해결된다. 그리고 한 가지 더, 유엔아동권리협약에서 아동은 18세 미만까지로 한정함을 기억해야 한다.

UN 아동 권리 협약 제2조

1. 당사국은 자국의 관할권 안에서 아동 또는 그의 부모나 후견인의 인종, 피부색, 성별, 언어, 종교, 정치적 또는 기타의 의견, 민족적, 인종적 또는 사회적 출신, 재산, 무능력, 출생 또는 기타의 신분에 관계없이 그리고 어떠한 종류의 차별 없이 이 협약에 규정된 권리를 존중하고, 각 아동에게 보장하여야 한다.
2. 당사국은 아동이 그의 부모나 후견인 또는 가족구성원의 신분, 활동, 표명된 의견 또는 신념을 이유로 하는 모든 형태의 차별이나 처벌로부터 보호되도록 보장하는 모든 적절한 조치를 취하여야 한다.

UN 아동 권리 협약 제28조

1. 당사국은 교육에 대한 아동의 권리를 인정하며, 균등한 기회 제공을 기반으로 이 권리를 점진적으로 달성하기 위해 특별히 다음 조치를 취해야 한다.
   가. 초등교육은 의무적으로 모든 사람에게 무상으로 제공되어야 한다.
   나. 일반 및 직업교육을 포함한 여러 형태의 중등교육 발전을 장려하고, 모든 아동이 중등교육의 혜택을 받을 수 있도록 하며, 무상

교육을 도입하거나 필요한 경우 재정적 지원을 하는 등 적절한 조치를 취해야 한다.

다. 모든 사람에게 능력에 따라 고등교육 기회가 개방되도록 모든 적절한 조치를 취해야 한다.

라. 모든 아동이 교육 및 직업관련 정보와 지침을 이용할 수 있도록 조치를 취해야 한다.

마. 학교 출석률과 중퇴율 감소를 촉진하는 조치를 취해야 한다.

2. 당사국은 학교 규율이 아동의 인격을 존중하고 이 협약을 준수하는 방향으로 운영되도록 보장하기 위해 모든 적절한 조치를 취해야 한다.

3. 당사국은 특히 전 세계의 무지와 문맹 퇴치에 이바지하고, 과학 기술지식 및 현대적인 교육체계에의 접근성을 높이기 위해 교육부문의 국제협력을 증진하고 장려해야 한다. 이 문제에 있어서 특별히 개발도상국의 필요를 고려해야 한다.

불법체류 신분 학생에 대한 학교생활기록부 기재요령

위와 같이 학부모나 자녀가 위조된 신분증을 제출하는 경우 위조된 신분증의 외국인등록번호나 주민등록번호를 학교생활기록부에 기재하지 않아야 한다. 불법체류 신분인 경우 생년월일 이후의 일곱 자리 중 첫 번째 자리의 수는 2000년 이전 출생한 학생은 1과 2, 2000년 출생자부터 3과 4를 부여한다. 부여된 번호 바로 뒤의 여섯 자리는 모두

0으로 처리하여 학교생활기록부에 입력하기를 당부하고 싶다.

> 우리나라 주민등록번호가 미부여 된 자(외국 국적 학생 등)의 경우, 주민등록번호 입력방식은 앞 6자리는 생년월일, 뒤 7자리는 남자는 '1000000', 여자는 '2000000'으로 하며 2000년 이후 출생자는 남자는 '3000000', 여자는 '4000000'으로 입력하며 동성쌍둥이일 경우 끝자리에 1, 2를 부여한다.
> 예) 남)학생의 경우: 980421-1000000, 000124-3000000
> 예) 여)학생의 경우: 990807-2000000, 011015-4000000
> 예) 동)성쌍둥이인 경우: 990807-2000001, 990807-2000002
> – 출처 : 〈2012 학교생활기록부 기재요령〉

시계를 뒤로 돌리는 교과부

5~6년 전인가 교과부에서 전화가 왔었다. 불법체류학생을 나이스에 어떻게 기록하면 되는지에 대한 문의였다. 타 시도에서도 불법체류학생이 대거 학교시스템에 진입하기 시작했는데, 나이스 형성에 대한 안내가 없었기 때문이다. 그래서 위에서 알려준 것과 같이 뒷자리를 '0'으로 처리하는 방법을 안내했었다. 당시 뒷자리를 '0'으로 입력하면 '유효하지 않은 번호입니다'라는 안내문이 떴지만, 확인을 다시 누르면 나이스에 입력이 되는 시스템이었다. 그래서 외국 국적이나 불법체류

아이들이 학교를 오는 경우 나이스가 인식할 수 있는 시스템으로 개선해 줄 것을 부탁했었다.

　2013년 2월, 개학을 하자마자 공문이 왔다. 주민등록번호 오류가 나는 외국 국적 학생들을 모두 990826-1000000, 990826-2000000, 050826-3000000, 050826-4000000으로 정정하라는 공문이었다. 법무부에서 발급한 외국인등록번호가 있는 학생들을 나이스에 모두 뒷자리를 '0'으로 처리하라는 내용이었다. 불법체류 아이들이나 외국인등록증이 없지만 입양중이거나 피치 못할 사정이 있는 아이만 그렇게 처리하면 되는데, 엄청난 수의 합법체류 아이들까지 모두 그리하라는데, 그 어리석음에 미간이 찌푸려졌다.

　다문화 관련 업무는 학교에서 3D업무, 기피 업무에 들어간다. 매년 4월이면 다문화가정 학생현황을 전국적으로 조사하는데, 다문화가정 학생에 대한 현황 파악이 늘 정확하지 않다. 북한이탈청소년은 조선족이라 하고, 조선족 학생들은 한족이라 하고, 분명히 다문화인 것 같은데 아이와 부모는 절대 다문화가 아니라한다. 어떤 부모는 작년 조사된 다문화 수에서 금년부터 빼라고 학교에 화를 내며 찾아오기도 했다. 전학을 가거나 정원 외 관리된 다문화가정의 아이들에 관해서는 더더욱 알 수가 없다.

　'다문화학생은 손을 들라'고 하여 조사할 수도 없고, 전년도 자료에 대한 정확한 인수인계도 없어서 결국 담당교사들이 생활기록부에 기재된 주민등록번호와 외국인등록번호를 보고 현황파악을 하고, 상담하고, 지원을 결정하게 된다. 번호만 보고도 내국인인지 외국인인지 식별이 가능한 법에 의해 부여된 번호가 외국인등록번호다. 외국인등록번호가 있는 아이들은 합법체류자이기 때문에 다문화인지 아닌지

실갱이 하지 않고도 지원해 줄 수 있다. 뒷자리를 '0'으로 처리한 아이들은 불법체류이기 때문에 일선 학교현장에서는 안전보호를 유의하며 다문화 지원에 힘쓰면 되는 체제였다. 그리고 국가적인 입장에서는 다문화가정 학생 중 외국인등록번호를 가진 학생과 뒷자리를 '0' 처리한 학생을 종단연구하거나 관리할 수 있는 체제였다.

주민등록번호에서 오류가 나니 외국 국적자를 모두 '0'으로 처리하란 것은 앞으로 내국인인지 외국인이지, 불법체류인지 합법체류인지도 아이들 진술에 의존해야 함을 의미한다. 그런데 아니라면 어찌할 것인가? 초등학교 1학년 아이가 자신이 불법체류인지 합법체류인지 설명할 수 있을까? 과연 아이들이 해마다 담임교사를 만날 때마다 내국인인지 불법체류인지를 설명해야 할까? 아이들이 성장해서 학교에 증명서를 요청할 때가 있다. 그런데 엄연히 법적인 번호가 있는 아이들에게 교과부 편의를 위한 번호를 부여했는데, 그 번호를 아이들이 평생 외울 수 있을까? 왜 진짜 번호가 있는데 가짜 번호를 입력해야 할까?

문제는 외국 국적의 다문화가정 학생들을 데리고 체험학습활동을 하다가 사고가 나는 경우다. 학교안전공제회는 학교의 인원수만큼 일정액을 지불하고 가입하니까 그 학교 학생임이 확인되면 보상이 가능하다. 그런데 여행자 보험을 드는 경우 주민등록번호 뒷자리가 '0'으로 처리된 아이들의 보험가입을 받지 않는 여행사가 많다는 것이다. 나이스에 등록된 가짜 번호로 여행사에 가입했다가 사고가 나는 경우 교사가 제출한 자료는 실제 사고를 당한 학생과 다른 허위자료니, 대형사고가 나면 과연 어느 여행사가 책임을 질까?

불법체류학생이 2006년경부터 학교체제에 진입했고, 합법체류학생은 그보다 훨씬 이전부터 학교체제에 들어왔다. 8년이 지난 2013년 현재까지 국가교육의 수장인 교과부가 외국인등록번호를 인식하는 시스템을 못 만들어서 진짜 사람을 가짜 사람으로 바꾸는 아이러니가 발생하고 있다. 모두 '0' 처리하고 일선 학교에서는 누가 외국인인지, 누가 불법체류나 합법체류자인지 수기장부를 만들어서 인수인계나 잘하라고 답변이 왔다. 국가시스템이 아닌 중소기업체가 운영하는 포털 사이트들도 외국인등록번호를 인식하게 시스템을 만든다. 하물며 IT 강국이라는 대한민국의 교과부가 나이스 시스템 하나를 개선을 못해서 수기장부 관리를 권장한다. 시계를 뒤로 돌리고 있다. 가짜 학생을 수만 명씩 만들 태세다.

작명하는 선생님

학교에 다니기 시작하면서 아이들은 한국식 이름을 요청할 때가 있다. 몽골에서 온 바트게렐은 입양에 사용할 이름으로 '영웅'이란 이름을 받았더란다. 어머니 입장에서 무슨 뜻인지 모르겠다며 해석을 부탁하기에 설명을 했다. 그랬더니 깜짝 놀라면서 몽골 사람들은 아이의 기가 눌리는 큰 이름은 사용하지 않는다고 하여 준영(俊英)이란 이름을 지어준 적이 있었다. 우리도 기가 눌리는 큰 이름을 피하는 성향이 있는데 고려시대에 많은 문화를 주고받아서 그런지 함께 몽골인들과 생활할 때마다 비슷한 성향을 자주 느끼곤 했었다.

감투르라는 성을 가진 아이가 한국 성씨 중에서 '강' 씨에 이름을 붙여달라고 해서 '푸름'이란 이름을 지어주기도 했다. 태국 아이도 한국 이름 중에 예쁘다 생각하는 이름을 지어달라고 해서 서윤이라는 이름을 붙여줬더니 아이는 출석부와 사물함, 부모님은 아이의 성적표 이름도 모두 서윤으로 바꾸어 달라고 했다. 성적표 이름을 바꾸려면 학교생활기록부를 정정해야 하는데 이건 법원판결문이 있어야 가능한 일이었다. 부르는 이름으로 만족하지 않고, 학생과 관련된 모든 장부의 성명을 한국식 이름으로 정정해 달라는 요청엔 어떻게 해야 할까?

외국 국적의 학생들이 요청한다면 학교에서 부르기 쉬운 한국 이름을 지어주는 것은 좋다. 그러나 학교생활기록부에는 여권이나 비자 또는 외국인등록증에 표기된 영문 이름으로 입력해야 한다. 언어마다 발음과 표기에 차이가 있고, 예명이나 별명은 학생들의 정식이름이 아니기 때문에 서류관리나 진학절차 등에 어려움이 발생할 수 있다. 여권과 같은 영문이름은 모국이나 다른 나라로 이주하는 경우에도 학력인증에 유용하다.

불법체류이며 한국 출생인 아이의 경우는 학교생활기록부에 입력할 이름이 더 고민스럽다. 이런 경우 부모와 상의하여 부모의 영문이름 중 성을 그대로 옮겨 적고, 부모가 아이의 이름을 한국어로 요청하는 경우 로마자 표기법을 사용하여 이름을 영문으로 기록하면 된다.

정원 외 관리는 어찌 하누?

"선생님, 이건 비밀인데요. 우리 내일 밤에 이사 가요. 엄마가 선생님께 절대로 말하지 말랬어요."

몽골아이가 비밀이라며 쉬는 시간에 귀에 대고 알려준다. 절대로 말

> 행정정보 공동이용 사전동의서.

　　하지 말라는 말까지 전하는 아이의 속삭임이 귀엽다. 그런데 벌써 세 명째였다.
　　일반 선생님들은 피치 못할 사정으로 아이가 전학을 가게 되면 어차피 그 학교에서 자료송부 요청을 하니까 걱정할 필요가 없다. 외국인 근로자 자녀와 중도입국학생의 경우에 담임교사는 서둘러 '행정정보 이용 동의서'를 찾아야 한다. 하교하는 아이에게 내일 아침까지 부모님의 행정정보이용 동의서에 대한 사인을 받아오라고 챙겨 보내야 한다. 정말로 밤에 이사를 가는 사람들도 있지만 외국인근로자 자녀와 중도입국 학생의 경우 가족이 급하게 생활근거지를 옮기는 경우도 있고, 학교에 통보하지 못하고 이주하는 경우도 발생할 수 있다.

학교는 해당 학생에 대해 결석이 90일이 넘으면 정원 외 관리를 해야 한다. 전자정부법 제36조에 의거하여 '행정정보 공동이용에 대한 동의서'를 스캔하여 출입국 관리사무소에 공문으로 발송해야 학사관리를 할 수 있다. 요즘엔 전자정부법의 강력한 시행으로 '행정정보 공동이용에 대한 동의서'를 스캔해서 보내지 않으면 아이의 출입국 사실을 확인할 수조차 없다.

2006년에는 태국에서 온 따왓이 결석이 차츰 잦다가 너무 길게 장기결석을 하기에 절차에 따라 독촉장을 집으로 송부했다. 평소에도 수원에서 안산까지 왕복 4시간씩 걸려서 통학을 하는 녀석이라 늘 하는 투덜거림이 이해되고도 남는 터였다. 확인차 가정방문을 하려고 새아버지께 전화를 했더니, 이미 태국으로 출국을 했다고 해서 90일 지나면 바로 정원 외 관리를 하기로 했다. 90일이 지나서 출입국 관리사무소에 학사관리를 위한 출입국사실 증명을 요청했다. 그랬더니 태국으로 출국했다는 따왓이 결석기간 내내 한국에 있었다는 사실이 확인되어 나를 놀라게 했다. 새아버지께 따왓의 태국 미출국과 장기결석에 대한 설명을 요청했더니 나이가 15세인 따왓이 한글도 깨우치고, 공부엔 뜻이 없어서 성남의 가구공단에 취직시켰다고 했다. 덕분에 아이는 불법체류자로 전락을 했다.

그래서 아이가 오늘이나 내일 밤에 이사를 간다고 하면 알려주는 사실만으로도 고맙게 여겼다. 갑자기 이주하는 아이의 적응에 대한 당부와 계속 공부할 자료, 혹시 무슨 일이 있을 경우 내게 연락할 수 있도록 연락처를 꼼꼼히 챙겨주곤 했었다. 그러나 그런 친절이 화근일 때도 종종 있었다. 아이들이 부모와 함께 야반도주를 하고 십 여일이 지나면 내 전화기에 불이 났다. 공과금이 너무 밀려서 전기와 수도 모두 끊겨 화난 집주인이 찾는 전화, 월세 미지불로 부동산에서 찾는 전화, 공장에서 가불받고 사라져서 아이들의 소재를 파악하려는 사장들의 전화는 나를 전화 노이로제에서 벗어날 수 없게 만들었다. 나쁜 건 부모들인데 따라간 아이는 오죽할까 싶어서 도를 닦는 마음으로 헛웃음을 삼켰다.

학교 아닌 학교에 다니는 아이들

학교 입장에서는 학교라고 부르기 어려운데, 외국 국적 아이들은 학교라고 칭하는 곳에 머물고 있는 경우가 있다.

2007년도에 있었던 일이다. 김빅토르는 한국인 새아버지와 친어머니, 그리고 얼마 전 태어난 동생과 생활하려고 러시아에서 온지 6개월 된 아이다. 빅토르는 수원의 러시아 관련 학교에 다니고 있었다. 집은 안산인데 수원까지 왕복하려니 많이 힘들었을 것이다.

외국인근로자 자녀 특별학급에 관한 소문을 듣고 아이가 왔다. 특별학급에 러시아어를 통역해 줄 수 있는 친구가 이미 있었는데, 빅토르는 아이들과의 생활에 적극적이지 않았다. 부모는 빅토르가 한국어를 너무 어려워하고 한국학교 적응에 힘들어 하니 화요일과 목요일, 금요일 오전은 빅토르가 예전에 다니던 학교에서 수업받기를 요청했다. 일단 수원 쪽 학교가 러시아에 있는 학교와 협약이 되어있어서 한국에서 거주하다 러시아로 돌아가도 학력인증이 가능한 학교라고 했다. 그래서 보냈다. 어느 학교를 다니든 적응을 도울 수 있다면 모든 방법을 다시도해 봐야 할 것 같아서였다.

그러던 중 관내에 R학교가 생겼다. R학교는 학원의 형식으로 등록이 되어 있어서 수강료를 받고, 러시아 학교와 연결이 되어 있어서 학력 인증이 되는 학교라 했다. 빅토르가 R학교로 옮겼다. 나는 거리가 가까워서 다행이라 생각하고 아이의 적응상태를 확인하고 있었다. 양쪽 학교에 시계추처럼 왔다갔다 하던 빅토르는 점점 더 적응을 못하기 시작했다. 적응에 힘들어 하는 빅토르를 보면서 처음엔 한국 친구들도 도와주고 싶어 했고, 빅토르보다 먼저 학교에 입학해 있었던 세르게이도 같은 나라에서 온 친구가 잘 해줬으면 마음에 진심으로 챙겼었다.

그런데 빅토르는 오후에는 등교해서 친구들과 예체능활동을 하고 있어야 하는데 사라지고 없는 날이 늘었고, 화·목·금만 등교하지 않는 것이 아니라 어떤 주에는 아예 학교에 등교를 하지 않기도 했었다. 빅토르의 등교가 불규칙해지면서 학급 친구들도 빅토르의 등교에 관심을 끄기 시작했다. 빅토르가 오면 오는 대로 데면데면, 굳이 놀이활동에 끼워주기도 어색해 했다. 선생님이 나서서 같이 놀자고 분위기도 띄웠지만 빅토르의 존재감은 점점 사라질 수밖에 없었다.

결국 빅토르는 R학교만 다니기로 했다. 당시 신문에서 '다문화가정 아이들을 학교 밖으로 내몰고 있다'는 내용의 기사가 나와 문제가 커졌을 때여서 빅토르의 부모님께 R학교만 다니려는 사유를 문서로 작성해줄 것을 부탁했다. 부모의 결정을 존중했지만 아쉬움이 많았다. 나중에 들은 이야기지만 빅토르가 수원의 학교에 다닐 때도 R학교에 다닐 때도 성실하지 않았다는 이야기를 세르게이에게서 들었다. 내가 출결과 과제 미해결에 대해 점검하면 러시아 학교를 핑계 삼았고, 러시아 학교에서는 한국학교를 핑계 삼곤 했었다니….

한국인 학부모 입장에서도 불만 가득한 민원이 제기되었다. 보통의 가정에서는 학교는 꼭 가야하는 것이고, 학교활동에 잘 참여해야 한다고 가르친다. 그런데 너무 불성실하게 학교생활을 하는 빅토르의 태도를 보며 자녀가 배우는 것이 염려되었던 모양이다.

빅토르를 정원 외로 관리하면서 '개인의 적응하려는 노력'이 얼마나 중요한 것인가를 깨달았다. 같은 시기에 입학한 란홍이나 니콜라이, 세르게이의 경우 가정형편 때문에 R학교 수업료를 지불하기 어려웠다. 그래서 오로지 공립학교에 의존해야하기 때문에 굉장히 열심히 학교생활을 했다. '생존'을 위한 적응은 오지나 사막에서만 일어나는 것이 아니다.

개인이 가진 성향이나 가치관이 적응에 영향을 주고, 이주국에서 그것을 극복하려고 노력하는 것은 성인뿐만 아니라 아이들에게도 동일한 임무다. 적응은 개인차가 크게 작용한다. 단지 교사인 나는 그 시기를 조절해주는 보조자란 생각이 들었다. 만약 빅토르에게 선택적으로 학교를 오는 것이 아니라 절대적으로 한 학교에서만 생활해야 했다면 빅토르가 더 적극적으로 적응에 노력하지 않았을까?

R학교에는 불법체류 상태인 이반의 형도 다니고 있었다. 4년이 지나 아이들이 러시아 학교에 학력인증을 요청했다. 한 녀석은 취업하고 싶어 했고, 한 녀석은 러시아로 돌아가고 싶어 했다. R학교에 성적증명과 재학증명서류를 요청하고, 러시아 학교에 전학을 의뢰했었다 한다. 그랬더니 러시아 학교 쪽에서 R학교와 결연한 적이 없다는 회신이 왔고, R학교에 다녔던 빅토르와 이반의 형은 학력인증을 받을 수가 없었다.

한국에서도 학력인증을 받을 수 없고, 러시아에서도 학력인증을 받을 수 없으니 아이들 모두 초등학교도 졸업하지 못한 무학력의 상태가 되었다. 외국인도 검정고시를 준비하면 된다지만 R학교에서 러시아어만 줄창 한 녀석들이 무슨 재주로 검정고시를 준비할 수 있을지 산넘어 산이었다. 학력인증에 실패한 아이들을 내가 교육시키고 싶어도 4학년 때 정원 외 관리한 녀석을 열여섯 살이나 된 이제 다시 4학년에 배치해서 가르칠 순 없지 않겠는가? 아이들이 돌아올 곳이 없었다.

이러한 현실 때문인지 요즘에는 국제다문화학교가 유행인 듯하다. 비인가, 또는 미인가 학교들이 우후죽순처럼 생겨나서 다문화가정 아이들을 흔들리게 한다. 미국에 있는 학교와 자매학교라는 둥, 러시아 학교의 분교라는 둥 해서 적응에 어려움이 있는 중도입국 학생들을 유혹한다. R학교처럼 수업료를 교육청에 신고한 것과 달리 월 70만 원 이상을 받다가 다른 다문화가정의 친구를 데리고 오면 55만 원으로 깎아주고, 친구 하나를 더 데리고 오면 40만 원을 받는 시설도 있었다. 월 70만 원을 내는 시설이 싸다고 생각하는 혹자가 있을 수도 있다. 그렇지만 한 달 내내 야근해서 130만 원을 버는 고려인이 아이 하나 교육시키려고, 그것도 적응을 못해서 보내는 비인가 학교에 지불하는 게 70만 원이라면 과연 적은 돈인지 생각해 볼 일이다.

선생님들이여! 다문화가정 아이들이 국내 국제학교에 가겠다고 하면 부모를 대신해서 아래와 같은 사항을 자세히 알아봐 주었으면 한다.

- 다문화학교가 비인가 또는 미인가 시설인가? 인가를 기다리는 상태인가?
- 시설들이 홍보하는 것처럼 외국의 학교와 결연이 되어있는지 증서를 팩스송부 해 달라 하자. 송부 받은 서류를 부모에게 제

공하고, 서울의 각국 대사관이나 영사관에 가서 확인 요청하도록 실제로 상황을 검증받을 수 있도록 준비시키자.
- 다문화가정 학생을 위한 교육과정이 준비되어 있는가?
- 학생들의 학력이 인증되는가? 또는 학력인증을 위한 대안을 가지고 있는가?
- 그 시설을 졸업한 학생들이 현재 어떤 생활을 하고 있는가? 학력을 인정받고 상급학교 진학에 성공했는가? 취업에 성공했는가?

그리고 부모에게 다시 학교로 돌아오는 경우에 대한 절차도 안내해 주길 당부하고 싶다. 돌아오는 경우 아이의 학년이 진급되기 어려운 상황일 수도 있음을 꼭 부모가 알게 했으면 한다. 잘하는 다문화 시설들도 있지만 지원에만 의존하고 아무 준비 없이 아이들을 희생양으로 삼는 시설도 많기에 더욱 그렇다.

퇴학처분을 받았어요, 어쩌죠?

점심시간이었다. 졸업한지 4년 만에 키가 두 뼘이나 자란 율두즈가 찾아왔다. 율두즈네 집 4남매 중에서 3남매를 가르쳤으니 그 세월만큼 아이가 반가웠다. 전근을 왔는데 어찌 알고 왔는지 함박웃음이 절로 나왔다. 그러나 자리에 앉히면서도 내심 걱정되는 면이 있었다. 중학교에 가서는 나름 적응도 잘 하고, 체육을 잘해서 인기가 많았다는 이야기를 전해 들었지만 초등학교 졸업 후 이 녀석이 제 발로 나를 찾아온 것은 처음이었다.

　특별학급 담임교사를 하면서 기자들이 종종 묻곤 했었다. 아이들이 학교에 다니게 해 준 것을 고마워하는지, 스승의 날에 찾아는 오는지, 한국어와 한국문화를 가르쳐 준 것에 대해 감사는 전하는지….

　내 아이들은 무소식이 희소식이다. 상급학교에서 문제가 생기거나 누군가 보증을 서야할 때면 어둑어둑한 퇴근 무렵 아이들이 나타나곤 했었다.

　아니나 다를까, 율두즈는 금년에 S공고를 진학했는데 갑자기 퇴학 처분을 받았다고 했다. 흡연으로 2회 적발이 된 상태였는데 화장실에서 다시 적발되어 진로상담 선생님이 상담실로 데리고 가셨단다. 율두즈는 진로상담 선생님께 욕설을 좀 했는데 퇴학까지 받아 억울하다는 말투였다. 퇴학 처분을 받은 지 5일 동안 매일 늦잠 자고, 놀다가 이제야 나타난 것이다. 어떻게 하고 싶은가를 물었더니 다른 학교에 가면 되지 않느냐고 했다.

　과거의 경험이 떠올랐다. 다른 아이들이 율두즈의 발음을 흉내 내서 똑같이 말하면 율두즈가 불같이 화를 내고 주먹을 휘두르며 달려들곤 했었다. 러시아권 아이들이 통역을 해 주면서 알게 된 사실인데 이 녀석이 선생님 앞이든 친구든 앞이든 시도 때도 없이 모국어로 욕설을 해댔던 것이고, 한국아이들이 율두즈를 향해 그 말을 흉내내자 화가 나서 달려들었다 한다. 본인이 할 때는 한국 선생님이나 한국아이들이 못 알아들으니 재미도 쏠쏠했나보다. 버릇을 고친다고 고쳐서 중학교를 보냈는데, 고등학교에 가서까지 그럴 줄은 몰랐다. 이미 머리가 큰 아이가 '선생님께 욕설 좀 한 것'을 하찮은 잘못으로 여기는 것도 놀라웠고, 외국인이니까 사고 치고 다른 학교로 옮겨도 사정을 봐줄 거라는 아이의 태도가 못마땅했다.

학업 수행능력도 많이 부족한 마당에 좋지 않은 명목으로 퇴학 처분을 받은 아이를 어느 고등학교가 "어서 오세요" 하고 다시 교문을 열어줄까? 검정고시를 볼 수 있는 실력도 아니고, 아이돌 그룹의 한국인 아이들도 검정고시에 세 번씩 떨어졌다는 인터넷 기사가 머릿속에서 획 지나갔다. 재심 청구가 가장 쉬운 길이라고 설명을 했다. 율두즈도 심각한 내 표정에 알아차렸는지 학교를 다시 다니고 싶다고 했다. 율두즈에게는 학교 상황을 알아볼 테니 다음 날 오라고 했다.

율두즈의 고등학교 담임선생님께 전화를 드렸다. 율두즈의 설명과는 다르게 율두즈가 학년에서 힘이 약한 아이들과 장애우를 잔인하게 괴롭힌 것, 진로상담 선생님께 입에 담지 못할 욕설을 하고 난동부린 것, 각 교과 선생님들께도 우즈베키스탄 말과 한국어로 싱글싱글 웃으며 욕설을 한 것, 무단결석이 잦은 것, 흡연 2회, 학급친구들로부터 있었던 피해민원 등 내가 듣기에도 퇴학을 받을 근거가 충분했다. 율두즈를 불러 다시 물으니 어제와 다른 진술들이 속속 나왔다. 나는 학교에서 갑자기 퇴학 처분을 내린 이유와 퇴학 처분 재심청구 관련 서류들은 아주 최소한의 사항이라 재심 청구 때 함께 접수되지 않으면, 학교에서는 구제할 생각이 없다는 내용을 전달했다. 아이샤(율두즈의 동생)를 불러 부모가 심각한 상황을 알고 있는지 물었더니 다 알고 있다고 했다.

퇴학처분 재심청구 관련 서류

> 1) 가정학습기간 15일(무단결석처리)에 따른 반성문 15장
> 2) 봉사활동인증서-장애인, 노약자 등 보호시설 : 최소 30시간, 그 외 봉사활동기관 20시간
> 3) 금연교육 및 금연치료 확인서
> 4) 진로상담 및 심리상담 확인서 - 상담횟수와 상담일시 표시
> 5) 수학계획서 : 〈학생〉
> 6) 가정 내 지도계획서 : 〈부모님〉
> 7) 재심 청구서

주말이라 상담기관이나 봉사활동기관을 구하는 것이 쉽지 않았다. 다행히 초지동종합복지관과 원선파출소에서 봉사활동을 허락했고, 단원보건소에서 금연교육을, 안산교육지원청 Wee센터에서 상담을 맡아주기로 했다. 율두즈의 아버지에게 전화를 해서 각 기관들을 데려다 주시라고 했다. 그랬더니 율두즈의 아버지가 한 말.

"선생님이 데리고 가요. 돈 벌어야 해요. 장사 바빠요."

아……. 나는 탄식을 했다.

율두즈가 초등학교에 다닐 때도 그랬었다. 다문화가정 자녀의 입학부터 졸업까지 지역센터, 종교관계자, 자원봉사자, 선생님들이 부모가 못 알아듣는 것 같아서 함께 다니며 일을 해결해줬다. 그랬더니 정작 중요한 일이 발생했는데 또 너희들이 알아서 해결하란다. 몹시 괘씸했지만 아이 인생이 걸린 일이라서 움직일 수밖에 없었다.

율두즈를 제대로 가르치지 않고 졸업시킨 것을 후회했다. 기준을 명확하게 알려줘야 했다. 일반 아이들에게 금지된 것은 다문화가정 아

이들에게도 안 되는 것으로, 해야 할 것과 하지 말아야 할 것을 똑바로 가르쳤어야 했는데 말이다. 중도입국 아이라 한국말을 못 한다고 봐주고, 한국문화를 잘 모른다고 봐주고, 적응기간이라 애가 힘들어한다고 봐주고…. 특별학급 초창기에 내가 그랬었다. 어느 나라, 어느 사회, 어느 학교든지 질서와 규율이 있는데 일반 아이들과 똑같이 지키라고 교육하지 않은 죄를 7년 지나서 받고 있다. 존중받기 위해 다른 사람의 인격을 존중하는 인성으로 다듬어 보내지 않은 내 책임이다.

　짧은 기간 동안 퇴학처분 재심청구에 필요한 서류를 갖춰 접수시키느라 힘들었다. 선생님 마음은 다 똑같다. 면전에서 외국아이에게 욕설 들으며 참고 가르치느라 피가 거꾸로 솟았을 터인데, 아이 인생을 생각해서 이번 한 번만 퇴학처분을 거두기로 했단다. 학교의 배려에 감사했다.

　한편 그런 생각을 했다. 퇴학처분을 거둬들이게 하려고 담임선생이 달라붙어 안간힘을 쓰고, 지역사회가 협조하고, 학교가 크게 배려하면 일반 한국아이들 중에 학교 밖으로 나올 아이들이 별로 없겠구나! 의무교육기간이라 퇴학과 절차가 중요하지 않은 학교급 선생님들이 염두에 두었으면 하는 생각에서 '퇴학처분 재심청구 관련 서류 예시'를 위에 실었다. 재심청구는 2주 이내에 해야 하고, 아이의 상황에 따라 재심청구에 필요한 서류가 조금씩 다를 수 있다. 워낙 다문화가정 학생들의 중도탈락률이 문제가 되고 있는 시기라서 선생님들이 한 번 더 주의를 기울였으면 한다.

04
부모를 대신하는 선생님

초등학교 6학년 교실에서의 이야기입니다. 담임선생님께서 학생들에게 뇌염과 DTP 예방접종에 대한 안내를 해 주셨습니다. 그리고 부모님과 병원이나 보건소를 방문하여 접종한 후 한 달 이내에 접종확인서를 제출하라고 하셨습니다. 한 달이 지났는데도 국제결혼가정의 영훈이만 접종확인서를 제출하지 않자 선생님께서 다그쳐 물으셨습니다. "영훈아, 친구들은 다 냈는데, 넌 언제 낼 거니? 보건소는 갔었니?" 그러자 영훈이가 말했습니다. "엄마가 하나도 모르겠다고 해서 안 갔어요. 저 혼자서는 못 가겠어요."

다문화가정 아이들의 입학 때문에 외국인 어머니들이 학교에 오면 스쿨뱅킹 때문에 애를 먹었다. 설명하는 선생님 입장에서는 영어권 어머니들이 왔으면 했지만 선생님이나 어머니나 서로 못 알아듣는 언어를 사용할 때면 '스쿨뱅킹'이라는 네 글자를 두고 난감하게 웃기만 했다. 행정실에서도 '스쿨뱅킹'과 '자동이체'에 대해서 설명을 하느라 진땀을 빼곤 했다. 중국어나 일본어 등 한국의 인접국인 나라들을 위한 번역 팜플렛이라도 만들어서 비치해 놓으면 해결이 되는데 인기가 없는 언어는 간단한 자료를 찾는 것도 어려웠다. 그래도 지금이야 급식비가 무료니까 못 알아들어도 그냥 웃으면 별로 문제가 없지만 말이다.

다문화가정의 부모님들에게 학교에서 사용하는 한국어가 많이 어려운가를 물었더니 병원이나 관공서, 은행에서 사용하는 한국어가 더 어렵다고 말했다. 특히 병원에 갔을 때는 몸은 아픈데 자세히 표현을 할 수 없어서 힘들다고 했다. 외국인근로자가정의 부모님은 국제결혼가정의 부모님보다 한국생활에서 느끼는 불편과 어려움이 더 커 보인다. 부부가 모두 외국인이다보니 병원, 관공서, 은행에서 사용하는 한국어를 알아듣고 행동하기가 더 어려운 듯했다. 비노빈네처럼 부모님이 모두 불법체류신분이었던 가정에서는 종합병원 앞에서 주차를 안내하느라 빨간 지시봉을 흔드는 주차안내원을 경찰관으로 알고 가족이 혼비백산을 해서 도망간 적도 있었다.

놓쳐선 안 되는 건강검진

매년 초등학교에서는 학생들에게 병원, 보건소 등을 방문한 후 학교로 구강검진(전체 학년 해당)이나 건강검진(1학년과 4학년 해당), DTP(6학년 해당) 예방접종 결과를 제출하라고 한다. 3월 말과 4월 초면 학교에서는 학부모에게 구강검진, 건강검진, 예방접종에 관한 안내장을 각 가정으로 발송한다. 학생들은 안내장에 제시된 날짜까지 병원을 방문하고, 병원 방문 결과를 다시 학교에 가지고 와야 하지만 외국인인 부모와 병원을 방문하는 것이 쉽지 않은 경우가 많다. 학교에서 발송한 안내장을 읽고, 무엇을 하라는지 해석을 할 수 없는 외국인 부모님들이 많다 보니 아이들의 대답이 영훈이와 같을 수밖에 없다.

특별학급 아이들이 일반학급에 제출해야 하는 검진서류들을 하도 제출하지 않아서 병원과 보건소를 직접 데리고 가야 할 일이 있었다. 그런데 시에서 운영하는 보건소를 가니 한국사람인 나도 깜짝 놀랐다. 은행처럼 번호표를 뽑아야 했고, 4장이나 되는 문진표에 답을 써야 했으며 주사를 맞기 위해 안내원의 안내에 따라 여러 장소로 옮겨 다녀야 했다. 보건소에 가기 전, 여러 날 동안 아이들의 상태를 관찰한 나도 깜박 정신을 놓치면 한국인 보건의의 질문에 대답하기 어려웠다.

다문화가정 부모의 입장에서 생각해 보니 자녀의 건강을 위해서는 필수적인 부분인데 알아듣지 못 해서 가지 못하는 마음은 오죽할까 하는 생각이 들었다. 그 후론 담임선생님들과 수업이 적은 수요일에 다문화가정 아이들을 줄줄이 데리고 병원과 보건소에 갔다. 사실 6학년들인데도 보건소에 주사 맞으러 가는 것은 너무들 무서워해서 주사 맞고 난 후에 녀석들이 제일 좋아하는 햄버거 가게에 들러 '한국어로 햄버거와 콜라를 주문하는 체험학습'을 하곤 했었다. 양쪽 어깨에 주사를 맞아 팔을 들어 올릴 힘도 없다던 녀석들이 자기가 주문한 쟁반을 콜라 한 방울이라도 흘릴까 조심조심하는 모습, 그렇게 조신한 모습을 본 적이 없었다. 그저 아이들은 선생님과 병원에 가니 신이 나있었고, 의사소통과 언어 이해에 문제가 있었던 외국인 부모들은 한결 밝아진 표정으로 고마워했다.

병원 나들이와 허락 구하기

　구강검진으로 아이들을 치과에 데리고 다니면서 아이들의 치아상태 때문에 깜짝 놀란 것이 한두 번이 아니었다. 부모님이 한국에서 지내는 동안 모국에 남겨졌던 아이들은 제대로 된 식사보다는 불량식품을 사 먹고 때우는 것이 습관이 되는 모양이다. 단 것들을 많이 섭취한 탓에 영구치들이 뿌리까지 썩어서 달랑달랑 잇몸에 붙어있는 경우가 허다했고, 양치질을 배운 대로 하지 않아서 치아가 7~8개 썩은 것은 놀라운 일도 아니었다.

　그냥 검진만 해줘도 되는데 매주 수요일마다 선생님과 같이 온 다문화가정 아이들의 치아상태가 심각한 것을 보고, 의사 선생님이 간단한 치료까지 해 주었다. 그런 모습을 보면 세상엔 가슴 따뜻한 착한 이웃이 참 많다는 생각이 든다. 해외 대학교나 병원재단에서 여름방학이나 본인 휴가 기간 동안 의미 있는 봉사활동을 하러 한국에 오는 의사들도 있었다. 의사들의 봉사활동이 많은 지역에서는 검진뿐만 아니라 실제 처방이나 치료를 해 준다. 다문화가정 학생 중 어려운 처지에 있는 학생들에게는 희소식이다. 그렇지만 의료보험 혜택을 받기 어려운 외국인근로자의 자녀는 주중이나 주말에 안내를 해도 부모님이 시간을 내지 못해서 의료 서비스를 놓치는 일이 더 많았다.

　부모님이 너무 바빠서 내가 무료진료를 데리고 가야 했다. 해외 대학교에서 무료봉사활동을 나온 의사들이었는데 자신들도 외국인의 신분으로 해외에서 체류 중이어서 그런지 아이들에게 매우 따뜻하게 대했다. 진심이 느껴졌다. 영어와 스페인어 말고도 다국어를 안내하는 자원봉사자들도 여럿 있어서 좋았다. 그날 기분 좋게 나탈리아가 이를

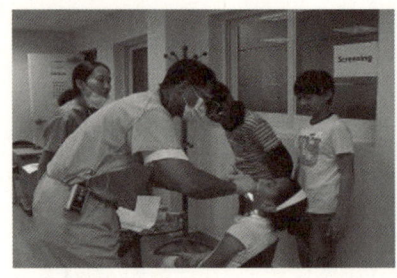 

치과진료센터 방문.   패스트푸드점에서 음식 주문하기 배우기.

뽑았는데 뿌리까지 썩은 어금니를 뽑고 삼십 분이 넘도록 지혈이 되지 않아서 나는 천당과 지옥을 왔다갔다 했다. 지금은 지나간 이야기라서 웃으며 이야기한다.

선생님들은 기억해줬으면 한다. 선생님이 인솔해서 무료 검진을 받으러 갔을 때 학생의 치아나 잇몸 치료를 위해 이상하게 자라고 있는 치아를 발치하는 것과 같이 학생이 직접적인 의료행위를 받아야 할 경우가 발생한다. 무료 진료에 대한 안내와 치료 받을 수 있는 좋은 기회라는 것을 부모가 꼭 알고, 선생님이 데리고 가는 것에 동의하도록 자세히 안내하는 것이 좋다. 그리고 치료에 대한 선택은 부모가 선택하도록 상황을 알려주고 허락을 받아야 한다. 선생님이나 봉사단체는 학생에게 좋은 일이라 생각해서 무료 진료를 받으러 갔지만 학생의 몸 상태에 따라서 의외의 응급상황이 발생할 수 있음을 꼭 기억하기 바란다.

초등학교 다문화 신입생 어머니들에게 안내해야 하는 접종

병원 관련 이야기를 하다 보니, 다문화가정 어머니들이 조금 더 어려워하는 부분이 생각나 몇 자 더 적는다. 요즘에는 1월 초에 학교에서 예비소집을 한다. 병아리 같은 신입생들이 부모님 손을 잡고 처음 자기가 다닐 학교를 온다. 이날 학교에서는 입학 준비에 필요한 여러 가지를 안내하면서 '취학아동 예방접종증명서'에 관한 안내를 한다. 그런데 예비소집일에 분명히 안내를 했는데, 다문화가정 어머니들이 뭘 해야 하는지 몰라서 입학식날 그냥 학교에 오는 경우가 종종 있다. 문화가정 어머니들이 왜 '취학아동 예방접종증명서'를 제출해야 하는지 이해할 수 있는 설명이 필요하다.

보통의 부모들은 아이가 태어나면 얼마 동안은 예방접종을 열심히 한다. 그런데 만 4세를 넘어서면 잔병치레가 줄어들면서 예방접종에 점점 소홀해진다. 예방접종에 소홀해지면서 아이들이 감염에 노출되기가 아주 쉬워진다. 다문화가정의 자녀가 감염되지 않는 것도 중요하지만 함께 공부하는 친구들의 안전을 위해서도 예방접종을 완료해야 함을 학부모에게 설명해야 한다. 다문화가정의 자녀들이 일반 가정보다 유치원이나 어린이집 취학률이 낮아서 집단생활의 경험이 적다는 통계도 있다. 초등학교에 와서야 집단생활을 처음 시작하는 경우가 많다는 의미다. 따라서 다문화가정의 아이가 감염되어서도, 다른 아이들을 감염시켜서도 안 되니 꼭 예방접종의 중요성을 느낄 수 있도록 홍보했으면 한다.

더불어 자녀들이 접종을 어디까지 완료했는지 확인할 수 있는 방법도 안내하면 좋다. 도시형 다문화가정의 경우 맞벌이도 많고, 야간근무가 많아서 자녀의 접종시기를 놓치는 일이 있다. 일단 집에서 보관하고 있는 예방접종수첩을 찾아보게 하자. 아기예방접종수첩이 없어진 경우에는 예방접종 완료 관련 사이트를 방문하도록 안내를 하면 된다. 예를 들어 예방접종도우미사이트(http://nip.cdc.go.kr)에서 확인이 가능한데, 회원가입이 필요하다는 단점이 있다. 또 다문화가정 어머니들이 사이트에 가입을 하고, 예방접종 내역을 확인할 때도 다문화가정 어머니들이 내용을 파악하는 데 매우 어려워한다. 한국어도 어렵다고 느끼는 어머니들도 많은데 영어와 한글이 섞여있어서 더 그렇다. 그래서 다문화가정의 한국인 아버지들이 아이들의 예방접종상태를 함께 확인하거나 주변 친척들이 도울 수 있도록 안내하면 좋겠다. 각 시에서 예방접종내역 전산등록 확인방법 등에 관한 안내문을 제작해서 예비 학부모들에게 안내하고 있지만 선생님들도 같이 알고 안내했으면 한다.

　부모들이 확인해야 하는 예방접종에는 4가지가 있다. 디프테리아, 백일해, 파상풍을 예방하는 ①DTaP 5차 접종과 소아마비 예방을 위한 ②폴리오 4차 접종에 관한 확인이 필요하다. 그리고 홍역, 볼거리, 풍진 예방을 위한 ③MMR 2차 접종과 ④일본뇌염 접종을 확인하도록 안내했으면 한다.

　이런 안내를 하면 다문화가정 부모들이 갑자기 접종을 다 해야 한다는 생각에 비용을 걱정하는 경우도 있다. 만 12세 이하의 어린이가 위탁의료기관에서 필수예방접종을 할 경우 안산의 경우에는 접종비용을 본인부담금이 5천 원 이하가 되도록 지원하고 있다. 접종비용에 대한 부담금이 지역별로 차이가 있으므로 지역 보건소나 예방접종도우미 사이트에서 확인하도록 안내를 부탁하고 싶다.

　그리고 비용보다도 중요한 것은 다문화가정 아이들이 접종을 받을 수 있는 건강상태인지를 부모가 관찰하고 있는 것임을 알려주었으면 한다. 혹시 접종에 의한 부작용이 있을 수 있으니 반드시 아이의 상태를 확인하고 접종하도록 당부해야 할 것이다. 다문화가정의 자녀가 입학과 함께 몸도 마음도 건강하게 자랄 수 있도록 준비하는 2월이 되었으면 하는 마음이다.

가장 중요한 안내장

러시아어로 안녕하세요(즈뜨라스트 뷔이찌)와 헤어질 때 안녕(빠까), 고마워요(스파씨바)밖에 모르는 나는 러시아 학생들의 입학이 증가하면서 고민이 깊어졌다. 특히 건강상태에 대한 조사를 하면서 내 시름이 쌓였다. 당시엔 내 주변에 러시아어를 할 수 있는 이중언어강사도 없었고, 통역 서비스는 가능했지만 번역 서비스를 구할 수 없었다.

그래서 사할린 동포들이 모여 사는 마을을 수소문해서 한국어를 잘 이해하고 번역할 수 있는 분을 찾아냈다. 당시에는 특별학급 운영비에서 번역비를 지급하려 해도 번역자의 상황을 공적으로 드러내기 어려워 결국 A4 한 장에 삼만 원씩을 개인적으로 지불하고, 급한 안내장을 번역할 수 있었다. 번역된 안내장 한 장이 아이들의 건강상태를 점검하는데 큰 도움이 되었다. 돈을 지불한 것이 아깝지 않았다.

단지 일반적으로 한국에서 쉽게 접하는 언어였다면 번역한 안내장이 맞는지 확인이 쉬웠을 텐데 러시아어라서 나 혼자 확인이 불가능하다는 것이 아쉬웠다. 번역을 하시는 분도 자신이 의사가 아니어서 의학 용어를 러시아어로 번역하는 것이 너무 조심스러웠다고 했다. 그리고 러시아에서는 접종하지 않는 부분의 예방주사도 있어서 설명해도 러시아에서 오신 어머니들이 이해를 못하는 경우도 있었다.

고생하면서 러시아어로 번역했던 건강상태조사서.

　　러시아에서 온 레프의 이야기다. 그 아이는 자기는 워낙 추운 곳에서 살다 와서 독감이 무섭지 않다고 했다. 추운 곳에서 살다 오면 한국의 감기쯤은 무섭지 않은가 보다. 독감예방접종도 개인병원에서 접종하면 가격이 꽤 비싸서 자녀가 여럿인 경우 비용에 부담을 갖는 다문화가정도 있었다. 여기저기 수소문을 하니 주변에 착한 이웃들에게 소개를 받아 특별학급 아이들이 토요일에 무료 진료하는 곳에 가서 독감예방접종을 대부분 하고 왔다. 그러나 레프는 주사를 맞지 않았다.

　　독감이 유행하기 시작하자 TV와 인터넷은 물론 온갖 매체가 매일 감염되는 어린이들과 노인의 건강을 염려하는 뉴스가 연일 보도되었다. 접종 덕분인지 아이들이 모두 가볍게 감기를 앓고 지나갔지만 레프는 중환자실에 폐렴으로 입원할 정도로 고되게 앓았다. 두 번이나 중환자실을 들락거려서 주변 사람들의 걱정이 대단했었다.

　　독감이 지나가고 죽을 만치 고생을 한 레프를 보면서 생각했다. 다문화가정 아이들에게 가장 중요한 안내장은 다문화가정 어머니가 모국어로 읽고 꼭 대비할 수 있도록 제작해서 줘야 한다는 것을! 건강하게 태어난 아이들이 적어도 건강한 몸과 마음을 지키면서 성장할 수 있는 안전망은 구축을 해줘야 한다. 부모가 무슨 병이 유행하는지 모르고 어떻게 대비하는지 방법을 알 수 없다면 어떻게 자녀를 건강하게 보살필 수 있겠는가 말이다.

그런데 이렇게 중요한 안내장은 교사들이 호주머니를 털어서 개인적으로 번역할 것이 아니라 국가나 도 단위에서 번역하고 준비되어 있어야 한다. 의학전문가와 번역가들이 모여 건강한 학교생활을 위한 기본 장부와 안내장을 한국에 거주하는 다문화가정의 언어수만큼 개발해서 다문화가정의 어머니가 자녀의 질병을 예방할 수 있도록 도왔으면 한다. 다문화에 대한 국가적인 관심에도 불구하고, 가장 중요한 영역에 대한 예산 투자가 적은 것이 매번 아쉬워지는 부분이다.

이 외에도 다문화교실에서는 부모 대신 선생님들의 도움을 필요로 할 때가 많다. 근무시간 후나 주말에 다문화가정의 지원에 관한 일로 관공서나 사회단체를 대면해야 할 때도 있다. 다문화가정과 일반가정 부모님들 사이에서 시비가 발생하는 경우 양쪽의 입장을 충분히 이해하고 조정해줄 수 있는 것도 선생님의 역할이다. 한국문화와 한국학교에 대하여 전혀 모르는 외국인근로자 학부모들을 대신하여 외국인근로자가정의 학생에게 어린이집 수준의 기본적인 생활습관부터 지도를 해야 하는 사람도 선생님이다. 국제결혼가정 학생의 정체성 확립을 위해 생활지도와 인성지도도 해야 한다. 외국인근로자가정 학생과 북한이탈가정 학생의 올바른 소비교육, 미래를 위한 절약·저축 습관지도, 사회생활적응을 위한 예절교육, 부모존중교육, 진로교육, 성교육 등 부모님을 대신해서 선생님들이 가르쳐야 할 것들이 얼마나 많은지 손으로 꼽을 수가 없다.

다문화학생의 이해
다문화가정 이야기

01
반드시 필요한 가정방문의 중요성

　　교장선생님이 인근 학교에서 기부 받은 쌀을 얻어오셨다. 불교계에서 쌀을 기부 받은 학교는 생활보호대상자조차 없는 학교라서 대상자 선정이 고민이었는데 교장선생님이 얼른 우리 학교에 달라고 하셨단다. 일반가정에 비하여 다문화가정 학생들의 형편이 열악한 지역이라 쌀 포대만 보아도 흐뭇해졌다. 내가 출장 중이라서 과학부장과 공익요원이 10kg짜리 40포대를 실어 나른다고 엄청 고생했음이 보였다. 교무실 뒤편에 포대를 쌓아놓고 형편에 따라 수량을 조절해서 나누어 주기로 했다.
　　국제결혼가정의 부모들은 수월하게 쌀 포대를 가지고 갔다. 유모차를 끌고 와서 담아가거나 퇴근길에 아버지들이 어깨에 메고 갔다. 외국인근로자가정이나 중도입국학생들은 야근하거나 공장에서 2교대를 하느라 부모가 학교에 오기 더 어려운 상황이었다. 아이들이 들고 가자니 너무 무거워서 비슷한 동네끼리 순서를 정해서 쌀 배달을 가기로 했다. 아이들은 내 차를 타고 간다니 신이 난 듯했다. 선생님이 가정방문을 온다면 뭔가 부끄러워서 도망을 갔던 나와 다른 세대인가 보다.

쌀 배달은 이번이 처음이 아니다. 예전 교장선생님도 명절이 외롭고 어려운 다문화가정 아이들에게 떡이라도 해서 먹으라고 쌀을 주신 적이 있었다. 기를 쓰고 쌀을 얻어오는 교장선생님들이나 쌀 배달을 가는 선생님을 보면 사람들이 우습다 할지도 모르겠다.

다문화인들이 처한 위험한 환경

가정방문은 자연스럽게 아이들의 환경을 파악할 수 있는 아주 좋은 기회다. 평범한 가정에서 끼니 걱정 없이 평탄하게 자란 나는 가정방문을 갈 때마다 경악을 했다. 성인이 되어서도 별 걱정 없이 공무원이 되었고, 결혼을 해서도 큰 욕심을 부리지 않고 평범하게 살고 있는 선생이라 충격이 큰 날들이 많았다.

건승이네 집에 갔었다. 어머니와 아버지가 모두 스리랑카에서 오신 분들이고 건승이를 한국에서 낳았다. 만삭인 건승이 어머니가 웃으며 방으로 들어오라 청했다. 방은 세 칸이고, 화장실은 하나인데 현관에 남자 신발들이 가득했다. 10켤레가 넘는 듯했다. 건승이 어머니에게 아들인지 딸인지를 물었다. 돈이 아까워서 산부인과 진료를 받지 않았다며 태아의 성별을 모른다 했다. 내가 다시 아들을 낳고 싶은지 딸을 낳고 싶은지를 물었다.

"선생님, 아들 낳고 싶어요."

나는 스리랑카 사람들도 아들을 좋아하느냐, 건승이가 아들인데 딸을 낳으면 더 좋지 않겠느냐며 말을 받았다. 그러자 건승이 어머니가 의외의 이야기를 시작했다. 건승이네는 부부와 건승이가 있어서 방 한 칸에 한 세대가 살지만 옆방은 서로 모르는 사람들이 한국에 와서 처음 통성명하고 방세를 아끼기 위해 한 방에 세 명이 살고 있다고 했다. 나머지 한 방은 부자 관계인 두 세대가 함께 살고 있는데 커튼으로 방을 나눠서 생활하고 있었다.

그리고 건승이네가 불법체류인 것처럼 그들의 절반 이상이 불법체류자였다. 여자라곤 건승이 어머니 하나라서 낮에 집에 혼자 있는 것도 무서워했다. 건승이 어머니가 말하기를 가족과 함께 있는 불법체류자는 가족들 때문에라도 나쁜 짓을 쉽게 하지 않는데, 혈혈단신인 불법체류자는 일 치르고 도망가면 된다는 생각이 있어서 위험하다고 했다. 자신의 현재 생활도 이런데 체류신분이 불분명한 사람들 속에서 딸아이를 키우는 것이 너무 부담스럽다고 했다. 충분히 공감할 수 있는 상황이었다.

태국에서 온 라이꿈네 집에 갔다. 라이꿈 어머니는 집에 없었고, 이모라는 여자들이 연거푸 인사를 했다. 친이모냐고 물었더니 모두 아는 이모들이라 했다. 라이꿈네는 한국 남자와 국제결혼을 했지만 도망쳤거나 이혼한 여자들이 모여서 살고 있었다. 방마다 두 세대씩 살고 있었는데 정리도 잘 되어 있었고, 깔끔했다. 그중 커튼으로 나누어서 살고 있는 방이 있었는데, 라이꿈의 설명에 기가 막혔다. 거기에는 모녀 관계인 한 세대와 모자 관계인 한 세대가 한 방에 살고 있는데 여자아이는 11세고 남자아이가 16세라고 했다. 한국에 와서 처음 알게 된 관계지만 금세 친해져서 어머니들끼리 언니·동생 한다는데 밤에는 어머니들이

야근을 해서 아이들만 남겨진다고 한다. 아이 어머니들은 이것이 위험한 상황이라는 것을 인식하고 있을까? 나만 위험하다고 판단하는 것일까?

과연 공부가 가능할까?

에르덴네 집에 갔는데 책상과 책꽂이에 책이 가득 꽂혀 있었다. 부모님과 몽골어를 계속 공부하느라 몽골에서 가지고 온 책과 사전들이 꽂혀 있었다. 서른 가구 넘게 가정방문을 했었는데 아이가 공부할 수 있는 환경을 갖춘 집이 처음이었다.

국제결혼가정에 가면 그래도 참고서도 사서보고 있고, 요즘 유행하는 만화책 시리즈도 있었다. 그런데 외국인근로자 자녀 집을 가정방문해 보면 학교에서 교육기부 받아서 나누어 준 책조차 집에 없었다. 부모가 자녀들의 학습이나 교육활동에 전혀 개입하지 못하고 상황이 툭툭 드러났다.

중도입국학생인 블라디미르의 집도 다를 바 없었다. 블라디미르가 한국어를 잘못하니 집에서 어학 자료며 책을 가지고 공부를 해도 모자랄 판인데 집엔 공부와 관련된 것은 아무 것도 없었다. 5평인 원룸에 어머니와 삼촌이라는 사람과 블라디미르가 함께 산다. 어머니와 삼촌이라는 사람의 눈치를 보느라 아이는 일찍 자는 척을 해야 한다고 했다. 불을 켜고 책을 보고 싶지만 삼촌이라는 사람이 얻어 준 방에서 살게 된 것만도 감사하며 살아야 한다고 했다. 자는 척을 하다가 진짜 잠이 든단다.

옛날 사람들은 예전엔 그보다 더한 환경에서도 다 공부하고, 출세했다고 하는데 환경이 웬만해야 말이지! 드라마를 보건 주위 사람들을 보건 아이가 학교에 입학을 하면 아이에게 책상이랑 책꽂이랑 공부방을 꾸며주느라 분주한 어머니들이 흔하다. 한국아이들에겐 흔하디흔한 어머니들이 내가 가르치는 아이들에겐 가뭄에 콩 나듯 있다. 가끔 상담할 때 들어보면 아이들에 대한 기대나 마음은 여느 부모와 같은데 환경이 포기하게 만든단다. 매번 세대 간 세습되는 가난을 확인하는 것 같아서 기분이 좋지 않았다.

직접 확인해야 알 수 있는 것들

효빈이네 차례다. 효빈이는 어머니와 단 둘이 생활한다. 새아버지는 의정부에 살고, 한족인 효빈이와 어머니는 안산에 산다. 비자 연장과 같이 꼭 필요할 때만 새아버지에게 가고, 항상 두 모자만 생활을 한다. 서류상 결혼 즉, 위장결혼을 했을 거라는 짐작이 들 수밖에 없다.

도착하자 어머니가 공장 교대근무에 가셔서 집에 아무도 없었다. 입학 초기엔 원곡동에 살았었는데 돈을 모아서 학교 근처로 얼마 전 이사를 왔다. 지난번보다 깨끗한 환경을 가진 신축건물 원룸이었다. 그런데 현관문을 열자마자 방 전체에서 악취가 진동했다. 신축건물인데 어디 물이 새나 했는데 방바닥 가득하게 비닐봉지에 쌓인 덩어리가 즐비했다. 언제 먹다 남긴 것인지 뚜껑은 없고, 어떤 것은 국물 채로 담겨 창문 앞에 줄을 세우듯 있었다.

음식물이 악취의 원인이었다. 효빈이 담임이 늘 혼자 밥을 챙겨먹어야 하는 효빈이가 걱정되어 급식을 하고 남은 반찬을 비닐봉지에 매일 싸주었던 것이다. 냉장고는 어디 가고 방바닥에 음식물 덩어리들을 늘어놓았냐니까 고장이 나서 수리하는 사람이 들고 나갔다고 한다. 일주일 후에 냉장고가 다시 온다는 말을 들었다. 방 안에 가재도구는 거의 없었고, 노트북만 방 가운데 중심을 잡고 있었다. 그래서 싱크대 옆에 쌀 포대를 세워주고 왔다.

학교로 돌아와서 바로 효빈이 담임에게 가정방문에서 발견한 상황에 대해 논의하고, 급식 싸주는 것을 중지하기로 했다. 냉장고에 보관할 수 없는 상황에서 상한 음식을 먹는 것이 더 위험하다고 판단했기 때문이다. 가정방문을 나가지 않았다면 아이가 상한음식을 집어 먹고 있는 것도 몰랐을 것이고, 밥 없이 반찬만 먹고 있는 것도 몰랐을 것이다.

그런데 어미는 뭐하는 사람인가? 학교에서 전화를 하면 밤 교대해야 해서 자느라 전화를 안 받고, 밤에는 공장 기계가 시끄럽다고 전화를 안 받았다. 집에서 그 정도 악취가 나면 어머니라는 사람이 아이가 학교에서 돌아오기 전에 치울 법도 한데 말이다. 전화가 연결되면 "괜찮아요. 괜찮아요."만 되풀이 한다.

이반과 바짐은 고려인이다. 어머니는 공단에서 일하고, 이혼한 아버지는 이반과 바짐이 사는 집의 근거리에 있는 고시원에서 생활을 한다. 이반이 많이 아파서 장기결석중이라 쌀도 배달하고, 건강도 확인할 겸사 겸사로 이반과 친한 아이와 함께 갔다. 아직도 열과 기침이 심한 이반이 문을 열었다. 반가운지 씩 웃는다. 이반의 매력은 사람을 반기는 미소다.

방문을 열고 들어갔는데 반지하 동서남북 4면 중에 3면이 새까만 곰팡이로 뒤덮여 있었다. 곰팡이들이 내뿜는 포자들이 내 눈 앞에서 날

아다니는 착각을 일으켰다. 이반이 날씨만 추워지면 폐병환자처럼 기침을 하는 이유를 알 수 있었다. 게다가 바짐이 하루 종일 담배를 피워서 집 전체가 담배 냄새에 쩔어 있었다. 바짐은 R학교도 드문드문 가고, 집에서 10시간씩 컴퓨터 게임만 하다가 죄 없는 자기만 때린다고 이반이 몰래 알려줬다.

학교에 돌아와서 M방송사에서 방송했었던 〈러브 하우스〉처럼 집을 고쳐줄 수 있는 기부자가 있는지를 찾았다. 그런데 환경이 열악한 지역의 집을 고쳐주면 일주일을 못 넘기고 집에서 쫓겨난다는 사정을 먼저 듣게 되었다. 집을 고쳐주게 되면 집주인들이 고쳐진 집에 고가의 전세나 월세를 놓는 바람에 집을 고쳐주는 것 자체가 가난한 사람들이 살고 있는 기반을 흔드는 것과 같다는 것이다. 허탈해졌다. 결국 이반 어머니와 심각하게 상담하고, 다음 계약할 집은 반지하가 아닌 집, 햇볕이 잘 드는 집, 그리고 동거남과 아이들이 분리해서 생활할 수 있는 방이 있는 집으로 이사를 하겠다고 다짐을 받았다.

쌀 배달을 이유로 가정방문을 갔기 때문에 학교에서 아이들이 하는 말만 가지고는 절대로 알 수 없는 사실들을 한꺼번에 알 수 있었다. 다문화가정 자녀를 담임하게 되면 꼭 가정방문을 다녀올 것을 권하고 싶다. 아무 문제가 없다고 생각하는 아이들이 온통 문제투성이인 곳에서 간신히 숨을 쉬며 살고 있다.

가정방문할 때의 유의점

다문화가정 학생들의 가정 상황을 파악하려고 한때 경기도교육청에서 선생님들에게 다문화가정방문상담비를 지급한 적이 있다. 꼭 이런 예산이 아니어도 문제 파악을 위해서 가정방문이 필요한 학생의 가정방문을 간다면 말릴 교장선생님과 교감선생님은 없으실 거다. 그러나 다문화가정 방문을 가고자 해도 대부분 다문화가정 부모님들이 거절한다. 결혼이주여성인 어머니가 한국어가 수월치 않다고 판단해서 아버지가 미리 거절하시는 경우도 있지만 혹시 가정의 속사정이 알려질까 염려하는 부분도 있어서 담임교사를 집에 못 오게 하는 경우가 더 많았다. 내 경우 다행히 쌀이나 교복, 책 등의 교육 기부가 있어서 이를 핑계로 자연스럽게 방문할 기회를 만들 수 있었다. 그렇게 해서라도 가정방문을 하게 되면 다음과 같은 사항들을 고려하여 파악하는 게 좋다.

- 다문화가정 학생의 가정환경과 생활안전을 살펴본다.
- 다문화가정 학생의 부모와의 관계와 양육유형을 살펴본다.
- 다문화가정 학생의 학습환경을 점검하고, 학습스타일(style)을 파악한다.
- 다문화가정 학생의 적성탐색을 위해 포상을 받을 것들에 대해서도 대화한다.
- 다문화가정 학생이 함께 생활하는 사람들의 관계형성과 동거인들의 국내 체류관계를 자세히 파악하고 기록해 둔다.
- 다문화가정 학생의 학교 밖 또래관계를 관찰한다.
- 다문화가정의 학부모와 상담할 때 혹시 가정폭력이 있는지 주의 깊게 관찰한다.
- 다문화가정의 친척이나 주변인 중에 학생의 성장에 롤모델이 될 수 있는 사람이 있는지를 파악한다.

- 다문화가정 부모의 모국 생활과 한국 생활에 관한 이야기를 듣고 가정 내 희노애락(喜怒哀樂)을 기록한다.
- 다문화가정 부모나 자녀가 차별에 의한 피해의식이나 사회의존도, 삶에 대한 자립의식 정도 등을 관찰한다.

학생 상담에 경험이 많으신 선생님들은 위에 제시한 것보다 더 많은 내용을 가정방문을 통해 발견하실 것이다. 주로 학생에 대해서 먼저 파악해야겠지만 이주문화를 배경으로 하는 다문화가정이 일반가정에 비하여 특수한 상황이 있을 가능성이 높다. 그러므로 학생과 더불어 부모의 상황을 함께 파악하는 것이 중요하다.

가정폭력이 발견되면?

가정방문을 갔는데 문을 열어주는 솔이 어머니의 눈 주위가 유독 퍼랬다. 다문화가정인 은우는 아버지를 유독 싫어했다. 남미에서 이혼 후 은우와 형은 아버지를 따라 한국에 왔다. 그렇게 아버지와 같이 살다가 어머니가 한국에 오자 우여곡절 끝에 어머니, 형 그리고 은우가 함께 살게 되었다. 은우 아버지는 중국인 동거녀와 동거녀의 딸을 데리고 인근에서 살고 있었다.

은우 설명으로는 이혼한 아버지가 삼 일 전에 와서 어머니를 때렸다는데 이유가 가관이었다. 은우 어머니가 두 아들을 양육하다보니 시어머니가 자주 다녀가셨다 한다. 시어머니가 눈에 넣어도 아프지 않을 손자들을 위해 시골에서 농사를 지은 쌀, 콩, 배추 등의 먹거리를 대주고 있다고 한다. 아버지와 동거하는 동거녀가 그것이 못마땅했는지, 그래서 뭐라고 했는지 아버지가 다짜고짜 와서 어머니를 때리면서 애들 내놓고 다시 남미로 가라 했단다. 결국 아이들은 어머니와 다시 이사를 갔다. 시어머니가 모르는 곳으로.

교복 때문에 상담을 하려고 수영이 집에 가정방문을 했다. 7평 남짓한 원룸에 새아버지, 어머니, 한 살짜리 동생과 이번에 중학교에 가는 수영이가 함께 산다. 한족인 수영이는 재작년에 한국에 왔다. 어머니가 한국에 돈 벌러 온 사이 기숙학교에서 생활하다가 어머니가 불러서 한국에 왔다. 수영이 말이 요즘 어머니와 아버지가 이혼을 한다고 매일 싸운다고 했다. 고성이 오가다보니 한 살짜리 동생은 수영이가 품에 안고 귀를 막아주지만 지난번처럼 겁나는 일이 생길까봐 오들오들 떨었단다.

그 지난번 일이란, 아버지가 술만 먹으면 어머니에게 싸움을 거는데 하루는 어머니가 만삭일 때 술을 먹고 들어와서 따지기 시작했다고 한다. 그때는 한국말을 잘 몰라서 무슨 내용인지 몰랐지만 자꾸 수영이를 보며 손가락질을 하니, 자기 때문이라는 생각을 했단다. 어머니도 소리를 지르며 한참 싸웠고, 화가 난 아버지가 주방 쪽에서 수영이와 어머니를 향해 전자렌지를 집어 던졌다. 이어서 식칼이 날아왔는데 너무 무서워서 신발도 못 신고, 어머니와 도망을 나왔다. 저녁이라 날씨도 추운데, 지갑이랑 핸드폰을 못 가지고 나와서 연락도 할 수 없었다고 했다. 어두운 담 밑에 만삭인 어머니와 쭈그리고 앉아서 밤새 울고, 밤새 떨다가 학교 갈 시간이 되어서야 집으로 들어왔다.

졸업을 얼마 앞두고 어머니와 아버지가 화해하고 잘 살기로 했다며 걱정하지 말라고 했다. 어머니가 갑자기 중국에서 수영이를 데리고 오면서 양육비 부담, 생활비 부담이 커져서 싸우기 시작한 듯했다. 그 후 수영 어머니가 임신을 하고, 생계비 부담이 더욱 커지자 아버지가 술을 마시는 횟수가 늘고 그래서 싸우는 횟수도 늘었단다. 그래도 그렇지! 사람을 향해 전자렌지와 칼을 던지는 과정이 정상은 아니지 않은가?

이런 일이 발생하면 당황한 선생님들이 빨리 당신 집으로 오라고 하는 경우도 있다. 학교로 오라고 할 수도 있다. 선생님은 선의(善意)로 당신 집이나 학교로 오라고 하지만 일부 학부모의 경우에는 학교에서 오라고 했으니 학교가 다 책임지라고 하는 경우도 있었다. 다문화가정에서 부부싸움이 있었는데 어머니가 선생님께 하소연을 했다고 한다. 선생님이 "왜 맞고 사느냐? 그 상황이면 나는 이혼하겠다"는 말씀을 하셔서 외국인 어머니와 중도입국학생이 가출을 했었다. '부부싸움은 칼로 물 베기'라고, 다시 합쳐지자 한국인 아버지가 학교에 쫓아와서 부부싸움에 개입한 선생님을 매우 곤혹스럽게 했었던 일화도 있다. 사실 이런 말을 하는 나도 어느 선까지 개입을 해야 할지 매번 고민한다.

다문화가정의 어머니들이 가정폭력에 시달린다는 이야기는 어제 오늘의 이야기가 아니다. 게다가 주로 어머니들이 모국에서 전배우자 사이에 출생한 자녀를 입국시키면서 군소리도 못하고, 남편의 욕설이나 폭행을 참으며 사는 경우도 늘어나는 듯하다. 다문화가정 어머니나 중도입국 자녀들이 생명의 위협을 느끼는 경우 자신을 보호할 수 있도록 경찰과 119에 신고하는 것도 미리 안내해야 한다. 한국인 아버지의 폭력을 피해서 어머니와 아이들이 집 밖으로 나와야 할 일이 생긴다면 반드시 공적으로 개입할 수 있는 곳, 안전을 확보할 수 있는 곳을 안내해 줘야 한다.

따라서 선생님들이 근무하는 지역 내에 '다문화가족 쉼터'가 있는지 찾아보자. 그리고 낮에 갈 수 있는 쉼터와 숙식이 가능한 쉼터를 안내하면 도움이 될 수 있다. 여의치 않으면 어머니는 '가정폭력 피해여성 쉼터', 자녀는 '청소년 쉼터'로 분리해서 안내해야 한다. 청소년 쉼터의 경우 숙식 제공도 가능하고, 9~18세까지 아이들이 머무를 수 있으나 기간제한이 있어서 임시방편이지만, 무엇보다도 아이의 안전을 확보할 수 있어서 좋다. 다문화상담 시 도움이 되는 전화번호는 아래를 참고하고, 청소년 쉼터와 다문화가족 지원센터의 번호는 부록을 참고하기 바란다.

기관명	전화번호	홈페이지
외국인 종합안내센터	1345	cafe.daum.net/mpc1345
이주여성긴급지원센터	1577-1366	www.seoul1366.or.kr
다문화가족지원센터 전국대표번호	1577-5432	
범죄신고	112	cyber112.police.go.kr
여성피해·학교폭력	117	www.safe182.go.kr
화재·구급·구조 신고	119	www.119.go.kr
보건복지콜센터	129	www.129.go.kr
대한법률구조공단	132	www.klac.or.kr
응급질병상담·병원안내	1339	
국민건강보험상담	1577-1000	www.nhic.or.kr
한국성폭력상담소	02-338-5801~2	www.sisters.or.kr
한국가정법률상담소	1644-7077	www.lawhome.or.kr
서울글로벌센터 One-stop 상담	02-2075-4537	global.seoul.go.kr

기관명		전화번호	홈페이지
푸른아우성		02-332-9978	www.aoosung.com
여성인력개발센터		02-318-5880	www.vocation.or.kr
실종아동전문기관		02-777-0182	www.missingchild.or.kr
중앙아동보호전문기관		129, 1577-1391	korea1391.org
중앙가정위탁지원센터		02-796-1406	www.fostercare.or.kr
해바라기아동센터		02-3274-1375	www.child1375.or.kr
한국아동청소년 심리상담센터		02-511-5080	www.kccp.kr
헬프콜 청소년전화		1388	www.1388.or.kr
서울시 청소년상담지원센터		02-2285-1318	www.teen1318.or.kr
청예단 학교폭력 SOS지원단		1588-9128	www.jikim.net
탁틴내일(성폭력, 인터넷 중독 등)		02-3141-6191	www.tacteen.net
한국여성 상담센터	대표전화	02-953-1704	
	가정폭력	02-953-2017	www.iffeminist.or.kr
	성폭력	02-953-1504	

02

역차별과 제노포비아

다문화가정의 자녀가 많이 분포한 지역에 있어서 다문화가정에 대한 지역사회 지원과 학교 지원이 많은 학교에 근무를 하다 보니 생각보다 많이 역차별에 대한 불만이나 제노포비아(외국인 혐오증)를 접하게 된다. 한국인들이 느끼는 역차별 감정이나 제노포비아가 아무 일도 없는데 그냥 발생하는 것은 아니다. 내가 교실 안에서 고민했던 일들이 제주도에서, 전주에서, 부산에서 비슷한 양상으로 보고되기 시작했다.

"나는 세금 내고 학교 다녀!"

한국어 수업에 열중하느라 똑똑똑 교실 앞문을 두드리는 소리도 못 들었다. 낯익은 3학년 창선이가 문을 열고 들어왔다. 평소 신이치와 비노빈과 친하게 지내던 녀석이었지만 수업시간에 웬일인가 싶었다.

교실에서 특별한 행사를 하나 싶어서 신이치를 얼른 나오라고 했다.

문 앞에 서있던 창선이가 나를 향해 소리쳤다.

"선생님, 애네들은 세금내고 학교 다녀요? 우리 아빠가 그러는데 나는 세금 내고 학교 다닌대요."

창선이는 신이치나 비노빈이 A업체에서 다문화가정 캠프를 한다고 초대를 받은 것에 심통이 나 있었다. 자기가 보니, 다문화가정인 신이치와 비노빈은 3년째 재미있는 곳, 신나는 곳, 비싼 곳을 모두 무료로 다니더란다. 주중에도, 주말에도, 방학에도 가족과 함께 다닐 수 있는 다문화가정이 너무 부러웠다는데 할 말을 잃었다. 세금 내고 학교 다니는 자기는 아무도 초대하지 않으니 뭔가 불공평하고 억울했단다.

실제로 그랬다. 창선이와 같은 억울함은 다문화가정 아이들이 다니는 학교의 일반가정 아이들과 학부모들이 공통적으로 느끼는 역차별 감정이다. 온정적인 다문화 정책으로 쏠려가면서 정부와 기업체의 무분별한 무료정책이 오히려 이웃과 또래관계를 단절시키는 역작용을 낳고 있었다. 다문화가정을 대상으로 하는 무료행사가 많다보니 일반가정의 아이가 그러더란다. "엄마를 다문화로 바꿔 주세요."

그래서 역차별로 불만을 표출하는 아이들을 대상으로 상담을 실시했다. 다문화가정의 아이들이 어려서 경험할 수 있는 기회가 없어서 기회를 제공하는 것이고, 경험을 통하여 성장하기 바라는 것임을 쉬운 예를 들어 설명했다. 설명을 듣는 동안 아이들의 얼굴은 불편한 심기로 굳어 있었다. 동의할 수 없다는 표정이었다. 적어도 학교 프로그램만은 다음 체험부터 다문화가정과 일반가정 학생이 함께 경험하도록 조정하겠다는 약속을 받고서야 아이들의 얼굴이 환해졌다.

안산은 공단지역이라서 일부러 근로자의 날에 운동회를 한다. 평소 학교행사에 참석하기 어려운 학부모들이 많이 참석할 수 있어서 5월의 첫 날은 정말 가정의 달이 된다. 운동회 날 점심시간에 한 학부모가 내게 물었다. 선생님은 외국아이들을 가르치니 의견이 궁금하다 했다. 한국사람은 공장에서 수십 년 일하고, 자기 월급에서 수십 년 동안 연금으로 받을 돈을 납부한다고 했다. 그런데 중국에서 들어오는 조선족들이 다 늙어서 한국 국적 취득하고, 바로 연금 받는 것에 대해 어떻게 생각하느냐는 질문이었다.

아이들만 역차별을 느끼는 것이 아니다. 아이들이나 학부모들이나 그들이 제시하는 역차별의 감정은 점점 골이 깊어지고 있다. 이런 감정들이 더 일반화되기 전에, 역차별을 해소할 수 있는 방향으로 정부의 정책이나 지원이 전환되었으면 한다.

사기 결혼의 어떤 일화

안산에 작은 아파트와 차도 있고, 연금을 받는 50대 후반의 남성이 늘그막에 친구처럼 등이나 긁으며 여생을 보내려고 40대 초반의 중국동포와 국제결혼을 했다. 그 남자는 고엽제로 치료를 받느라 결혼을 못했단 이야기가 있었다. 남성은 초혼이었고 여성도 초혼이라 했다. 결혼해서 3년을 같이 살았는데 아내가 국적이 한국으로 전환되자마자 중국에서 낳은 딸이 있고, 남편과는 사별했다고 고백을 했다. 한국인 남편은 슬하에 자식도 없던 터라 아내의 딸 신란을 데리고 와서 자신의 호적에 올렸고, 세 명의 가족생활이 시작되었다.

남편은 신란의 한국생활, 학교생활 적응에 적극적이었다. 신란이 준비물을 빠뜨리고 오면 자전거를 타고 달려와 챙겨주고 갔고, 신란의 생일에는 한국 친구들에게 신란을 잘 부탁한다며 케이크와 빵을 돌리는 등 지극정성이었다. 그러나 양아버지의 노력에 비해 신란의 학교생활 적응이 원만하지는 않았다.

어느 날 아침, 신란이 학교에 와서 아버지가 죽었다고 펑펑 울었다. 너무 갑작스러운 비보에 당황스러워서 아이에게 빨리 장례식장에 가자고 했다. 그러자 신란이 울다가 멈추고 말했다. 아침에 중국에 사는 고모에게서 신란의 친아버지가 죽었다는 전화가 왔다고 했다. 친아버지가 지병도 있었지만 멀쩡히 키우고 있던 신란을 신란의 어머니가 한국으로 데려간 후 돌려보내지 않자 그제서야 신란의 어머니가 중국에서 이혼도 안 했는데 한국에서 재혼을 했고, 아이도 한국 남자의 호적에 오른 것을 알았던 것이다. 그래서 친아버지가 화병으로 죽은 것이다. 그렇다면 신란의 양아버지도 속고 있는 것이 아닌가? 신란의 양아버지에게 이 사실을 이야기해야 하나? 신란은 절대로 비밀로 해달라고 했다.

얼마 지나지 않아서 신란의 양아버지가 학교에 왔다. 집, 차, 은행계좌가 모두 가압류가 걸려서 소송을 해야 한다며 그간의 이야기를 했다. 양아버지 말로는 결혼 초기부터 3년 동안 신란의 어머니가 국적이 전환되면 응해준다며 성관계를 거부했다고 했다. 국적이 전환되자 딸아이를 데려와 호적에 올려주면 성관계를 해주겠다고 했단다. 자기가 성관계 때문에 결혼한 것은 아니지만 늘 조건이 많은 아내에게 섭섭했다고 한다. 결국 아이 교육문제로 크게 싸우고 신란과 신란의 어머니가 집을 나간 얼마 후 가압류와 이혼소송을 통지받았다고 했다.
 이 가정은 외적인 것만 보면 신란의 어머니가 공장에 다니면서 가족의 생계를 담당하는 것처럼 보이지만 실제로는 그렇지 않았다. 신란이 자기 집 이야기를 하는 걸 들어보면 어머니가 버는 돈은 모두 중국으로 보내고, 양아버지가 집안 살림도 하고 생활비를 댄다고 했었다. 신란의 어머니가 이혼을 통지하면서 양육비까지 요구했다는데 기가 막힐 노릇이었다. 그대로 있으면 한국인 양아버지에게 너무 불리한 상태였다. 맞소송이 진행됐고, 경찰의 힘을 빌렸다. 결국 신란의 어머니가 신란을 데리고 중국으로 급하게 돌아가는 것으로 사건이 마무리되었다.

신중해야 할 재혼

 세 살과 네 살짜리 어린 두 딸이 있는 아버지가 두 딸을 잘 키워보려고 몽골 여성과 재혼을 했다. 일 년이 지나서 두 사람 사이에 딸을 낳게 되었고, 아내가 몽골에 두고 온 아들이 하나 있다고 했다. 한국인 아버지 입장에서는 딸이 셋이나 있는 입장에서 하나를 더 낳는 것은 부담스럽고, 아들이라 하니 데려다 호적에 올리고 제사를 모시게 할 생각이었다. 몽골에서 아이가 왔다. 건강하고 똘똘한 으뜸토야라는 아이였다. 으뜸토야는 한국어를 한 마디도 못해도 명랑하고 붙임성이 있어서 늘 친구가 많았다.
 으뜸토야가 한국에 오고 일 년 후 어머니가 말씀하셨다. 으뜸토야에게 누나가 있다고. 그래서 으뜸토야의 누나도 한국에 왔다. 반년이 지나고 어머니가 또 말씀하셨다. 그 누나의 오빠도 있다고. 결국 으뜸토야의 형도 한국에 왔다.

그래서 반지하에서 으뜸토야네 식구 여덟 명이 생활을 하게 됐다. 얼마 있어 어머니의 반란이 있었다. 어머니가 데리고 온 자식들은 모두 자기가 알아서 챙겨먹고, 알아서 학교 가고, 알아서 빨래까지 하는데 아버지의 핏줄들은 뭐하나 스스로 하는 것이 없다고, 이 좁은 집에서 모두 함께 살아야 하느냐를 두고 옥신각신이었다 한다. 결국 아버지가 원래 데리고 있던 두 딸을 친할머니가 있는 목포로 내려 보냈다. 그 이후 가끔 동네 대형마트에서 네 아이만 데리고 쇼핑하는 으뜸토야의 어머니를 본다. 마음이 씁쓸했다.

콩쥐팥쥐와 신데렐라 동화를 주제로 수업을 할 때였다. 으뜸토야가 뜬금없이 우리 어머니가 나쁜 사람이냐고 물었다. "그래" 하고 대답하고 싶었지만, 아이가 나에게 어머니에 대해 묻는다는 것은 본인이 이미 느끼고 있다는 의미인데 내가 뭘 더하랴!

"네가 커서 동생들에게 잘하면 괜찮아."

수업 후 아이를 따로 불러 심각하지 않게 말해줬다. 그러나 그 후로도 몇 주간 으뜸토야의 눈동자는 흔들렸다.

교사들은 안티 다문화가 되지 말아야

지금까지 한 이야기들은 이제야 사회적으로 다문화가 무엇인지 관심을 갖게 되고 다문화가정 학생을 돌아보게 된 사람들이 생겼는데, 찬물을 끼얹을까 우려되어 안티 다문화 성향인 사람들이 모이는 자리에서는 꺼내지 않는 부분들이다. 지금도 혹시 책을 읽으며 많은 선생님들이 다문화가정의 어머니를 비난할까 걱정이다. 그러나 다문화가정을 비난하라고 내가 겪었던 교실 속 이야기를 하는 것이 아니다.

외국인근로자 자녀 특별학급을 가르치다 보니 1년에 학급정원 15명 중에서 3명 정도가 부모의 의도적인 사기결혼이었다. 외국인 아버지가 동거인으로 살면서 가정문제를 만드는 경우도 있고, 외국인 어머니가 재혼을 하면서 발생하는 문제도 있었다. 가정문제가 학교문제로 이어져서 곤욕을 치른 선생님들은 안티 다문화 성향으로 돌아섰다. 다문화가정이 거의 없는 지역에서 근무를 하다 다문화가정이 밀집한 지역으로 옮긴 선생님들도 다문화가정만을 향한 역차별적 지원에 인상을 찌푸리며 역차별을 제기하는 아이들과 같은 편으로 돌아섰다.

이쪽 일이 그렇다. 다문화 분야에서 열심히 일했던 NGO(비정부기구 활동가)들도 5년 이상 일하면 회의를 느끼고, 한 10년이면 뒤도 돌아보지 않고 떠나서 안티 다문화가 된다는 농담을 주고받을 정도다. 정책과 구조에 문제가 있어서 일부 몰지각한 다문화 현상이 지속적으로 양산하기 때문에 다문화의 바다에 빠져 일하다보면 일반인과 다른 편견이 커짐도 느낀다.

중국여행을 가서 너무 이윤을 쫓는 중국동포의 상술에 여행을 망치고 온 사람들도 안티 다문화에 동조한다. 사기결혼을 당한 한국인 남자의 집안사람들은 모두 안티 다문화 성향이 안 될 수 없다. 늘 무료로 지원받는 다문화가정을 보며 일반가정의 아이와 부모가 역차별 감정을 갖는 것은 당연한 결과다. 국내에서 외국인들이 저지르는 방자한 횡포와 엽기적인 사건들을 접하면 모두 제노포비아가 될 수밖에 없다. 다 이해가 되는 상황이다.

내가 가르친 아이들은 다문화의 최전선에 세워진 아이들이었다. 재혼과 중도입국 상황을 달고 온 아이들이 대부분이었다. 부모가 의도적이든 아니든 다문화가정에서의 재혼가정 아이들이나 중도입국 아이들은 다문화로 새로 형성된 가족관계에 적응하느라고 힘들고, 가정이 다시 깨질 것 같은 위태위태한 상황에 얼음판을 걷듯 매일이 불안한 아이들이었다. 그 아이들은 걱정한다. 지금도 행복하지 않은데 더 큰 불행이 오면 어떻게 하나 하고. 아이들이 언제 이혼하라고 하고, 언제 또 재혼하라고 했는가? 부모가 재혼, 삼혼, 사혼, 그리고 동거인들을 거치면 아이들은 부모의 역할도 배우지 못하고, 부모의 희생도 우습고, 부모가 고마운 존재임을 인정하고 싶어 하지 않게 된다.

우리가 알아야 할 것은 부모들이 만들어낸 이런 상황에서 유리 깨지듯 산산이 깨지고 있는 아이들의 마음이다. 다른 가정보다 가슴 아프게 자라고 있는 아이들 때문에 선생님들이 안티 다문화 성향이 되어서는 안 된다. 교사인 우리가 안티 다문화의 입장에서 다문화 아이들을 밉게, 귀찮게 바라보기 시작하면 다문화가정 아이들은 자라서 대한민국의 지혜롭고 건강한 구성원이 되기 어려울 것이다. 그래서 우리는 다문화가 가야할 방향을 냉철하게 분석하고 실천해야 하지만, 안티 다문화인이 되지는 말아야 한다.

| 03

대한민국은 언제 어디서나 인종차별

    우리 반에는 부모님이 모두 네팔 사람인 쏘레라는 학생이 있다. 건강하게 햇볕에 그을린 까무잡잡한 피부를 가진 국어책을 한국학생보다 더 실감나게 잘 읽는 아이다. 아이가 1~2학년 때 피부색 때문에 '깜둥이'라는 놀림과 따돌림이 있었다고 말했다.
    점심시간이 끝나고 5교시 영어수업을 하려고 영어실로 아이들이 이동했다. 영어 교과서에 실린 까무잡잡한 아프리카계 소녀의 사진을 보고, 학급 아이들이 "깜둥이 쏘레다"라고 소리치고 놀렸다. 영어실에 가려다 말고 혼자 교실로 돌아와서 쏘레가 엉엉 울었다.

    나는 남의 피부색깔을 갖고 놀리는 사람이 싫다. 왜냐하면 내가 당해보고 겪은 일이기 때문이다. 그리고 내가 네팔에 있을 때, 애들이 다른 애를 놀릴 때 별로 관심이 없었는데 한국에 오니까 알게 되었다. 그 아이가 얼마나 외로웠는지!

 난 3학년부터는 친구들한테 놀림을 받지 않았다. 하지만 애들이 교과서에 나처럼 똑같이 생긴 애가 나오면 이렇게 말한다. "야, 너랑 똑같은 애다", "야, 쏘레가 나왔다" 애들은 그렇게 많이 안 놀리지만, 짝꿍 준수가 그렇게 놀린다. "야! 부르지 마라"라고 말해도 계속 영어시간이 되면 말한다.

 2학년에서 3학년이 되었을 때 모르는 남자애들이 많아서 짝꿍을 뽑을 때 2학년 때 아는 사람이 나오길 바랬다. 준수였다. 난 다행이라고 생각했다. 바로 2학년 때부터 아는 남자아이기 때문이었다. 계속 있다 보니 짝꿍인 게 싫다. 고집쟁이고, 말 한 마디만 해도 "야" 하고 다른 애들이랑 똑같이 때린다. 그래도 난 참았다. 하지만 교과서를 펼 때마다 나 같은 얼굴이라고 "쏘레다"라고 말한다. 나는 그게 제일 속상했다.

 나는 오늘이 좋았다. 바로 친구들이 정한 규칙이 마음에 들었기 때문이다.

① 욕하지 않기
② 나쁜 별명 부르지 않기
③ 밀거나 뛰지 않기
④ 싸우지 않기
⑤ 피부색이나 생김새 때문에 놀리지 않기
⑥ 친구 따돌리지 않기
⑦ 협박하지 않기
⑧ 위험한 물건 던지지 않기

> 그 중에 난 ⑤번이 제일 좋았다. 교과서에 똑같은 얼굴이 나와도 놀리지 말고, 피부색깔로 놀리지 말아야 한다.
>
> — 2012년 3월 26일 쏘레

쏘레의 고민이 깊어서 그냥 있을 수가 없었다. 그래서 학급아이들에게 10여 년 전에 중학교 스카우트 대원들을 인솔해서 국제캠프에 갔을 때 개최지에서 인종차별 당했던 일들을 하나씩 이야기해 주었다. '바나나' 또는 '마늘냄새 난다'고 놀림 받던 말들과 동양인이라서 차별당했던 경험을 이야기해 주었다. 우리도 다른 나라에 가면 차별 받을 수 있는 피부색이라는 사실에 학급 아이들이 깜짝 놀라는 눈치였다.

"다른 나라에 가면 우리도 외국인이다. 우리가 원치 않지만 차별당하고 놀림 받을 수 있다. 놀림당하는 상대방의 입장이 되어 생각해보자"라고 알려줬다. 그리고 한국어는 '백성을 가르치는 바른 소리'인데 "친구 가슴에 상처를 주는 못된 말들은 사전에 글자로만 모셔두자!"라는 등, 이참에 일반학생들의 언어습관까지 지도하려고 노력했다. 하는 김에 아이들 스스로 지켰으면 하는 학급 규칙도 정하도록 했다. 아이들이 정한 규칙이 모두 행동을 규제하는 부정적 어휘이기에 '욕하지 않기' 대신에 '고운 말 사용하기'로 바꾸자고 제안했다. 그랬더니 아이들이 그렇게 바꾸면 자기들이 지켜야 할 것을 정확하게 모른다고 '~지 않기' 규칙을 주장했다. 아이들의 뜻을 존중해서 원안대로 정하고, 실천하기로 약속했다.

그렇게 한 후 1학기 이후로 아이들이 '깜둥이'와 같은 비어를 선생님인 내 앞에서는 드러내놓고 사용하지는 않았다. 저희들끼리 무심코 깜둥이라고 하고 "아차" 입을 막는다는 이야기를 들으며 더딘 변화지만 변하고 있는 아이들이 예뻤다. 그런데 학교 밖을 나가면 아직도 많은 사람들이 너무 쉽게 인종차별적인 말을 사용하기 때문에 같이 따라서 사용하게 된다고 한다. 자주 느끼는 것이지만 일반 한국학생들을 위한 다문화교육, 언어순화교육도 필요하지만 성인, 즉 시민을 위한 다문화교육이 참 시급하다고 생각한다. 어른들이 제대로 해야 어린 학생들이 제대로 보고 자라지 않겠는가?

다문화가정의 어머니들은 자녀가 집밖에서 놀림을 당하는 것을 알고도 자기가 도와줄 수 없다고 체념하는 경우가 많았다. 어떤 부모님은 "놀림 받아도 더 굳세게 자라겠지" 하고 아이가 혼자 해결하게 놔두는 일도 있었다. 다문화가정의 아버지가 너무 흥분하셔서 놀림 받은 자녀에게 "다 죽여버려!" 하고 복도가 떠나가라 소리를 지른 일도 있었다.

다문화가정 부모님들은 학급 내에서 인종차별적 언어나 행위가 벌어진다면 반드시 담임선생님이 알 수 있게 상담을 요청해야 한다. 학교폭력이라는 것이 때리고 싸우는 것만이 아니라 '상대방이 수치심을 느끼게 하는 언어폭력'도 학교폭력이다. 다문화가정 학생이 언어폭력에 상처받으며 성장하지 않도록 다문화가정 부모님도 적극적으로 대처해야 하고, 담임선생님도 학생 모두의 바른 성장을 위해 적극적으로 노력했으면 한다.

까매서 고달픈 한국

　원일초등학교에서는 해마다 다문화가정 학생과 일반학생이 함께 할 수 있는 행사를 6월 5일부터 6일까지 했다. 그날이 되면 청소년단체 대원들이나 다문화가정 아이들이 모두 의형제들과 짝을 이루어 뒤뜰 야영을 하곤 했다. 대체적으로 1박 2일 체험을 하고 6월 6일 현충일 정오에 해산이 계획이지만 부룽카는 집에 일찍 가야 해서 6시 저녁식사만 마치고, 귀가하는 길이었다.

　나는 뒤뜰야영 저녁식사 마무리활동을 하느라 바빴다. 그런데 학교 주변에서 사는 아이들이 헐레벌떡 나를 찾아왔다. 아이들이 부룽카가 버스정류장에서 이상한 형들에게 맞고 있다고 알려줬기에 황급히 뛰어 나갔다.

　부룽카가 버스정류장에서 맞고 있었다. 사람들이 몰려오는 소리를 들었는지 중학생처럼 보이는 남자 아이 세 명이 순식간에 도망갔다. 부룽카가 눈물과 콧물이 범벅이 되어 울었다. 부룽카에게 아는 녀석들인지, 때린 이유가 뭔지 물었다. 부룽카 말이 형들이 까맣다고 때리기 시작했다고 한다. 어처구니가 없었다. 아이를 진정시켜서 귀가시키고, 주변을 돌았지만 중학생 아이들을 잡을 수 없었다. 까맣다는 것이 때릴 이유가 되는 일부 한국아이들의 잘못된 인성을 어찌해야 할까?

　아프리카 난민인 부룽카는 내가 가르친 아이들 중에서 가장 까만 아이였었다. 특별학급 아이들끼리 술래잡기를 하다가 부룽카가 내 책상 밑에 숨곤 했었다. 정말 너무 까매서 나는 부룽카가 숨은 줄도 모르고 앉다가 물컹한 질감에 화들짝 놀라 엉덩방아를 찧었다. 그 모양새가 재미있었는지 늘 책상 밑은 부룽카 차지였다.

부룽카 주변엔 가슴 철렁하는 일이 매번 벌어졌다. 1학년 때는 전체 체육을 하는데 부룽카가 엉덩이를 내놓고, 친구들을 향해 아프리카 춤을 춰서 일대 난리가 났었다. 처음엔 일본만화인 짱구를 흉내낸 것인가 하여 대수롭지 않게 넘길 뻔 했었다. 그런데 민족모임에서 그렇게 하고 놀았다길래 '소중한 나의 몸'에 대해서 가르쳤다.

2학년 때는 몽골 아이들과 일반 한국아이들이 방과 후 놀이터에서 놀다가 부룽카를 화장실로 데리고 가서 속옷을 벗긴 일이 있었다. 아이들은 부룽카가 성기까지 까만지 궁금해서 호기심에 속옷을 내리게 했다지만 이런 일은 집단성추행으로 비화될 수 있는 일이라 절로 한숨이 나왔다. 자기들 것도 같이 보여주었고, 부룽카 것을 보려고 한 것이 잘못이냐 해서 아이들 모두에게 성교육을 다시 시켰다. 제발 한국사회가 색깔에 무덤덤한 사회였으면 좋겠다.

하얀 피부가 소원

학급에서 '크리스마스 소원 쓰기'를 했었다. 산타 할아버지의 존재를 믿지 않는 아이들도 크리스마스 선물은 모두 받고 싶어서 정성껏 소원카드를 썼다. 다른 학생들은 '닌텐도 주세요, 새 컴퓨터 주세요, 돈을 주세요' 등등을 썼는데 어머니가 인도네시아인인 유신이는 '저는 피부가 하얗게 되게 해 주세요'라고 썼다.

학부모총회 날 1학년과 2학년 때 학급에서 따돌림이 있었다는 유신이 아버지의 고민을 들었던 터라 3학년 때는 잘 어울리게 하려고 신경을 썼다. 상담을 해보니 유신이는 피부색이 따돌림의 원인이라고 생각하고 있었다. 그러나 2학년 때 유신이를 따돌렸다는 아이들은 유신이가 영화 오디션을 본다고 학교에 자주 오지 않아서 자연스럽게 같이 안 놀게 되었다고 말했다.

초등학교 3학년 정도의 친구관계는 선생님이 조정하기 나름이어서 쉽게 해결되었다. 그렇지만 다문화가정 아이인 유신이가 자기 스스로 갖는 '모든 원인이 피부색 때문'이라는 생각은 뿌리가 너무 깊어서 접근하기 어려웠다. 1년 동안 기회가 될 때마다 '건강해 보이는 참 예쁜 피부다'라고 하고, 피부색에 자신감을 갖도록 부단히 노력했어도 유신이의 속마음은 달랐나 보다. 유신이의 크리스마스 소원은 피부가 하얗게 되는 것이니 말이다.

하얘도 피곤한 한국

특별학급에 백설공주처럼 하얀 피부의 아이들도 있었다. 러시아에서 온 드미트리라는 아이였는데 정서가 매우 불안했었다. 고학년이 되면서 지각이 잦아지기에 잔소리를 좀 했다. 아이가 볼멘소리로 툴툴거렸다. 집에서 학교까지 등교하려면 두 개의 중학교를 거쳐서 와야 하는데, 중학교 누나들이 금발에 파란 눈동자라고 자꾸 불러 세운단다. 가끔은 서너 명이 떼로 몰려와서 얼굴로 만지고, 머리카락도 잡아당기고, 왕자님이라며 핸드폰으로 사진을 찍어대거나 말을 시켜서 등교가 늦어졌다고 자기도 피곤하다고 했다.

드미트리의 말을 듣고, 드미트리에게 초면인 사람들의 행동을 되새겨 보았다. 체험학습을 데리고 나가면 첫째, 사람들은 드미트리의 하얀 피부를 보고 영어로 의사소통을 시도했다. 둘째, 버스나 전철에서 드미트리가 아무 말도 안하고 있어도 매우 우호적으로 계속 대화를 시도하고, 옆에 앉으려고 했다. 셋째, 드미트리가 영어를 못한다고 실망했다가 금발머리와 파란 눈에 호기심을 보이며 사진을 같이 찍자고 제안했다.

학교에 멘토링을 하러 오는 멘토들도 피부가 까만 아이보다는 하얀 아이들에게 우호적이었고, 학급 친구들도 그랬다. 외부에서 견학 오는 사람들도 관심을 보이기는 마찬가지였다. 아, 한국사람들은 까만 것만 차별하는 것이 아니라 하얀 것도 차별하는구나! 백인이면 영어를 잘 할 것이고, 잘 사는 나라에서 왔을 거라는 편견을 갖고 과하게 친절을 베푼다. 더 우호적으로 더 친절하게 대접하는 것도 차별이라는 것을 우리는 느끼지 못하고 있다. 드미트리는 입학에서 졸업까지 연예인처럼 하도 많은 플래시 세례를 받아서 사진 찍는 것을 수학문제 풀기보다 싫어했다. 피부가 하얘도 피곤하기는 마찬가지인 대한민국이다.

04

나는 누구인가요?

여러분은 여러분이 누구인지, 어떻게 성장해야 하는지를 고민한 기억이 있는가? 여러분은 몇 살쯤 철이 들어서 삶을 계획하고, 자신 있게 실천하기 시작했는지 생각이 나는가?

나는 돌이켜보면 내가 누구인가를 고민해 본 기억이 없고, 늘 잘 될 거라는 천하태평의 긍정적인 생각으로 오늘까지 이르렀다. 그러나 순탄하게 자란 나와는 반대로 내가 가르쳤던 국제결혼가정의 아이들은 매 순간마다 성장통을 심하게 겪었다.

다문화가정이란 타이틀이 생기기 10여 년 전 일이다. 교과서 왜곡 사건이 불거져서 매일 뉴스에 보도되자 학급아이들도 많이 흥분해 있었다. 어머니가 일본사람인 영규가 집에도 안 가고 계단 밑에 앉아서 대성통곡을 하고 있었다. 동네에서 함께 자란 친구들이 일본문화교실 수업을 할 때는 일본 과자도 맛있다, 일본 옷인 기모노도 예쁘다, 일본에 있는 외갓집에 가 본 적이 있느냐를 물으며 큰 관심을 보였단다. 그런데 요즘에는 "니네 엄마가 일본 사람이니까 엄마랑 너랑 일본으로 가라"고 아이들이 소릴 지른단다. 영규는 자신이 한 번도 한국사람이 아니라고 생각한 적이 없는데 말이다. 어머니는 어머니고, 영규는 영규인데 아이들은 영규도 일본 사람이라고 몰아쳤다. 잘 놀다가 그러니 더 억울했고, 학교 밖에서나 학교에서나 일본 사람이 밉다고 영규랑은 놀아주지 않는다고 했다.

시간이 흐르자 교과서 왜곡 사건이 냄비처럼 우리를 들끓게 했다가 금세 가라앉았다. 아이들도 영규를 심하게 놀리지는 않게 됐다. 영규도 나도 그 일로 영규가 누구인지, 왜 갑자기 따돌려졌는지 심각하게 고민했지만 상처를 준 아이들은 너무 쉽게 그 일을 잊었다. 그 후로 영규는 일본문화교실 수업에도 적극적이지 않았고, 어머니가 일본 사람인 것이 알려지는 것을 극도로 싫어했다. 유머가 있어서 재미있는 행동을 하다가도 일본과 관련된 어떤 것을 들으면 심하게 조용해지는 아이로 변했다.

우리 교실 현장에는 영규와 같은 고민을 가진 아이들이 많다. 대한민국이 인접국가와 외교적 문제가 발생할 때마다 어머니가 중국계, 일본계, 몽골계인 아이들이 비슷한 고민을 시작한다. 주로 학교 밖에서 놀림이나 따돌림이 시작되었다가 학교 안에서 심화되는데 담임선생님만 이유를 모르는 경우도 있다. 이주배경을 가진 아이들이 고민을 한다. 나는 어느 나라 사람인가? 선생님들도 고민을 해야 한다. 어느 나라 사람이라고 대답해 줘야 할까?

선생님 딸이 될래요

몽골에서 온 에덴이 학교생활을 한 지 1년 정도가 지나서 내게 물었다.

"어떻게 하면 선생님 딸이 될 수 있어요?"

처음에 이 질문을 받았을 때 적잖게 당황했었다. 몽골 아이가 왜 한국아이가 되고 싶은지 알 수 없었다.

에덴의 눈에는 한국사람들은 다 잘 사는 부자인 것 같고, 한국 어머니나 아버지들은 아이들에게 신경을 많이 쓰는 것처럼 보였다. 한국에는 맛있는 것도 많고, 한국에는 재미있는 것도 많다. 한국학교에서 공부를 하다 보니 한국학교는 다 잘 가르치는 것 같고, 시설도 좋은데 몽골 학교는 다 시설도 나쁘고 못 하는 것처럼 느껴졌단다. 몽골을 무시하기 시작했다. 부모도 마음에 들지 않기 시작했다. 만약에 선생님 딸이 되면 몽골로 돌아가지 않아도 모든 것을 누리며 살 수 있을 거라는 생각을 했다.

어떻게 하면 선생님 딸이 될 수 있는지 심심해서 물어본 말이 아니란다. 나는 교사로서 나름대로 한국문화 적응교육을 했는데 그게 어린 에덴에게는 자꾸 모국의 문화와 비교하게 만드는 계기가 되었던 것이다. 문화는 더 낫고, 더 덜한 순위가 없어야 하는데 다문화 초기에는 나의 전달능력이 많이 부족했었던 모양이다.

몽골 아이들을 대상으로 여러 차례 수업을 했다. 한국의 족두리, 관례(冠禮)를 올리지 않은 남자와 시집가지 않은 처녀가 머리를 땋는 몽골식 풍습에 대한 수업을 했다. 원나라에서 유행했던 고려양, 고려 떡, 고려 만두, 옷과 모자, 향낭 등 몽골과 고려가 문화를 주고받은 흔적에 대해서도 공부했다. 고려에 영향을 주고 그것이 유습으로 굳어진 몽골의 문화와 기황후의 나라인 고려의 문화가 양국 문화에 모두 영향을 주었음을 알려주고 싶었다.

에덴과도 여러 차례 상담을 했다.

"에덴의 부모는 에덴과 같이 있고 싶고, 에덴을 더 잘 교육시키고 싶어서 데려온 것이란다. 훌륭한 부모님이다. 조국이 있다는 것은 참으로 자랑스러운 일이고, 몽골은 역사 속에서 강한 나라였었단다. 전 세계 200여개 나라 중에 무시할 수 있는 나라는 없어요. 에덴은 몽골사람이라서 아름답고, 선생님은 한국사람이라서 아름답단다."

각자가 자신의 아름다움을 알고 서로 화합하며 살아가는 것 이것이 세상 어느 나라에 가서 살든 잊지 말아야 할 가장 중요한 태도라는 것이 내가 전달하고 싶은 메시지였다.

외국인근로자 자녀를 가르치면서 내 딸이 되고 싶어 했던 아이가 세 명이나 있었다. 그러나 아직 정체성이 형성되지 않은 어린이 눈에 문화를 비교하고, 자기 것을 버리고 싶어하는 마음이 생기는 것은 문화적응의 한 단계일 뿐이다.

학급에서 '크리스마스 소원 쓰기'를 했을 때 2013년 4월이면 네팔로 돌아가야 하는 아이가 쓴 내용이 '나는 완벽한 한국사람'이 되는 것이었다. 그 아이는 네팔로 가기 싫어했다. 4월이 되기 전에 완벽한 한국사람이 되어 네팔로 가지 않게 해달라는 것이 아이의 소원이다. 생각도 한국사람과 똑같이! 행동도 한국사람들처럼 빨리빨리! 그래서 아이는 한국아이들보다 한국말을 더 잘하려고 읽고 쓰고 말하는 연습을 열

네팔 아이가 완벽한 한국사람이 되고자 하는 것을 한국인 선생님은 기뻐해야 할까?

심히 했단다. 그런데 4월에 돌아가야 한다고 해서 굉장히 실망이란다.

　외국에서 온 아이들이 한국문화를 존중해주고, 좋아해 주는 것은 기분 좋은 일이다. 그러나 자신의 문화를 폄하하고, 부모를 무시하며 자신의 언어와 문화를 버리게 교육되는 것에는 반대한다. 외국 국적의 아이들이 외국인으로서의 정체성을 갖고 있을 때 그렇지 않은 아이들과 달리 부모와 더 좋은 관계가 유지되고, 더 적극적으로 생활하려는 모습을 보았기 때문이다. 한국 선생님의 딸이 되기보다는 몽골의 사랑스러운 딸, 중국의 자랑스러운 아들이 될 수 있도록 지도했으면 한다.

아이들은 명절이 더 외로워

　추석을 앞두고 각 기관이나 학교에서는 다문화가정 학생들과 학부모를 대상으로 하는 프로그램을 많이 계획한다. 설날은 방학기간 중이나 2월이라 여러 가지 프로그램을 할 정신적인 여유가 적다. 그래서 추석은 유독 다문화가정 학생들이 학교에서 함께 할 수 있는 프로그램이 여러 가지가 있다.

외국인 아이들이 한국에서 추석을 의미 있게 보내게 하려고, 추석을 주제로 다양한 수업을 했다. '명절의 종류와 유래 알기', '추석 장 보러 가기', '한복체험', '송편 빚기 대회' 등 다문화가정 어머니와 아이들이 함께 프로그램에 참여할 수도 있고, 다문화가정 학생들과 우정이 돈독한 일반학생들이 함께 참여할 수 있는 프로그램을 운영해 보았다. 외국 국적의 아이들이 추석이 재미있을 것 같다고 기대감을 보였다.

외국인근로자 자녀의 경우 한국에 있는 모국 사람들과 모여서 여유 있는 휴일을 즐긴다고 했다. 영화도 보고, 민족음식을 먹으며 여행도 다녀왔다고 자랑을 한다. 평소엔 야근이나 주말특근으로 바쁘셨던 부모님과 모처럼 좋은 시간을 보냈다며 행복해하는 아이들이 많다. 특히 외국인 노래자랑, 외국인가족 잔치, 지역에서 주관하는 '외국인과 함께 하는 추석' 행사에서 기념품도 많이 받아서인지 한국아이들만큼이나 만족스런 추석을 보내고 오는 아이들도 있었다.

그런데 다문화가정의 학생들 중에서 추석을 좋아하지 않는 학생들도 있다. 다문화가정 어머니가 재혼을 한 경우 중도입국 시킨 아이의 존재를 시댁에 말하지 못하는 경우가 대부분이다. 그래서 추석 같은 명절에 남편고향에 갈 때 저학년 중도입국아이의 경우 집에 사나흘치 음식을 만들어 준 후 집에 혼자 남겨두고 가는 경우가 있다. 그러면 아이는 어머니가 명절을 쇠고 돌아오는 날까지 집에 혼자 남겨진 채 홀로 추석을 지내게 된다. 전자레인지에 음식을 덥혀먹다가 맛이 없으면 가스레인지에 불을 켜고 라면을 끓여먹었다고 했다. 위험하기도 하고 안쓰럽기도 하고…. 보름달 구경도 못하고 집에 갇혀 있다가 추석이 지난 뒤 아이들이 풀이 죽어서 왔다.

고학년으로 중도입국한 아이의 경우에는 마음이 잘 통하는 친구와 놀이동산에 하루 종일 놀다오거나, PC방이나 찜질방에 가서 시간을 보낸다. 명절 휴가동안 집 안에서 TV만 보다가 등교하는 중도입국 아이들도 있고, 자신과 같은 처지에 있는 친구들끼리 몰려다니며 밤새 노는 아이들도 있다. 놀던 아이들끼리 아무 집에나 가서 그냥 엉켜서 잠이 든다는 말에 그러면 안 된다고 혼을 냈다. 그럴 때면 꾸중을 듣는 것도 관심을 받아 기쁘다는 묘한 표정에 할 말을 잃었다. 저학년이나 고학년이나 명절이 자신이 환영받지 못하는 존재임을 확인하는 날이어서 아이들이 너무나 우울해 했기 때문이다.

다문화가정 학생의 담임선생님이신 경우 학급에 아이 중 '명절이 더 외로운 학생'은 없는가 한 번 살펴주길 바란다. 명절 때문에 마음의 상처가 하나 더 생기는 학생은 없는지 관찰해 주었으면 좋겠다. 굳이 명절을 쇠러 귀향할 필요가 없는 선생님이면 어머니만 명절을 쇠러 가고 집에 혼자 남는 중도입국 아이들에게 "우리 집에서 송편 빚자!", "세배하러 우리 집에 오너라" 하고 초대하는 것은 어떨까? 어떻게 명절을 쇠는지 안부를 확인하는 선생님의 문자 한 통이 명절이 외로운 중도입국 아이들의 마음을 따뜻하게 보듬는 햇살이 되리라 생각한다.

05

가족관계 정립이 시급한 다문화가정

운동회 날 있었던 일이다. 두 여자 아이가 한 아주머니를 두고 뭐라고 하는 소리가 크게 났다. 운동회 때문에 지역인사들도 참석을 한 상황이었다. 그런데 두 아이 중 큰 아이가 소릴 질렀다.

"이년아, 학교 오지 말라는데 왜 왔어?"

"얘야, 엄마도 학교에 가고 싶어"

아이들의 사연은 이랬다. 집에서 아버지가 어머니를 보고 "이년아, 저년아" 한단다. 할머니나 친척들 앞에서도 어머니는 "이년아"로 불리며 호통을 듣는 대상이다. "이년아, 이것도 못해?", "이년아, 왜 이렇게 느려!", "이년이 뭘 잘했다고 울어" 소리를 일상으로 듣는 어머니다. 결국 아이들도 급하거나 화가 나면 어머니라는 호칭보다는 "이년아"를 먼저 외치게 되었단다. 그리고 4학년이면 어머니에게 욕설을 하면 안 된다는 것을 인지했을 텐데, 아버지가 그렇게 부르니까 자기도 그렇게 불렀다고 아버지 탓을 했다.

　운동회 날 어머니를 "이년아"라고 부르는 아이로 키우고 있었다니 참 내실 없는 다문화교육을 했나보다 싶어 허탈했다. 아이들은 운동회 날에 어머니가 학교에 오면 다문화가정인 것이 알려지니까 오지 말라고 한 것이다. 집에서 기다리기만 한 어머니는 아이들이 운동회 때 무엇을 하는지 궁금해서 음악소리 들리는 길을 따라 학교까지 왔더란다. 멀리서 어머니의 모습이 보이자 두 자매가 총알처럼 튀어나가 한 말이 "이년아 학교 오지 말라는데 왜 왔냐"는 말이었다.

　무엇보다도 두 자매가 가진 어머니에 대한 인식을 개선하고 호칭을 바꾸는 일이 급했다. 학급 담임들에게 두 자매에 대해 물었더니, 학급에서 똘똘한 편이었지만 너무 버릇없고 정떨어지는 말투가 심해 아이들 사이에서 밉상으로 여겨진다고 했다. 다문화인으로 자긍심을 갖는 교육도 필요하지만 인성교육이 더 시급한 아이들로 판단되었다. 부모가 노력해야 아이들도 변할 수 있어서 아버지에게는 좋은 아버지 학교에 들어가길 권했지만 아버지 쪽에서 거절했다.

　아이들이라도 변화시켜보려고 좀 더 친근한 어머니 나라 문화이해 교육을 실시했다. 포털 사이트 다음에서 제공하는 동화구연사이트인 올리볼리(http://www.ollybolly.org)를 보면서 어머니 나라 이야기와 문화도 알려주고, 다문화행사와 구분 없이 다양한 행사에 데리고 다니며 꽤 공을 들였다. 어머니가 한국어와 한국문화는 잘 모르지만 다른 한국인은 전혀 모르는 중국어와 중국문화에 대해 얼마나 잘 알고 있는가를 알게 해줬다. 그렇게 하니 자매 중 작은 아이가 어머니에 대한 존중감이 높아지고, 큰 아이인 은재도 많이 안정이 된 것 같았다. 이후에 은재와 같은 중학교에 간 후사코가 학교에 왔기에 은재 소식을 물었다. 은재가 그러더란다. "요즘엔 그년이 학원비를 안 줘서 학원에 못 간다"고.

다문화가정이 많은 학구에서 8년 넘게 근무를 하면서 가출하는 다문화가정 아이들을 자주 보았다. 외국인 어머니를 둔 아이의 가출 원인은 어머니였다. 외국인 아버지를 둔 아이의 가출원인은 아버지였다. 다문화가정의 아이들이 가출을 하면서 부모를 가출의 원인으로 삼았다. 부모가 무슨 죄를 그리 많이 지었기에 자신들의 발목을 잡는다고, 자신의 일탈을 부모 탓으로 돌리는 걸까?

다문화가 제대로 이해되지 않은 결혼에서는 문화의 상하가 정해지고, 가정에서 한쪽 문화가 일방적으로 무시된 채 가정생활이 유지된다. 문화의 상하관계 상황을 보고 자란 다문화가정의 자녀는 주변의 놀림과 무시를 당하며 똑같이 부모를 무시하고, 자신이 그렇게 된 것은 부모 탓이라고 몰아치게 된다. 부모 인생은 부모 것이고, 네 인생은 네 것이라고 그렇게 강조를 해도 아이들은 쇠귀에 경 읽기였다. 국제결혼 가정의 어머니들이 가정에서 아내와 어머니의 자리를 잘 찾아 정립할 수 있도록 부부교육, 아버지교육, 어머니교육, 자녀교육이 총체적으로 필요함을 느낄 수밖에 없다.

달려라! 달려!

이제 운동회에서 있었던 또 다른 한 가지 이야기를 하고자 한다. 스리랑카인 어머니를 둔 단비 역시 부모님이 학교에 오는 것을 좋아하지 않았다. 검게 그을린 피부색 때문에 싫어했고, 늘 선생님에게 무언가를 애절하게 부탁하는 부모님의 눈빛이 싫다 했다. 운동회에 어머니와 아버지가 와서 손을 흔드는데도 모른 척이었다. 부모님과 함께 즐거운 시간을 보내는 사진을 찍어주는 것도 싫어서 저 혼자 쌩하니 도망을 갔다.

　운동회 프로그램 중 부모님과 선생님이 함께 달리는 계주가 있었다. 평소 달리기에 자신이 있는 단비 부모님이 출전했다. 젊은 시절의 단비 어머니는 스리랑카 국가대표였고, 아시안게임에서 금메달을 딴 스리랑카의 영웅이었다. 아버지 역시 육상선수였다. 달리기가 시작되었다. 부모님들과 선생님들이 짝을 이루어 달리기를 하는데 선생님들 팀이 조금 더 우세했다. 순서에 따라 단비 부모님이 달렸는데 엄청난 속도로 간격을 벌리더니 결국 결승선에 먼저 들어와 부모님들 팀이 승리하는데 결정적인 역할을 했다.

　아침부터 죽어라 모른 척하던 단비가 어느 샌가 결승선에 나와 있었다. 결승선에서 마지막 주자로 들어오고 있는 제 아버지를 응원하고 있었다. 운동회가 끝나고도 엄청난 속력으로 한 바퀴 이상 차이를 벌린 단비 부모님의 달리기 실력이 회자되었다. 육상선수였던 것과 아시안게임 메달리스트였던 것도 일반가정의 아이들과 학부모들에게 전해지면서 우리 학교에 있는 다문화 친구와 나라를 알게 된 계기가 되었다. 운동회 계주 덕분에 단비 목에 힘이 들어가고, 어깨가 펴졌다. 자기도 자라서 어머니 아버지처럼 달리기 선수가 되고 싶다고 하니 가르치는 나로선 제자가 부모를 존경하게 되고 꿈도 갖게 된 일거양득의 운동회였다.

　대개 일반 학부모의 경우도 큰 맘 먹고 학교를 방문하는 일이 많은데 다문화가정 학부모의 경우 학교 오기가 더 쉽지 않은 게 당연하다. 피부색이 달라서 또는 한국어를 잘 못한다고 다문화가정인 것을 들킨다고 자녀들이 학교를 못 오게 하는 일도 있다. 그래서 용기 내기가 더 어려울 수도 있다.

다문화가정 부모들이 자녀의 성장과정을 지켜볼 수 있는 학교행사를 통해 자꾸 세상 밖으로 나들이하게끔 만들어야 한다. 자녀가 어릴수록 어린이집이나 유치원 행사부터 자주 참여하면 좋다. 유치원에서 형성된 이웃들이 대부분 같은 지역의 학교에 입학하기 때문에 저학년 때 학교행사에 자연스럽게 같이 갈 수 있다. 이런 경우는 피부색이 다르거나 한국어를 잘못하셔도 한국인 부모님들이 옆에서 든든하게 지지해 주기 때문에 운동회에 가든, 학예회에 가든 외롭지 않게 참여할 수 있다. 어렸을 때부터 어머니가 유치원과 어린이집 행사에 오는 것을 당연하게 받아들이고 성장한 자녀는 입학해서 부모가 학교행사에 오는 것에 대한 거부감이 덜한 것을 학교 현장에서 볼 수 있었다.

다문화가정 부모는 학교행사에 참여하고 싶은데 자녀가 고학년인 경우 학교에 못 오게 막는 경우에는 담임선생님과 협력해서 문제를 해결해야 한다. 다문화가정 자녀뿐만 아니라 일반학생도 중학생 정도 되면 부모님이 학교에 오는 것을 싫어한단다. 그래서 공식적인 학교행사인 학부모 총회의 경우 자녀가 귀가한 후 학교에 가거나 자녀가 부모에 대해서 생각하는 관점, 즉 '자녀의 행동과 심정'을 담임선생님이 알고 지도할 수 있도록 해야 한다.

그리고 다문화가정 부모가 학교행사에 자연스럽게 참석할 수 있고 없고는 담임선생님들의 분위기 조성에 달려있는 듯하다. 한국이라는 땅에서 외국인으로 살아가는, 그래서 적응이 쉽지 않았고 자녀를 키우면서 매번 어려웠던 상황이 많았음을 이해하는 선생님의 눈빛과 말투, 공감은 의사소통이 되지 않아도 이심전심으로 일을 해결한다.

단비의 담임선생님은 단비 어머니에게 '한국인 부모와 일촌 맺기'를 해주셔서 굉장히 바람직한 효과를 보았다. 덕분에 단비 어머니가 학교 행사 때 아이를 챙기기 어려운 경우 한국인 일반가정의 어머니가 선생님대신 설명해주면서 함께 준비하게 되었다. 나이가 어린 단비 어머니가 일촌을 맺은 한국인 어머니에게 "언니, 언니" 하며 자녀교육 상담도 하고, 마트도 같이 가고, 주말에 가족끼리 어울리는 모습을 보면서 담임선생님의 지혜에 감탄했었다. 역시 현장에서 오래 있었던 경험은 현자를 만드나 보다.

단비의 담임선생님처럼 선생님은 다문화가정의 어머니들이 학교행사에 참여할 수 있도록 자연스런 기회를 제공하자! 스승의 날이나 창의적 체험활동 시간에 다문화가정 학부모가 '일일 명예교사'가 되서 다문화수업, 문화체험교실 수업을 하는 것도 좋은 방법이다. 다문화가정 자녀가 교실에 선생님으로 오는 어머니를 보면서 부모를 자랑스럽게 생각할 수 있는 전환점이 될 수 있다. 학예회 때에는 어머니 나라의 춤이나 노래, 의상 등 함께 무대에 올릴 작품을 준비하도록 아이디어와 도움을 줄 수 있는 기회를 제공하는 것도 좋다. 참여한 일반학생이나 다문화가정 자녀 모두 다문화에 대한 자긍심이 생기는 것을 볼 수 있었다. 학교행사에 참여한 다문화가정 부모들은 자신이 자녀교육과 학교교육에 기여할 수 있는 기회를 갖게 되어 기뻤다고 한다.

뺨 때리는 아이와 가족들

법원 견학이 있는 날이었다. 대기 중인 버스를 타려고 아이들을 두 줄로 세우는데 어디선가 "쫘악" 하고 갈기는 소리가 났다. 앞줄로 얼른 뛰어갔다. 필리핀에서 온 라희가 태국 아이 낭파의 뺨을 때린 것이다. 줄을 서다가 낭파가 라희의 팔을 건드렸는데 바로 뺨을 때렸다. 벌개진 뺨을 움켜쥐고 낭파가 그냥 서있기만 했다. 보통 한국 남자애들이면 벌써 한 주먹이 나가고도 남았을 텐데 말이다. 팔 좀 건드린 일로 뺨을 때렸냐고 내가 화를 냈더니, 아이들 말이 라희에게 뺨을 안 맞아 본 아이들이 없다는 것이다. 창식이, 낭파, 다우, 하늘이, 빅터 등 국적 불문하고 저학년 남자 아이들은 철썩 철썩 뺨을 맞고 살았던 것이다. 라희의 사나운 행적이 봇물 터지듯 한꺼번에 터져 나왔다.

때리는 아이에겐 때리는 부모가 있다. 견학 가는 버스 안에서 라희를 옆에 앉히고 자분자분 가정생활을 물었다. 입학상담을 할 때 필리핀에서의 생활에 대해 들어서 부모의 양육관을 모르고 있지는 않았다. 라희네 집은 아버지가 한국사람이고 어머니가 필리핀 사람인 다문화가정이다. 아버지 직장 관계로 필리핀에서 살고 있었는데 필리핀에서의 양육이 어려워 할머니가 계시는 시흥으로 오게 되었다.

라희와 한 살짜리 동생이 필리핀에서 왔다. 필리핀에서도 동생을 돌보는 일에 소홀하면 어머니에게 뺨을 맞았다고 했다. 한국에 와서도 집에 가면 동생 돌보는 일을 도맡아 하는데 역시 실수를 하면 할머니가 뺨을 때린다고 했다. 주말이면 할머니는 일주일 분량의 국과 밥을 끓여 놓고 주무신다. 라희에게 동생 밥 먹이고 놀아주고, 기저귀 갈아주고 알아서 하라고 하며 동생이 크게 울면 일어나서 라희만 혼을 냈단다.

라희에게 할머니는 다른 아이들의 할머니와 다르다. 세상에서 가장 무서운 사람이다.

하도 목욕을 시키지 않아서 긴 머리는 늘 기름이 흘렀고, 급기야 라희 머리에서 이가 기어 다녔다. 언젠가 할머니가 수족구에 걸린 라희 동생을 학교에 데리고 온 적이 있었다. 학교 아이들이 라희 동생을 귀엽다고 만지는 바람에 학교에 수족구가 전염되기도 했었다. 수족구에 걸렸던 라희 동생이 계절이 바뀌자 또 수족구에 걸렸다. 아이들의 위생이 할머니에게 달려있는데 할머니는 짜증만 가득했다. 나이 들어 좀 한가하게 살아보려고 했는데 어느 날 필리핀에서 손녀들이 날아와 수발을 들게 되었다. 한 편으론 이해도 되었지만 이렇게 아이들을 방치하려면 데려오지 말았어야 한다는 생각이 들었다.

다문화가정 아이들을 대상으로 토요체험학습이 있던 날이었다. 저녁 8시 경에 도착할 예정이라 부모들이 데리러 올 수 있는 아이들만 신청을 받았다. 체험학습을 마치고 돌아오는 길에 버스 안에서 전화를 받았다. 8시 경이라 이미 어둑어둑 해졌는데 라희 보고 안산에서 출발하는 버스를 타고 집이 있는 시흥까지 찾아오게 하라는 할머니의 전화였다. 어른이 손목만 끌어도 금방 끌려갈 것 같은 여자 아이에게 시흥 집까지 찾아오란다.

라희에게 물어보니 낮에도 아직 한 번도 혼자서 집에 가는 버스를 타 본 적이 없는 상태였다. 수차례 연습이 된 상태에서 버스를 타고 가도 저녁에는 위험하다. 저녁에는 어디가 어디인지를 분간하기 어렵기 때문에 부모들이 마중을 나오는 것이 보통 정상적인 부모들의 행동이다.

화가 벌컥 나서 학교로 데리러 오라 했다. 나와는 열 살 정도밖에 차이가 나지 않는 라희 할머니의 행동은 이해하기 어려웠다. 날이 밝은 날 버스를 타고 집까지 찾아가는 연습을 하고 난 다음에야 혼자 찾아오도록 할 것과 데리러 와야 하는 체험학습에 데리러 올 수 없으면 신청하지 말 것을 전화로 당부했다. 당부라기보다는 언성을 높인 싸움에 가까웠다. 체험학습 인솔교사들이 속 시원해 했다. 이번 경우가 처음이 아니라는 것이다. 피치 못할 사정이 생겨서 그러는 것도 아니고, 늘 이런 식으로 아이의 안전을 우선으로 하는 선생님들의 책임감을 이용했더란다. 부모들은 선생 이해하기 어려운 세상이라지만 선생인 내가 볼 때 이해하기 참 어려운 학부모도 많은 세상이다.

엄마는 엄만데…

중도입국 아이가 있는 가정에서는 아이가 한국에 입국하면서 가족 간의 관계형성에 심각한 불균형이 생긴다. 정식으로 결혼한 가정도 있지만 동거인으로 생활하거나 서류상으로만 결혼한 가정도 무척 많아서 가족관계를 어떻게 정립해야 하는지 상황이 이상한 아이들도 많다.

안산지역은 공단이 많고, 내가 근무하는 학교가 공단에서 가깝다 보니 다문화가정의 재혼한 어머니들이 공장에서 일을 하는 경우가 많았다. 그래서 중도입국한 아이를 학교에 보내는 날은 사장들이나 작업반장에게 양해를 구하고 학교에 같이 온다. 한국에, 그리고 한국학교에 아이를 데려오는 어머니는 처음엔 마냥 기뻐한다. 짧게는 1~2년, 길게는 7~8년을 남의 손에 맡겼다가 데리고 오니, 함께 하는 기쁨이 오죽할까 이해한다. 그래서 데려오자마자 애지중지한다. 제일 좋은 옷과 브랜드 가방과 온갖 것들이 모두 새 것이다. 핸드폰도 최신유행의 것을 턱턱 사준다. 통학 길에 연락이 되지 않을 것이 염려되어 사주는 것이라면 구형 폴더폰도 유용한데 늘 최신 핸드폰이 아이 손에 들려 있게 된다.

입학이나 취학이 끝나면 부모들이 다시 학교에 오는 일은 드물다. 아이들의 등하교에 문제가 있어서 전화를 하면 야근하고 들어와 자느라고 전화를 받지 않는다. 서면으로 동의를 구하는 안내장을 번역본과 함께 보내면 한 달이 지나도 돌아오지 않는다. 수십 차례 시도 끝에 간신히 통화가 되면 자다 깬 퉁명스런 목소리로 "한국말 몰라" 하고 끊어 버렸다.

현준이네처럼 사제 간의 예의를 잘 지키는 가정이 있는 반면, 먹고 사는 것이 급해서 선생님과 학부모 사이의 예절이나 어려움을 모르는 가정이 더 많았다. 정말 범법자가 될 만한 사고가 일어나야 "선생님" 하고 찾아와 설명을 들었다. 일정 부분 알아듣는 말이 많은데 그동안 모르는 척 했던 것이다.

자녀를 데려와서 함께 생활하는 기간이 길어지자 자녀와 어머니 사이에 불화의 싹이 자랐다. 어머니는 어머니인데 어머니 노릇을 해보지 않아서 무엇을 해야 할지 모르는 어머니들이다. 아이들은 처음에는 기쁘고 귀했지만 점점 귀찮은 존재가 된다. 아이들에게 밥 먹고 학교 가라는 말을 하지만 아침밥을 해 놓지 않았다. 저녁 때 야근 가면서 밥을 사먹으라고 돈을 주고 갔다. 야밤에 아이들이 밥을 사먹을 곳이 적당하지 않으니 학교 앞에서 군것질로 저녁을 때웠다. 그래서 중도입국 아이들 중에는 배가 아픈 아이들이 늘 많았다. 정성으로 먹이고 재우고 입히고 안아주며 끊임없이 사랑함을 보여줘야 할 어머니들이 어머니로서의 역할을 모르니 애꿎게 내 아이들만 아프다.

위생 역시 어머니가 신경 써야 하는 중요한 부분이다. 어머니가 주말에 빨래를 한다는데 아이들은 옷을 갈아입지 않고 다녀서 몸에서 냄새가 심하게 났다. 중국계 향신료나 아프리카 고유의 냄새라고 치부하기에는 아이들의 머리는 감지 않아서 떡이 졌었고, 목 아래로 때가 층을 이루고 있었다. 어떤 아이는 한 달 내내 같은 티셔츠와 바지를 입고 오거나 겨울이 다 지나가도록 한 번도 점퍼를 빨아 입지 않고 학교에 왔다. 부모에게 청결에 대한 부탁을 했지만 협조가 되지 않았다. 교사인 우리도 한국이 언제부터 그렇게 잘 살아서 깔끔을 떨었냐며 그냥 넘기려 했었다.

그러나 썩는 듯한 냄새에 한국아이들이 특별학급 아이들 옆에 가려고 하지 않았다. 따돌림도 시작되었다. 특별학급에서도 냄새 때문에 수업하기 어려워졌다. 겨울에 난방을 하면 아이들 냄새가 확 퍼졌고, 봄에는 아이들이 운동장에서 뛰기 시작하자 땀 냄새까지 진하게 배어 두통으로 공부를 할 수 없었다. 황사가 짙어도 창문을 활짝활짝 여는 것이 교실 환기에 도움이 될 정도였다.

아이들의 자존심을 건드릴까봐, 그리고 부모 동의를 받은 것이 아니어서 아이들에게는 다른 설명을 했다. 아이들의 목에 줄이 생기는 것이 소아당뇨의 현상인지 아닌지 목욕 후 확인을 해서 병원에 가야겠다고 했다. 여자인 내가 아이들을 남탕에 데리고 갈 수 없어서 지인과 성인이 된 제자들에게 목욕 봉사를 부탁했다. 일반 사람들이 시간을 내서 인솔해주는 것이 쉽지 않았는데 선뜻 도와주는 손길이 고마웠고, 목욕탕에서 사고가 나지 않도록 지키고 있어줘서 굉장히 고마웠다. 때를 미는 비용을 지불하면서 탕에 들어가기 전에 아이들 속옷 사이즈도 좀 알아다 달라고 했다. 때를 밀고 목욕을 마치고 나온 아이들에게서는 맑은 비누 냄새가 났다.

    속옷을 준비해서 나누어 주었다. 특대 크기를 입어야 하는 고도비만인 녀석도 있어서 성인 속옷을 주며 하루에 한 장씩 갈아입으라고 단단히 일렀다. 목욕 후 두 주가 지나면 다시 냄새가 나기 시작했다. 한여름이라 냄새가 더 고약했다. 이 녀석들이 팬티를 갈아입지 않고 한 달이고 두 달이고 계속 입다가 사용이 불가능할 정도로 찐덕거리게 되면 그제서야 버리고 새 것을 입는다고 했다. 팬티 대여섯 장만 있으면 일 년을 버틸 수 있다고 말하니 금방 바뀔 수 있는 습관이 아니었다. 부모가 아이들의 위생을 전혀 챙기지 않고 있었다.

    그 후로 금요일이면 반드시 '머리 감기, 샤워하기, 속옷 갈아입기, 손톱 발톱 깎기'를 생활과제로 제시하고, 월요일 아침에는 청결검사를 하고 공부를 시작했다. 스스로 할 수 있는 나이가 되었는데 스스로 못해서 따돌림을 받는다는 것은 있을 수 없는 일이라고 생각했다. 남들이 싫어하면 싫어하는 이유가 있다는 것을 알고, 그 이유가 정당하다면 본인이 고치려는 노력을 스스로 해야 한다. 언제까지 선생인 내가 상급학교까지 쫓아다니면 목욕탕에 집어넣었다 뺐다를 할 수 없지 않은가? 어머니가 아닌 선생이라서 요즘도 공동생활을 위한 잔소리를 귀에 딱지가 앉을 정도로 해서 중학교를 보내고 있는 중이다.

아이들이 집을 나오게 만드는 어른들

일본에서 살다 온 은혜의 이야기다. 중국동포인 어머니가 일본에 가서 경제활동을 하다가 중국에 있던 아이들을 일본으로 데리고 갔다가 한국으로 이주했다. 이혼으로 아버지는 일본에 남았다. 아이가 차분하니 참을성도 많고, 맑은 느낌이 있는 아이다. 한국어는 많이 부족했지만 한국어를 배우려고 매우 적극적이었다. 그도 그럴 것이 학교에는 중국계 다문화가 휩쓸고 있어서 은혜가 구사하는 일본어를 듣고 한 마디라도 대답해 줄 수 있는 사람이 없었다. 은혜는 학교에서의 생존을 위해 한국어를 시작했다.

원곡초등학교는 중국에서 온 다수의 다문화가정 아이들이 교실이나 복도, 돌봄교실에서 저희들끼리 중국어로 의사소통이 쉽게 되다보니 한국어를 배우려는 의지도 약했고, 1년이 지나도 한국어로 의사소통을 하는 것이 불가능한 경우가 많았다. 전에 있었던 학교인 원일초등학교에서는 중국계 아이가 들어와도 소수여서 통상적으로 6개월이면 한국어 듣는 귀가 뚫리고, 1년이면 자국어로 다른 사람을 위해 중간통역 역할을 하는 발전과정을 확인하고 온 터라 안타까움이 더 컸다.

생존을 위한 배움은 언어를 습득하고 문화에 적응하는데 가장 강한 동기부여인 듯하다. 이중언어강사나 통역이 없어서 통역해 줄 수 없었던 은혜는 중국계 아이들이 1년 동안 한 것을 6개월만에 따라잡았고, 러시아에서 온 니콜라이는 중국계 아이들이 6개월 동안 한 것을 3주만에 따라잡았다. 한국어 교육과 학교생활 입문기에 있는 아이들의 생활태도를 나라별로 관찰해 보면 이중언어강사 지원과 동일국가에서 온 친구들이 많아 학교생활 속에서 의사소통에 불편함이 덜한 중국계 아이들은 태만에 가까울 정도로 규칙을 무시하며 생활을 자기 마음대로 했다.

은혜는 언어 수준이 비슷한 또래의 동성친구가 없어서 특별학급에서나 일반학급에서나 외로움이 많았다. 그래도 꾹 참고 동생도 잘 챙기며 학교생활에 열심이었다. 토요일 야근을 하고 퇴근한 어머니가 자야 하는데 올해 입학한 남자동생이 자꾸 어머니를 깨우니까 은혜더러 동생과 함께 공원에 나가라고 했다 한다. 어머니가 힘든 것을 아는 은혜는 그동안 동생을 데리고 어머니가 자야하는 시간에는 공원에 나갔다.

그런데 공원에 내가야 하는 시간이 매주 토요일마다 앞당겨지니까 은혜도 힘들었단다. 3월 초 공원엔 아무도 없고 날은 춥고, 동생은 떼를 쓰고…. 그러다 어머니와 말다툼을 하게 되었는데 화가 난 어머니가 나가버리라고 했다. 일본에서도 어머니가 화가 나면 나가라고 했지만 일본에서는 갈 곳이 없어서 몇 시간 돌아다니다가 집에 들어갔단다. 그런데 이번에는 은혜도 화가 나서 돌봄교실에서 친해진 윤지네 집에 가서 잤다고 한다. 이야기를 전해주는 한국어 선생님이나 나 잘 곳이 있어서 그나마 다행이라고 생각했지만 아이가 집을 나서게 만든 상황이 썩 내키는 것은 아니었다.

윤지네 집에서 자면서 은혜도 홧김에 핸드폰을 꺼버려서 밤새 어머니하고 연락이 안 됐으니 어머니도 화가 머리끝까지 났을 게다. 월요일 아침에 공장으로 출근한 어머니하고 통화하는데 미안하다고 했던 어머니가 또 화를 냈단다. 그러니 은혜도 당황스럽기는 마찬가지였을 것이다. 부모 자식 간에 화해의 순간에도 소통이 쉽지 않아 같은 일이 반복적으로 일어나는 것 같았다. 은혜 어머니의 마음을 모르는 것은 아니지만 은혜에게 어머니 역할을 맡기고, 성장기와 사춘기가 찾아온 은혜를 애 보는 보모쯤으로 인식하는 어머니의 처사가 마음에 들지 않았다.

은혜와 상담하면서 가출을 모르는 척하고 이야기를 했다. 은혜가 또박또박 의견을 이야기하면 "은혜 엄마는 좋겠다. 이렇게 똘똘한 딸이 있어서", 은혜가 동생 살피느라 걱정을 하면 "은혜 같은 딸을 둔 은혜 엄마가 제일 부럽다"며 추임새를 넣곤 했다. 가끔 세상이 얼마나 무서운지 여자 아이라서 더 위험한 것들을 일부러 이야기한다. 아이의 가출이 지난 번 가출로 마감되기를 고대하면서 말이다.

비슷한 상황에 있는 수련이 어머니를 만났다. 수련이 어머니는 삶에 너무 지쳐있는데 수련이가 지속적으로 가출을 하니 어머니와 수련이는 이제 대화를 하지도 않는다. 부모나 우리나 아이들이 가출을 하면 얼마나 위험한 상황에 놓이는지 다 알고 있다. 그런데도 수련이 어머니는 차라리 수련이가 빨리 커서 집에서 나갔으면 한다고, 어머니인 자기가 통제할 수 없는 상황에 대한 선택을 그렇게 했다. 제자들의 사춘기만 겪어보고, 내 자식의 사춘기를 아직 넘겨보지 않은 나는 어머니들의 선택에 분노했다. 열 달 동안 건강히 태어나주기만을 고대하며 인생의 가장 귀한 선물로 가슴에 받아든 녀석들인데 어머니들이 너무 쉽게 아이들을 포기한다는 생각이 들었다.

희정이와 택림이도 마찬가지였다. 술만 먹으면 주정하고 때리는 아버지들 때문에 집밖에 나와 앉아 있곤 했었다. 아버지가 집에서 술을 마시는 저녁 내내 계단에 앉아있었다. 여름이나 초가을엔 시간 때우다 들어가는 것이 어렵지 않았지만 겨울과 초봄에는 매서운 바람에 손등이 터졌다. 문만 열리면 아무 집에나 들어가서 자고 싶었다고 한다. 희정이나 택림이나 모두 중도입국으로 데리고 온 아이들이다. 가족해체 기간이 길었다가 동거하는 만큼 아버지는 아버지로서 무엇을 해야 하는지, 어머니는 어머니로서 어떻게 해야 하는지 동거 초반기에 노력하다 지쳐버린다. 갈 곳이 없는 아이들이 현관문 앞에 나와 쭉 앉아있거나 어둑어둑한 공원에 쭉 앉아 있었다.

한국인 새부모님과의 친밀감 형성이 필요

남편인 새아버지의 입장에서는 좀 다른 듯하다. 아내하고만 말이 통하는 아이가 어느 날 집에 들어왔다. 아내의 전남편의 자식과 무슨 말을 어떻게 시작해야 할지 어떻게 함께 생활해야 할지 고민을 시작한다. 둘이만 속삭이듯 대화를 하는데 무슨 말을 하는지 몰라서 미치겠단다. 알아들을 수 있으면 좋겠는데….

중도입국 아이들은 한국어를 어느 정도 배우면 집 이야기를 한다. 한국인 새아버지의 이야기를 하는 경우도 있고, 외국인 새아버지의 이야기를 하는 경우도 있다. 서로 언어가 잘 통하지 않아서 할 이야기가 없다 했다. 특히 주말에 어머니가 공장 근무를 가거나 민족모임에 가고 새아버지와 자신만 남겨지면 어쩔 줄을 모르겠단다. 한국어로 대화를 할 실력도 아니라서 아버지에게 말을 걸 수도 없고, 아버지도 침묵이 흐르는 상황이 힘들어 방으로 들어가 잠만 잔다고 했다. 아이는 시선을 둘 곳이 없어서 주말 내내 TV만 본다.

한국인 새아버지가 러시아어를 조금 할 줄 아는 드미트리의 경우도 다르진 않았다. 월요일마다 특별학급에서는 생활에 필요한 설명능력을 신장시키려고 '주말에 한 일 그리기'를 하고, 한국어로 설명하는 활동을 했었다. 드미트리는 소파에 누워서 등을 돌린 채 잠을 자는 크고 긴 덩치의 아버지와 거실 귀퉁이에 쪼그리고 앉아 TV를 보는 자신을 작게 그려 놓았다. 드미트리를 불러서 아버지와 친해지는 방법에 대해 여러 가지로 이야기를 했지만 우선 말을 꺼내지 못하는 상황이라 난감해했다. 새아버지에게 먼저 손을 내밀어 줄 것을 제안했지만 그건 한국인 새아버지도 한 번도 해 본적이 없는 상황이라서 둘 다 자연스럽지

올바른 가족관계가 정립되어야 다문화교육도 제대로 이뤄질 수 있다.

못했다. 드미트리가 초등학교를 졸업할 때까지 아버지와 아들로서의 관계형성은 실패했다. 단지 한 집에 사는 말 없는 동거인의 관계를 만드는 데 만족해야 했다.

러시아에서 보리스를 데려온 보리스의 새아버지는 참 솔직한 분이었다. 남들은 손자를 보는 나이에 러시아의 고려인과 결혼하여 아들을 낳았다. 아내에게 전 남편의 아들이 있는 것을 알고 결혼한 상태였고, 보리스가 러시아학교에서도 정서불안으로 문제가 있었다는 것을 알고 있었다고 했다. 아무래도 어머니가 한국에 있기 때문에 데리고 생활하는 것이 나을 것 같아서 데려왔는데 한국학교 적응에서도 역시 문제를 보였다.

보리스는 주의력결핍 증상을 보여서 열세 살인데도 5분 이상 집중을 못하고 계속 딴 짓을 했다. 한국어와 모국어(러시아어) 수업에 집중하지 못하고 옆에 앉은 아이를 괴롭히거나 친구들 물건을 숨기고 혼자 좋아하며 교실 안을 돌아다녔다. 약해 보이는 아이를 향해 주먹다짐을 해서 특별학급에서도 문제였고, 5학년 보리스의 협력학급에서도 수업

진행을 못할 정도로 장난이 심했었다. 중도입국을 한 아이들이 6개월에서 1년이 지나면 많이 안정된다는 것을 터득한 나조차도 1년을 기다리기 지겨울 정도였다.

문제가 있어 항의가 들어올 때마다 보리스의 한국인 새아버지가 학교에 와서 상담을 받았다. 가정 형편이 넉넉해서 일반학급이 대부분인 인천보다는 특별학급이 많은 안산이 보리스의 교육에 좋을 것 같아서 이사까지 올 정도로 보리스 교육에 적극적인 분이었다. 보리스의 아버지가 말했다. 아이와 함께 집에서 생활하고 있지만 피 한 방울 섞이지 않아 자기 자식이라는 생각이 안 든다고. 집에서의 생활도 화를 내거나 매를 들지 않으면 안 되는 상황이라고 했다. 남의 자식이어도 잘 키워야겠다는 책임감으로 거두어 키우고 있었지만 학교생활이라도 잘 해주면 좋은데 학교에서도 매번 미운 짓이니 보리스를 돌려보내고 싶은 마음이 굴뚝이라고 했다.

결국 완고한 교육방법을 가진 보리스의 새아버지가 한 보 양보하기로 했다. 매를 대기보다는 옆에 앉혀 놓고 타이르기, 시간이 좀 걸려도 남자 대 남자로 친해지기, 어려운 한국어 책보다 쉬운 학습만화책 같이 보기 등 무던히 노력을 했다. 새아버지가 그러면서 조금씩 보리스의 변화가 감지되었다. 러시아에서는 가정에서 버림받을까 불안했고, 한국에서는 문화적응으로 불안했던 보리스가 점차 안정감을 갖는 모습이 보였다. 한국인 새부모와의 관계 형성, 이것이 중도입국 아이들의 한국적응의 성패를 가르는 열쇠 중의 하나다.

아이들 마음의 창을 읽어야

과학의 날 행사에는 여러 종목이 있었다. 고무동력기도 있고, 글 짓기도 있고, 과학상자 조립도 있고, 아이들이 좋아할 만한 것이 꽤 여러 가지다. 특별학급에서는 별도의 준비가 없어도 가능한 '과학 상상 그리기'를 선택했다. 2006년 4월은 내가 가르치는 아이들이 한국어를 처음 배우기 시작한 시점이라 선택의 폭이 넓지 않았다.

선생님들은 외국아이들의 작품에 대한 기대치가 높다. 나라마다 각양각색으로 뛰어난 작품이 나오지 않느냐 하는데, 결과를 보면 한국 아이들처럼 개인차가 큰 부분이 그리기다. 나이는 열한 살, 열두 살인데 솜씨는 유치원 아이에도 못 미치는 작품들이 허다했다. 특히 다문화가정 아이들 중 어려서 소근육이 발달할 수 있는 기회를 제공받지 못한 아이들의 경우에는 그리기든 만들기든 작품의 완성도가 높지 않았다.

그중 눈에 띄는 작품이 있었다. 미술을 한 번도 배운 적이 없지만 나름 쉬는 시간마다 스케치를 하는 아이였다. 열네 살 나이에 중도입국해서 5학년에 배정된 펑차이가 그린 그림이다. 매일 학급친구들에게 따뜻하게 씩 웃는 것이 매력적인 아이였다.

처음엔 참 잘 그렸다고 생각했다가 그림을 다시 보고 깜짝 놀랐다. 우주인이 나타나 지구에서 전쟁이 벌어져 있다. 건물은 불바다가 되었고, 사람들은 심장에 못이 박혀 죽는 장면에 '최고!'라는 듯 엄지손가락이 올려져 있다. 보통 과학 상상 그리기를 하면 미래의 과학 발전에 대한 내용이 대부분인데, 펑차이는 사람의 가슴에 상처를 주는 그림을 그리고 기괴하게 웃었다.

펑차이에게 그동안 스케치한 연습장을 가지고 오라고 했다. 사람

타인은 모르는 아이의 상처는 아이가 그린 그림에서 무의식적으로 드러날 때도 있다.

들 목이 잘려 나가고, 피를 뚝뚝 흘리며 죽어가고 있는 사람, 권총에 맞아 죽어가는 사람, 교수형 당하는 사람 등 다양한 방법으로 사람들이 죽어가고 있었다. 경찰을 잡아서 죽이는 장면도 있었다. 아이는 태국으로 돌아가면 군인이 되고 싶다고 했다. 아직도 태국의 북쪽 국경 근처에는 정부에 반항하는 군인들이 많은데 자기도 그런 테러리스트가 되고 싶다고 한다.

폭력적인 만화나 영화, 인터넷 동영상을 많이 접해서 그럴 수도 있다. 더러는 아이들 사이의 과시욕으로 폭력적인 그림을 그릴 수도 있다. 그런데 펑차이는 가슴에 두려움이 있었다. 한국에 와서 새로운 가족에 잘 적응하지 못하는 것에 대한 외톨이 감정, 불법체류 신분인 친구들이 경찰의 단속에 걸렸는데 도망가려다 진압봉으로 맞는 것을 보면서 생긴 삭일 수 없는 분노가 그림으로 그려지게 된 것이다.

가정에서의 폭력도 있었다. 무능한 한국인 아버지가 어머니를 괴롭혔다. 어머니는 공장에 다니며 어린 동생을 돌보는 것부터 가정살림까지 도맡아서 하고 있는데 끊임없이 어머니에게 욕을 했다. 펑차이를 데리고 온 후에는 결혼할 때 거짓말을 했다고 어머니를 때렸다. 이제 펑차이는 몸집이 제법 커진 덩치에 어머니를 때리는 새아버지를 자기 힘으로도 제압할 수 있을 것 같았지만 참았다. 새아버지의 심장에 못을 박고 싶었다는데 폭력으로 해결하지 않고 그림으로 그려준 펑차이가 고마웠다. 상황을 잘 이겨내고 있는 펑차이에게 늘 힘내자는 격려를 했지만 그 녀석은 입학 때와 똑같이 그냥 웃을 뿐이었다.

상처를 받았기 때문에 상처를 주는 그림을 그리는 것이다. 아이들의 생각은 그대로 그림에 나타난다. 아이들이 마음을 보여주며 호소하고 있는 것이다. 아이들이 이상한 그림을 그리면 한 번 눈여겨 봐주길 바란다. 가족관계의 불편함, 관계 형성의 어려움, 가정폭력, 흔들리는 정체성이 그림 속에 한 가득 그려진다. 어두운 골목 뒤편에서 폭탄처럼 터질 것 같은 위태로움도 선생님이 가족관계의 진실을 읽어주면 어젯밤의 작은 성장통으로 마무리할 수 있으리라 생각한다.

오디션을 고집하는 아버지

외국인근로자 자녀 특별학급을 하면서 다문화가정의 학생을 TV나 라디오에 출연시켜 달라는 섭외전화를 많이 받았다. 매주 다문화가정의 이야기를 소재로 다루는 모 방송사는 자신들의 프로그램에서 아이들 하나하나의 사연을 다뤄보자고 했는데, 그 당시 불법체류 아이들도 많아서 부모님 자체가 방송을 꺼렸었다. 또 학생이 합법체류이지만 너무 열악한 가정환경이라 공개하길 원치 않았는데도 대중매체에서 너무 끈질기게 따라 다녔던 기분 나쁜 기억도 있다. 아이도 자존심 상하고, 나는 나대로 수업시간마다 방해를 받아 결국 불쾌한 언성을 높이며 방송국과 싸우고 말았다.

다문화가정 아이가 예능프로그램에 출연해서 "정답입니다"를 외치며 사람들의 귀여움을 독차지하자 다문화가정 부모들의 생각이 달라지기 시작했다. 예전에는 신문에 나는 것, 라디오 방송과 인터뷰하거나 TV에 출연하는 것에 거부감을 갖고 있던 다문화가정 학부모도 아이들의 출연에 대해 차츰 긍정적 반응을 보였다. 무엇보다도 가정의 소득에 보탬이 되는 것도 한 몫 하는 것으로 보였다.

특별학급에도 오디션을 보러 다니는 비노라는 아이가 있었다. 비노는 한글을 몰라서 대본을 읽을 수가 없는데 오디션에 매달렸다. 부모님이 모두 외국인근로자가정의 자녀라서 가정에서 한국어를 가르칠 수 없었고, 학교에 오기 전에 잠깐 있었던 어린이집에서 의사소통에 필요한 한국어를 잠깐 배운 기록밖에 없었던 아이다. 읽어주는 대본을 간신히 외워서 말하는 형식으로 오디션을 보았는데, 아이의 까무잡잡한 피부색깔 때문에 1차에 무조건 통과되었다가도 2차에서 떨어지곤 했었다.

일반학급 담임교사를 하는 동안에는 어머니가 인도네시아인인 유신이가 영화, 드라마, 뮤지컬 등 다수의 오디션을 보러 다녔다. 개인적인 발전을 기대하면서 오디션에 가는 유신이를 응원했지만 오디션 통과가 쉽지 않았다. 게다가 3학년 때는 학급아이들과의 또래 관계가 잘 형성되면서 유신이도 너무 많은 오디션에 참가시키는 부모님에 대한 불만을 표현하기 시작했다. 안산에서 서울까지 가서 수많은 오디션에 참가하는 것도 힘들어 했고, 단역으로 출연하면서 대기시간이 길어지자 밤을 새고 집에 오는 것을 힘에 부쳐했다.

아빠께

안녕하세요? 저 유신이에요. 아빠 저 부탁할 게 있어요.
오디션 많이 보는 것도 공부에 도움이 되지만 너무 많아서 힘들어요. 오디션 대본도 외우는게 힘든데 오디션이 더 많으니까 머리가 아파요. 제발 부탁이에요. 오디션 많이 보지 말고, 조오금만 보게 해 주세요.
그리구요. 엄마 말 좀 들어주세요. 그러니깐 엄마가 자꾸 혼내시잖아요. 그리구 저 좋은 곳 많이 가보고 싶어요. 현민이네 아버지는 현민이 좋은 곳 많이 데려가 주시는데 전 맨날 서울만 가니까 싫어요……. 조금 멀어도 괜찮으니까 어디라도 데려다 주세요. 사랑해요. 공부, 연기 많이 공부할게요. 열심히 노력해서 꼭 연기자 될게요.

2012년 11월 21일 유신이가

다문화 교실 속 이야기

01

학교 와서 어리둥절

　어머니도 한국어를 잘 모르고, 아이도 한국어를 잘 모르는 상태에서 학교에 오면 참 당황스러운 일들이 많이 생긴다. 그래서 학교급 별로 안내 자료를 만들어두는 일들이 필요하다. 어떤 자료들이 필요할까?

학교 안내장 어디 없어요?

　첫째는 학교 생활에 필요한 준비물을 안내해야 한다. 가방, 신발주머니, 실내화, 그리고 공책과 필통 등 기본 학용품 준비에 대한 안내가 필요하다. 우리나라 학교들의 경우에 실내화를 준비해야 하지만 다른 나라의 경우 실내화를 신지 않는 경우가 더 많아서 설명이 필요하다. 다문화가정 아이만 신발을 신고 교내를 돌아다니면 일반 한국아이

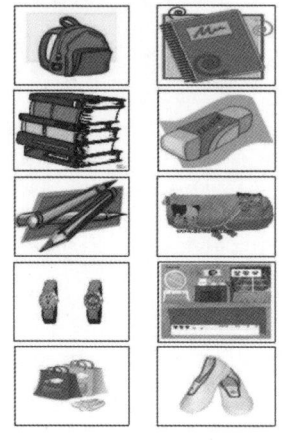

다문화 아이들을 위한 학교 안내장의 예. 왼쪽에는 준비물품의 그림, 오른쪽에는 한국말로 각 물품의 이름을 배치했다.

들의 곱지 않은 시선이 바로 꽂힌다. "모르면 가르쳐 줘야지 왜 쟤만 빼주냐"는 볼멘소리가 시작된다. 시작부터 공평하게 하나하나 차례대로 안내하자!

둘째는 학급시간표를 준비했다가 줘야 하는데 아라비아 숫자를 활용해서 각 교시별 시작시간과 마치는 시간을 적어주면 좋다. 만국공통어는 영어가 아니라 아라비아 숫자다. 더불어 중학생의 경우에는 교과서를 구입할 수 있는 곳에 대한 안내가 필요하다.

셋째는 '학교 안내장'을 준비해 주고, 한국어로 기록된 정보와 함께 제시하고자 하는 정보에 대한 간략한 그림만 함께 제시해 줘도 다문화가정 학부모에게 크게 도움이 될 수 있다. 아래 자료는 중도입국한 아이라 나이는 많지만 한국어를 하나도 모르는 상태에서 학교에 처음

취학하는 학생에게도 유용하게 사용했던 안내장이다. 학교에 많이 분포하는 다문화가정의 언어로 번역을 해서 세부사항을 비치하는 것도 좋다.

별 것 아닌 화장실 사용법, 못해서 낮아지는 자존감

외국인근로자 자녀나 중도입국학생 및 북한이탈학생이 학교에 입학한 첫날 당황스러워 하는 것들이 또 하나 있다. 급한 상황에서 학교 화장실의 위치와 사용법을 알지 못해 너무 당황스러워했다. 각 나라별로 화장실 사용법이 다르다보니, 학교 화장실에서 나오지 못하는 아이들도 있었다.

나도 그랬었다. 말레이시아와 캄보디아를 갔는데 화장실에 휴지는 없고, 작은 욕조와 물바가지만 있어서 용변을 보고 어찌할 바를 몰랐었던 경험이 있다. 수세식도 아니고 푸세식(?)도 아닌 화장실에 변기는 폴짝 올라가야 할 높이에 설치되어 있었다. '이슬람문화권'이라는 것을 간신히 생각해 내고서 용변 후 물을 뿌리고, 용변부위는 왼손으로 닦아낸 후 손을 깨끗하게 씻어야 하는 순서를 추리할 수 있었다. 여행용 물티슈로 급하게 마무리하고서야 화장실을 나올 수 있었다.

아시아경제의 박충훈 기자가 쓴 외국에서의 화장실 사용법 논란 기사(2012년 1월 19일 아시아경제 〈화장실 사용법 논란 "일부 외국학생 더럽게 써"〉)가 기억에 남는다. 기사에 따르면 호주 맥쿼리 대학교는 화장실 칸마다 소변기와 좌변기 등 서양식 변기 사용법을 설명하는 그림을 부착했더란다. 스티커는 금지 사항과 권고 사항을 그림으로 설명하

호주 맥쿼리 대학교의 서양식 변기 사용법 스티커.

고 있었다. 청소용역업체의 항의를 받아 스티커를 부착하게 되었고, 학교가 공식입장을 밝힐 때 '외국학생'을 언급한데 대해 인종차별적이라는 비판이 제기되어 이민자단체에 공식사과 요청을 받았다고 한다.

선생인 내 의견은 이렇다. 우리는 학생들의 문화를 지적하는 사람들이 아니라 학생들의 적응을 돕는 사람들이다. 더군다나 우리는 대학생보다 더 어린 학생들의 생활지도를 담당하는 선생님이다. 서양식 화장실 문화에 익숙하지 못한 일부 외국학생들이 화장실을 더럽게 쓴다는 청소원들의 항의가 계속 됐다면 비난하기보다는 '이주한 국가의 문화와 예절'에 대해 이해하고 행동할 수 있도록 가르칠 준비를 해야 한다. 외부단체가 비난한다 해도 표현의 수위를 잘 조절해서 가르칠 것은 명확하게 가르쳐야 한다고 생각한다. 실은 나도 스티커를 붙이고 싶은 마음이 굴뚝이다.

량관이가 학교에 처음 온 날, 1교시에 학교구경을 하자마자 화장실에 가고 싶어 해서 위치를 알려줬다. 2교시 수업을 시작한지 한참이 지나도 오지 않아서 찾아 나섰는데 아이가 화장실에서 나오지 못하고 있었다. 대변을 보았는데 변기 사용법은 모르겠고, 그냥 나오기엔 화장실에 사람들이 너무 많아서 14살이나 되는 녀석이 앉아서 울고 있었다.

카디자는 서양식 변기 위에 신발 신고 올라가서 쪼그리고 앉아 용변을 보다가 용변이 옷에 튀어서 교실로 온 일도 있었다. 유치원에서 변기 사용 방법이나 예절을 배워서 알고 학교에 오는 아이와 학교에 와서 급하게 배워야 하는 아이는 첫날부터 적응에 차이를 보이게 한다. 학교 화장실의 변기가 서양식인가 동양식인가에 따른 사용법, 물 내리는 도구 위치, 용변 후 손 씻기, 화장실용품(핸드드라이어, 종이수건) 사용법 등 사소한 것이지만 아이들 체면이 망가질 수도 있는 것이니 지도를 부탁하고 싶다.

입학 전 사전교육으로 학교 구경을

초등학교 1학년 학생이 있다면 그 아이의 어머니도 초등학교 1학년이다. 아이들은 유치원에 다니다가 처음 학교에 입학하면 누구나 긴장하고 적응을 시작한다. 초등학교에서 중학교 가면 또 긴장하고 적응을 시작한다. 그러니 한국학교에 처음 입학하는 외국아이들은 얼마나 긴장할지 미루어 짐작이 가능하다. 이런 학생들을 학교생활에 잘 적응할 수 있게 하는 방법은 무엇이 좋을까?

그래서 중도입국학생을 대상으로 한 입학 전 사전교육이 필요하다. 담임선생님이 직접 학생을 데리고 '우리 학교 구경하기' 프로그램을 해도 좋지만 우리가 좀 바쁜가? 선생님들이 바쁜 경우 학급의 학생들 중에 외국문화에 관심이 많은 학생들이 중도입국학생이나 외국인

학교의 각 층에 위치한 부실과 부실명을 알 수 있게끔 만든 탈착식 안내 포스터.

근로자 자녀와 함께 학교구경을 하면서 학교안내를 받을 수 있도록 또래집단을 활용하기 바란다. 학교생활에서 가장 중요한 교실과 화장실, 이동수업에 필요한 교과학습실 등을 안내를 하되 학교식당이 있는 경우는 식당 사용법과 사용시간 등을 덧붙여 소개해 주어야 한다.

위 예시 자료는 외국인근로자 자녀나 중도입국학생을 위한 한국어교실이 개설되어 있는 학교에서 활용하기에 적절하다. 한국어 초급과 한국학교가 초행인 학생들에게 '우리 학교 구경하기' 프로그램을 하면서 층별 구성과 각 실의 이름을 한국어로 익히고, 각 실의 주요 기능을 이미지로 연결할 수 있게 주간학습을 편성하여 활용할 수 있게끔 만든 것이다.

그림알림장을 준비해 주세요

 국제결혼가정이나 외국인근로자가정 자녀들이 학교 입학 또는 취학 초기에 가정에서 학습준비물을 챙겨오기 어려운 경우가 많다. 특히 한국어를 모르는 외국인근로자 부모 입장에서는 한글로 쓴 알림장의 내용을 보면서 학습준비물을 챙겨주기란 하늘의 별따기만큼 어렵다. 아이 입장에서도 다문화가정의 부모가 이주한 나라의 교육제도 안에서 성장하지 않았으면 교사가 제시하는 준비물이 왜, 어떤 수업을 받을 때 필요한가를 짐작하기도 어렵다.

 5월 근로자의 날 운동회를 앞두고 점검을 해보는 소운동회 날이었다. 보통 소운동회는 운동회에 걸리는 시간 측정이나 프로그램의 원활성 등을 점검하고, 프로그램을 재배치하기 위해 실시한다. 그해 소운동회 전날, 다문화가정 학생들 중 5학년들이 똘똘해서 그림알림장 없이 말로만 '한삼'을 가져오라고 했다. 한국어 의사소통이 전혀 안 되는 아이들을 학년별로 챙기다 보니 시간도 없었고, 탈춤을 추면서 한삼을 사용하니 다 알겠거니 했다.

 다음 날 아침, 내 책상에 인삼 한 뿌리, 홍삼 한 뿌리, 홍삼진액, 6년 홍삼 정관장이 박스로 쌓여 있었다. 영문을 모르겠는 내게 한 아이가 말했다. 너희 선생님은 받으실 분이 아닌데, 참 이상하다고 아동센터 원장님이 그랬더란다. 그제야 5학년 다문화가정 아이들과 학부모가 '한삼'을 모른다는 것과 전달과정에서 잘못 유추했다는 사실을 알았다. 북한이탈주민인 란주 어머니에게도 물었더니 '한삼'이 무엇인지 모른다고 했다. 그래서 얼른 한삼 이미지를 핸드폰으로 촬영해서 가정으로 보냈다. 그때부터 교사의 짐작으로 알겠거니 하고 일처리를 하지 않고, 일일이 확인하기 시작했다.

　　현장체험학습을 가는 날이었다. 콩고 난민 아이와 일본 아이가 도시락도 없이 빈 가방과 실내화 주머니를 들고 학교에 왔다. 2박 3일 심성수련을 가는 날, 러시아에서 온 아이들이 3일간의 일정에 필요한 물건을 하나도 챙겨오지 못했다. 물론 한국학생들처럼 글자로 된 안내장을 받았을 때였다. 이후로 나는 학교행사와 관련된 그림안내장을 가정으로 보내기 시작했다. 체험학습, 운동회, 야영, 학교행사 관련된 낱말을 인터넷에서 모은 조각 그림과 함께 안내장으로 제작하여 외국인근로자가정으로 보냈다. 외국인근로자 자녀들이 한국가정의 자녀들처럼

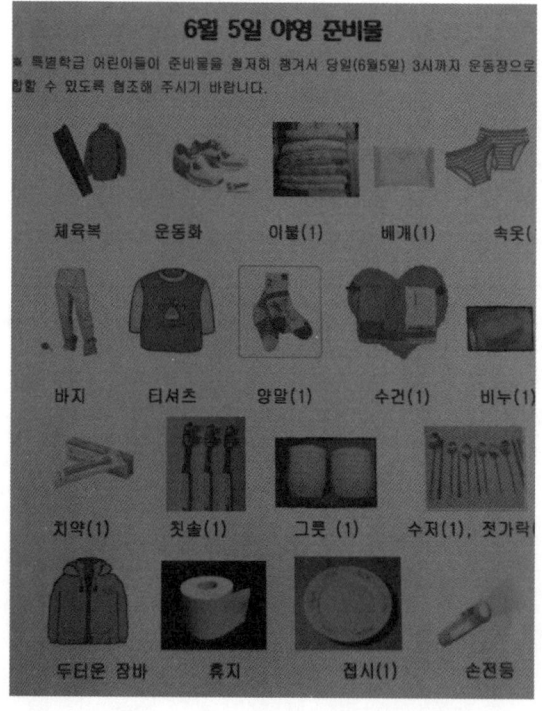

야영 때 활용하는 준비물품을 안내하는 그림알림장.

스스로 준비물을 챙겨오는데 탁월한 효과가 있었다. 하지만 행사의 취지와 낱말의 의미와 정확하게 부합하는 그림을 인터넷에서 찾는데 많은 시간을 할애해야 한다는 점은 단점이었다.

 선생님들이 흔히 말씀하신다. 저학년 다문화가정 아이들이 준비물도 안 챙겨오고, 집으로 전화해도 부모와 의사소통이 안 돼서 방법이 없다고 한다. 일단 한국어 의사소통이 어려운 아이들이나 다문화가정 부모에게 그림알림장을 보내자. 그림알림장에는 낱말, 수량, 이미지가 함께 있어서 부모가 아이들 앞에서 모른다고 하지 않아도 된다. 문구점이나 가게에 가서 비슷한 물건을 구매할 수 있어서 좋고, 그림알림장을 보면서 아이들 스스로 준비물을 챙길 수 있어서 좋다. 그림알림장을 보내면서 다문화가정 아이들이 체험학습을 못 간다거나 준비물이 없어서 활동에 참여하지 못하는 일이 현저히 줄어들었다.

 학습준비물을 잘 갖추는 것은 학습참여도와 관련이 깊다. 준비물을 잘 갖춘 아이들이 학습활동에 열심히 참여하기 마련이다. 다문화가정의 자녀가 있는 학급담임교사는 교과전담 교사와 연계하여 필요한 준비물을 연락받고, 준비물과 관련된 낱말을 활동 전에 가르치는 것도 좋다. 핸드폰으로 이미지를 찍어서 학습활동에 활용할 수도 있고, 준비물 이미지를 학생의 부모에게 전송해 줄 수 있다. 운동회와 현장체험학습, 수련활동, 야영 등에는 활동과 관련된 낱말과 이미지를 시기에 맞게 가르치고, 각 학교급에 알맞는 안내장을 발송하는 것이 필요하다.

02
고민스러운 급식

　일반적인 한국아이들도 급식시간에 나물무침이나 된장을 활용한 음식은 많이 남긴다. 요즘엔 김치를 안 먹는 아이들도 늘었고, 소시지나 햄만 찾는 아이들도 많다. 다문화가정 아이들도 일반 한국아이들과 다르지 않다. 단지, 국제결혼가정 중 종교 율법이 엄격한 가정이나 이슬람교를 믿는 외국인근로자의 자녀, 중도입국학생들의 경우, 선생님들이 눈여겨 볼 필요가 있다. 이들도 나물을 먹는 것을 굉장히 힘들어 하고, 떡을 처음 먹을 때는 찐덕찐덕 하다고 싫다하기도 한다. 이건 먹으면 안 된다고 눈에 힘을 주며 의사표현도 한다.

다문화 아이들의 한국음식 적응력 키우기

　일본문화가 성장 배경에 있던 한 학생은 매운 것에 취약한 경향이 있었다. 일본 아이들이 처음 학교에 왔을 때 일이다. 우리가 먹을 때는 별로 맵지 않았는데, 그 아이들은 아주 작은 김치쪼가리를 삼키며 물을 세 잔씩 들이키곤 했다. 결국엔 물배가 차서 다른 음식은 먹지도 못하고, 며칠간 맨밥만 먹었다. 교실에 도시락 김을 사두고 점심시간에 주었다. 그런데 계속 학교에 다녀야 하는 아이들이고, 가정에서 따로 준비해 줄 수도 없는 형편이었다. 게다가 돌아갈 날에 대한 기약이 없어서 점심시간에 한국음식을 먹어야 하는 아이들이라 한국음식에 대해 적응력을 놓칠까봐 걱정됐다. 그래서 중지했다.

몽골문화를 배경으로 하는 학생들은 생선을 조리한 음식을 먹기 힘들어 했다. 2006년 특별학급 초창기 학급구성원의 삼분의 이가 몽골에서 온 학생들이었다. 하루는 점심시간에 제 학급에 가지 않고, 특별학급으로 급식을 피해 모두 피난을 왔기에 얼른 식단표를 훑어보았다. 좁쌀밥과 동태국, 생선튀김에 김과 김치가 있었다. 다른 사람이 해주는 밥을 좋아하는 나로서는 굉장히 훌륭한 식단이었다. 애들이 왜 이러나?

후에 몽골자원인사의 설명이 이러했다. 몽골은 바다가 없어 일반인들이 해조류나 생선요리를 접하기 어렵고, 1992년 소련의 영향력에서 벗어나기 이전에는 공산당 간부나 권위 있는 집안에서나 생선요리를 맛볼 수 있다고 했다. 당시 쇠고기를 먹으려면 한화 2천 원이면 되었지만 생선요리는 7만 원을 넘는다고 했다. 생선보다 쇠고기, 양고기, 말고기가 훨씬 일반적인 먹거리라는 것이다. 그리고 유목을 하다 보니 농사를 많이 짓지 않아 야채 가격도 매우 비싸다고 했다. 수업시간에 야채 이름에 대해서 배우기를 했는데 몽골아이들이 몽골엔 '무'가 없다고 이구동성이었고, 무를 재료로 해서 만든 깍두기나 총각김치를 매우 흥미로워했다. 그러나 흥미와 식성은 좀 달라서 아이들이 김치 종류를 잘 먹지는 못 했다.

"선생님, 저는 생선국이 무서워요."

사르나이는 큰 가시들과 듬성듬성 해체된 살과 내장이 섞여있는, 게다가 비늘이 반짝이는 생선국을 몽골에 돌아갈 때(그러니까 3년 후)까지 먹지 못했다. 적응기간 동안 몽골에서 온 아이들을 살펴보니, 오징어와 같은 건어물 냄새에는 토할 뻔 했고, 맛을 보고 나서 화장실로 뛰쳐나가곤 했다. 오징어 관련은 아프리카에서 온 아이들도 같은 반응이었다.

수요일이면 급식에서 카레나 볶음밥, 비빔밥, 짜장밥 등 일품요리가 나올 때가 있었다. 그런데 우즈베키스탄과 일본, 러시아에서 온 아이들이 동시에 "으악!" 하고 소리를 지르며 달아난 날이 있었다. 짜장밥이 나온 날이었는데, 까만 짜장 소스에 밥을 비벼 먹도록 내가 미리 시범을 보였었다. 내가 외국인의 입장이 아니라서 왜 그렇게 아이들이 경악을 하는지 처음엔 이유를 몰랐다. 이유인즉 아이들이 세상에 태어나서 한 번도 본적이 없는 까만 음식에, 게다가 짜장 소스에 비벼놓은 쌀밥은 까만 애벌레들처럼 보였더란다. 아이들의 관점에서 보니, 그렇게 보여서 껄껄껄 웃었다. 그래서 '앞으로 평생 저 녀석들이 짜장은 못 먹겠구나!' 하고 생각했다. 그런데 웬걸, 초등학교 졸업할 때까지 짜장면 한 젓가락도 못 먹던 인도 아이가 중학교 3학년이 되어 전근지로 찾아왔기에 배달음식을 시켰는데 짜장 곱빼기를 주문하더라. 격세지감 隔世之感을 느꼈다.

적응할 수 있는 기회 주기

　문화에 대한 이해와 적응은 음식에 적응했는가를 살펴보면 알 수 있는 것 같다. 특별학급 담임을 하면서 학생들이 이주해 온 국가의 음식을 잘 먹고, 즐기는 단계가 되면 적응은 거의 끝난 상태임을 확인할 수 있었다. 국적이나 성장배경에 따라 한국음식에 대한 적응도에 차이도 있었다. 부모님이 외국인이지만 가정에서 자주 한국음식을 요리해 먹는 가정의 아이들이나 어머님이 한국인인 아이들은 학교급식에 빠르게 적응하곤 했다. 한국음식 적응기간이 짧은 아이도 있었지만 대체로 1년은 걸렸다.

　개구리 올챙이 적 모른다고 한국음식에 빨리 적응한 아이가 입학한지 얼마 되지 않아 급식시간마다 고통인 아이를 놀리기도 하고, 일부 한국아이들은 외국 국적 아이들이 밥 먹는 것을 흉내 내며 놀리기도 했다. 적응 초기 아이들은 학교에 대한 스트레스와 함께 음식에 대한 스트레스를 받았다. 생각해보자. 어느 날 갑자기 모르던 나라와 학교에 와서 매운 김치와 야채 가득한 된장국에 샐러드가 아닌 나물 반찬을 식판 가득 먹게 되었는데 오죽 당황스러울까?

　에콰도르에서 온 죠엔은 점심식사를 하는데 1시간이 걸렸다. 원체 행동이 느려서 예상은 했지만 5교시 시작종을 칠 때까지 먹고 있으리라고는 상상도 못했다. 급식 당번 친구들도 빨리 급식차를 정리하고 놀고 싶은데 죠엔 때문에 힘들다고 투덜거리기 시작했다. 게다가 죠엔이 급식을 마치면 5교시에는 '씨에스터(낮잠)'를 잤기 때문에 담임은 담임대로 난감해 했다.

　낮잠시간이 없는 한국에서 5교시와 6교시까지 낮잠을 자고 일어나는 죠엔도 자신을 보는 시선에 마음이 불편했었나 보다. 결국 교실에 가지 않겠다고 했다. 일단 점심시간에 나와 식사를 하면서 속도를 조금씩 조절했고, 집에 연락을 해서 역시 식사속도를 조절했다. 그래도 한국음식을 안 먹으려고 급식시간마다 도망다니는 아이샤와 마리야에 비교하면 한 시간이 걸려도 끝까지 먹어주는 죠엔이 그렇게 예쁠 수 없었다.

그런데 한 시간씩 먹는 것을 특별학급 친구들까지 놀리기 시작했다. 다문화인으로 구성된 특별학급인 우리들끼리도 뭔가 서로에 대한 이해가 필요하다는 생각이 들었다. 에콰도르에서 치즈와 기름요리에 익숙했던 죠엔이 한국에 와서 느리지만 된장국을 얼마나 잘 먹고 있는지 아이들이 알아야 할 필요가 있었다.

마침 도시히로가 집에서 가져온 '낫또'를 특별학급 친구들과 죠엔의 학급친구들이 함께 먹어보는 시간을 가졌다. 실처럼 쫙쫙 늘어지는데 밍밍한 것이 차마 목에 삼키기들 어려웠나 보다.

낫또는 일본인이 아니면 낯선 음식이기 때문에 다른 문화를 체험하고 이해하게끔 만드는데 도움이 됐다.

"난 된장국 잘 먹는데, 낫또 먹기가 왜 이렇게 힘드냐? 죠엔은 된장국을 어떻게 먹었냐?"

죠엔의 절친인 정태가 한 말이다. 어떤 녀석은 죠엔의 어깨를 토닥거렸다. 역지사지(易地思之)는 가끔 많은 일을 해결한다.

외국인근로자 자녀와 중도입국학생이 있는 교실에서 아이들은 선생님의 말과 행동에 관심을 갖는다. 선생님이 우리와 좀 다른 아이들을 어떻게 대하는지 선생님만 눈치 채지 못하고, 아이들은 관찰을 시작한다. 외국에서 온 학생들이 급식시간에 안 먹겠다하면 아무 간섭도 안 하는 선생님도 있었다. 한국학생들만 골고루 먹고, 잔반 남김이 없어야 한다고 지도하시는 선생님도 있었다. 점심시간마다 도망 다니는 특별학급 학생들을 불굴의 의지로 잡아다 놓고 끝까지 다 먹이시는 선생님도 계셨다. 모두 아이들이 일러준 이야기다. 한국아이들은 선생님이 한국아이들만 끝까지 먹여도 불만, 외국아이들을 끝까지 먹이는 선생님은 외국 애라 관심을 보인다고 그것도 불만을 삼았다. 아이러니다.

식성이 모두 다른 외국학생들을 지도해본 입장에서 보면 선생님들이 '배려'라는 것을 다시 생각해 보았으면 한다. 못 먹는 음식은 긍정적인 생각을 가지고 체험해 볼 수 있는 기회를 만들어 주어야 한다. 종교적인 이유가 아니라면 안 먹는 음식은 일반 한국아이들처럼 골고루 먹을 수 있게 지도를 부탁한다. 마음에 여유를 가질 수 있도록 급식 양을 조절해서 주고, 조금씩 양을 늘릴 수 있도록 배려해 주자.

외국인 친구가 급식시간에 왜 배려 받는지를 학급 친구들이 이해하고, 선생님의 배려에 동의할 수 있어야 한다. 그리고 지켜보는 일반 한국아이들이 함께 경험할 기회를 제공해주면 한다. 또 한국아이들이

'나는 먹기 싫은 것도 다 먹어야 하는데 쟤는 안 먹어도 간섭을 안 한다'고 억울하게 생각하지 않도록 양쪽 모두를 배려해야 할 것이다. 모든 아이들이 음식에 적응하기 어려워하면 적응할 수 있는 기회를 제공하고, 적응에 대한 보상도 준비하면 어떨까 싶다.

학교에서 굶고 오는 아이들

다음은 다문화가정 학부모의 관점에 본 학교급식과 관련된 글이다.

> 저희 가정은 무슬림 가정으로 남편의 종교적인 신념이 매우 강해서 다른 가정에 비해 옷과 음식에 대한 규제를 엄격하게 지키게 하고 있습니다. 여자 아이가 열 살 이상이 되면 살이 보이거나 몸매가 드러나는 짧은 치마 등을 안 입게 하고, 돼지고기 음식을 안 먹습니다. 그래서 옷은 제가 신경을 써서 입히면 되는데 음식은 학교에서 급식이 나오는 대로 먹어야 하기 때문에 아이들이 늘 점심을 제대로 먹지 못하고 오는 경우가 많았습니다.
>   아이가 셋인데 큰 아이가 중학생일 때는 늘 굶고 집으로 돌아와 폭식을 하기도 했습니다. 둘째와 셋째도 학교에서 늘 돼지고기 관련 음식이 나올 때마다 집에 오면 먹고 싶다고 하기도 하고, 우울해 하기도 하였습니다. 그럴 때마다 부모인 저의 심정은 늘 안타깝고 삶에 회의를 많이 느꼈습니다.
>   올해 부임해 오신 교장선생님께서 소수인 저희 무슬림 가정의 아

> 이들을 위해서 대체 반찬을 만들어 먹을 수 있게 해 주셨습니다. 이 자리를 통해 진심으로 감사의 말씀을 드립니다. 제가 아이들 먹는 것 때문에 마음고생도 많이 하여서인지 한시름 걱정거리를 놓을 수 있어서 기쁘게 생각합니다….
> (이하 생략)
>
> –「2012 다문화 이해와 지원역량 강화를 위한 관리자 연수」중
> A학부모 토론자의 글

위 글은 외국인 이슬람교도와 결혼한 다문화가정의 한국인 어머니가 작성한 글이다. 어머니가 한국분이라 사회로부터의 다문화가정에 대한 시선이나 어려움을 정확하게 표현해 주어서 덕분에 학교에서의 다문화가정 아이들 교육에 참고하며 지도할 수 있었다. 아이들은 모두 한국에서 출생했고, 한국 국적자이며 한국학교에 다니고 있지만 종교와 관련된 계율로 학교생활에 어려움이 있었다.

대부분 다문화가정의 어머니들이 외국분이어서 의사소통이나 의미전달이 어려워 실제적인 어려움을 파악하기 어려울 때가 더 많았다. 교사인 우리가, 다문화가정이 아닌 우리가 그저 피상적으로 '다문화가정이 이럴 것이다'라고 짐작하여 지도하는 것보다 실제 어려움을 듣고 의견을 반영하며 지도하는 것이 훨씬 다문화교육에 긍정적인 결과를 낳으리라 생각한다. 그러므로 다문화가정 아이를 잘 지도하고 싶다면 각 학급에 있는 다문화가정 어머니들을 자주 교실로 초대하길 바란다.

종교에 따른 음식 경계령

여러 종교를 믿는 아이들이 학교에 오기 시작했다. 힌두교를 믿는 아이도 있고, 이슬람교를 믿는 아이도 있었고, 유대교를 믿는 아이도 있었다. 라마교, 러시아정교, 불교도 다양한 종파, 아프리카 토속신앙을 믿는 아이도 있었다. 힌두교는 소고기를 먹지 않아야 하고, 이슬람교와 유대교는 돼지고기를 먹지 않아야 했다. 입학상담 때부터 부모들이 학교급식에 대해 예민한 반응으로 보여서 결국 개인이 도시락을 준비하도록 했다.

처음 며칠은 아이들이 도시락을 그런대로 챙겨왔다. 그런데 일주일이 지나면서 아이들이 싸오는 도시락이 영 마음에 들지 않았다. 부모들이 맞벌이다보니 아침마다 도시락을 싸는 일이 힘들었을 것이다. 밥 한 덩어리에 소스만 부어오는 아이도 있었고, 열흘 내내 꾸이먹(우즈베키스탄식 팬케이크) 한 장을 점심이라고 싸오는 아이도 있었다. 점심 사먹으라고 500원짜리 동전 하나만 달랑 들려 보내는 외국인 부모님도 있었다. 열흘 째 점심으로 초코파이 하나만 들고 오는 아이를 보고 화가 나서 급식을 다시 먹이자고 부모를 설득했다.

학교에 굉장히 다양한 종교를 믿는 너무 소수의 민족들 모두에게 대체식단을 마련하기는 어려웠다. 어느 종교는 대체식품을 주고, 어느 민족은 주지 않기가 형평에도 맞지 않았다. 그래서 아이가 종교적으로 금기하는 음식은 매일 점심시간 전에 알려주기로 약속했다. 덕분에 선생님들이 점심시간에 더 바빠졌다. 종교에 따라 먹으면 안 되는 국이나 반찬을 미리 알려주곤 했고, 각 학급에서도 담임들이 다시 한 번 안내를 했었다.

우즈베키스탄 문화교실 수업 시간에 학생들과 함께 만든 우즈베키스탄식 팬케이크인 꾸이먹.

    선생님들의 노력에도 가끔씩 외국인 아버님들의 민원이 학교를 흔들었다. 분명히 선생님은 먹이지 않았는데 아이들이 몰래 먹고, 집에 가서 맛있다고 자랑을 했던 것이다. 또 담임선생님이 급식시간에 돼지고기를 절대로 못 먹게 했더니 선생님 몰래 아이가 두세 번을 퍼다 먹고, 집에 가서는 오늘 급식에서 돼지고기가 나와서 하루 종일 굶다왔다고 해서 학교가 난처했던 경우도 있었다.
    힌두교를 믿어서 소고기를 먹으면 안 되는 녀석이 집에 가서 학교 불고기가 맛있다고 하지를 않나, 이슬람교를 믿어서 돼지고기 먹는 걸 금기시 하는 녀석이 삼겹살 볶음을 몰래 집어 먹고 집에 가서 어머니에게 만들어 달라고 했다. 해마다 반복해서 일어나는 급식 관련 사고들이다. 한국아이들 입장에서는 소고기든 닭고기든 돼지고기든 골고루 영양소를 섭취해야하는 식단인데, 매번 식단 때문에 민원이 발생하니 학교도 스트레스를 받기 시작했다.
    수업공개를 하는 날이었다. 그날 수업 주제가 '한국사람이 자주 먹는 한국음식 알아보기'였고, 경험담을 발표하는 시간이었다. 자이납이

벌떡 일어나더니,

"저는 떡볶이를 좋아해요. 순대 비벼먹으면 더 맛있어요."

라고 말하는 게 아닌가? 무슬림인 것을 친구들도 나도 알고 있는데, '순대'라는 말에 그리고 순대가 뭔지 알고 먹었다는 설명에 우리가 더 놀랐다. 자이납이 당황스럽게 상황을 종료했다. "아빠에게만 비밀로 해 주세요."

가능한 한 종교나 문화적인 배경, 성장배경에 따라 학교에서 다문화가정 학생을 위해 대체식단을 준비할 수 있으면 좋다. 돼지고기를 먹으면 안 되는 무슬림 학생들에게 닭고기 볶음을, 소고기를 먹으면 안 되는 힌두교를 믿는 학생들에게는 콩으로 만든 고기를 준비해 주는 것도 한 방법일 것이다. 육식을 금하는 라마단 기간이면 무슬림이 아닌 다른 아이들도 함께 '생명존중'을 배울 기회로 함께 참여해 보는 것도 의미 있을 것이다.

학교가 다문화연구학교와 거점학교로 연속해서 지정되어 다문화 행사도 많이 했었다. 행사 간식을 준비할 때, 힌두교를 믿는 아이에게는 돈까스버거를, 이슬람교를 믿는 무슬림 아이들에겐 치킨버거, 어패류를 싫어하는 몽골과 아프리카계 아이들에게는 불고기버거를 준비했다. 처음엔 번거로웠다. '학교에서 이렇게까지 해야 하나?' 그런 생각도 들었다.

그런데 함께 활동했던 한국아이들이 금기된 음식문화를 가진 친구들을 배려하기 시작하는 모습을 보게 되었다. 급식당번일 때 반찬을 소량으로 가려서 주기도 하고, 운동회 날 김밥을 같이 먹으면서 무슬림 친구를 위해 햄을 쏙쏙 빼주는 모습도 보았다. 한국과 다른 음식, 다른 식습관을 가진 다문화가정 아이들이 음식을 적응하는 과정에서 배려되는 것을 보고 자라는 한국학생들이 '존중'을 자연스럽게 배우게 된다는 것을 한참이 지난 뒤에야 알게 되었다.

    돼지고기나 소고기를 금기시 하는 것을 이상하게 여기지 않고 함께 즐거운 식사를 할 수 있는 교실! 다문화가정 학생들이 없는 학교에 비하여 다문화가정 학생들이 있는 학교가 아이들의 다문화 감수성과 공감지수를 자연스럽게 길러줄 수 있는 강점을 갖게 되리라 생각한다. 존중을 배우고 자란 우리 아이들은 어디에서나 존중받는 사랑스런 아이들로 성장할 것을 믿어 의심치 않는다.

다문화교실의 뜨거운 화두, 음식문화

    몽골에서 온 아이들이 점심시간에 굶는 일이 잦아지자 급식실로 내려갔다. 국과 반찬에 생선과 해조류가 겹치지 않게 하고, 급식 중 한 가지 정도는 먹을 수 있도록 조정을 했다. 인도 아이의 어머니가 소고기 때문에 항의를 했을 때는 소고기가 들어가는 요리를 점검하고, 우즈베키스탄 아이의 아버지가 돼지고기 때문에 항의 했을 때는 돼지고기 반찬을 다시 점검하곤 했다. 이슬람교를 믿는 학생의 경우 돼지고기만 안 먹는 것이 아니라 돼지를 가공한 햄, 소시지, 베이컨 등등도 먹지 않아야 한다. 인도에서 온 채식주의를 실천하는 아이는 소에서 짜낸 우유, 우유가 들어간 빵, 치즈, 달걀, 달걀이 들어간 음식들도 급식에서 전혀 먹으면 안 되는 식품이어서 안 먹도록 관리하는 것이 쉽지만은 않았다.

그럼에도 불구하고 이슬람교도인 한 아버지는 점심시간마다 학교에 와서 아이들 배식을 지켜보다 가기도 했다. 더 극성인 아버지는 반찬통 뚜껑을 열고 검사도 했다. 잠깐 상황을 잊었는지 한국 애들도 돼지고기 먹이지 말라고 화를 내서, 여기는 한국이고 한국아이들은 골고루 먹어야 하니 도를 넘는 간섭은 하지 말라고 말을 받아쳐버렸다. 학교가 노력을 하고 있는데도 노력을 모르는 척하니 대변을 하는 나도 화가 날대로 나있는 상태였다.

문제는 너무 다양한 종교를 믿는 너무 소수의 아이들을 모두 배려하려니 영양교사와 급식실이 스트레스를 심하게 받기 시작했다. 그래서 한동안은 경단(미트볼) 모양의 반찬이 나오기 시작했다. 너무 힘든 나머지 모든 음식의 원재료를 알 수 없도록 모두 갈아서 해물경단처럼 만들어 버렸던 것이다. '오죽하면 그렇게 했을까?'

전근을 온 학교에는 이슬람교를 믿는 아이들을 위한 대체식단이 있었다. 매일매일 조리원의 눈치를 보며 반찬을 준비한다는 영양교사의 넋두리 담긴 메시지를 받았다. 그도 그럴 것이 한 종류의 반찬을 두 번씩 해야 하는 상황을 어느 조리원이 반기겠는가? 거의 매일 대체식단이 있어야 하는 상황이니 다른 학교에서 근무하는 것보다 배로 힘든 것이 우리 학교였다.

돼지고기 김치볶음이 반찬으로 나온 날이었다. 이슬람교를 믿는 학생들에게 김치볶음만 제공되었다. 부모들로부터 돼지고기 김치볶음을 만든 후 김치만 골라내서 제공한 것이 아니냐는 오해도 있었다. 이슬람교를 믿는 아이들에게 돼지고기 대신 다른 육류를 넣어 칼로리를 맞춰서 일반학생들과 같은 칼로리를 섭취할 수 있도록 해달라는 요청이 들어왔다. 정당한 요청이었다.

음식에 문제가 있을 때마다 부모로서의 당연한 요구라고 부모의 마음으로 이해는 한다. 그러면서도 너무 바쁜 오전에 반찬을 이중으로 준비해야 하는 급식실이 안쓰럽기도 하고, 빠듯한 급식 예산에 대체식단 단가까지 걱정하며 준비하는 영양교사의 노고도 모른 척 할 수 없는 것이 다문화학생을 위한 학교다. 식단마다 불화가 일어나는 다문화교실에서 힘들기는 담임교사도 마찬가지다. 누구에게 무리한 요청을 했다고, 누구는 덜 노력했다고 나무랄 수 있는 상황이 아닌 것이다.

이렇듯 소수자 배려를 위한 다문화가 진행되면서 학교가 겪고 있는 산통 중의 하나가 음식문화다. 학교 카페테리어에서 학생들이 각자 가정에서 준비해 온 도시락으로 점심식사를 해결하는 다른 나라는 우리나라보다 학교에서의 음식 관련 문제가 덜할 수 있다. 따라서 급식에서 음식을 조절해 주어야 하는 경우 육류를 교체해야 하는 학교에는 다른 학교보다 더 충분한 예산이 배정되어야 한다. 학교도 점심을 굶고 오는 아이를 지켜보는 부모의 마음에서 상황을 돌아보고, 부모는 변화하는 학교의 노력하는 모습에 여유를 갖고 함께 노력하는 지혜가 필요하단 생각이 든다. 우리가 지금 산통을 겪고 있는 학교 속 다문화 급식 문제는 잘만 해결한다면 수년 후 다문화사회의 점심문화를 해결할 수 있는 열쇠가 될 것이다.

라마단과 한국학교

아버지가 인도네시아 분이시고 어머니가 한국인인 성현이가 점심시간에 아무 것도 먹지 않고 있었다. '아! 라마단이구나!' 내가 깜박 잊고 있었다. 종교 율법을 잘 지키는 성현이네 집은 비록 한국에 살고 있지만 라마단 기간을 성의껏 지키는 집안이다. 어린 녀석이 뚝심 있게 라마단을 잘 지켜내는 모습이 대견스러웠다.

다양한 다문화가정 아이들을 가르치기 전에는 라마단이 이슬람교에만 있는 건줄 알았다. 그러나 라마단은 금식을 실천하는 기간으로 비슷한 종류의 종교행사가 힌두교에서도 있었고, 러시아정교를 믿는 아이들도 지키고 있었다. 심지어 기독교에서도 일종의 금식기간이 있다. 종교가 기간의 길고 짧음이 다를 뿐 금식을 통해 가르침을 얻는 것은 비슷한 듯했다.

라마단이 길어지면 선생님들은 주의해야 할 것이 하나 있다. 아이들의 건강상태를 확인하는 것이다. 10일 동안, 주말을 더하면 약 2주에 해당하는 기간 동안 금식을 하는 종교가 있었다. 모국에서처럼 전교생이 다 같이 금식을 하면 견디기가 쉬웠을 텐데, 한국학교에서 혼자 금식을 하다 보니 음식 냄새를 참는 것도 힘들었고, 옆에서 점심을 맛나게 먹는 친구 때문에 배가 더 고팠었나보다. 참아보려고 운동장 구석에서 미끄럼틀을 타던 녀석이 미끄럼틀에서 내려오다가 현기증으로 거꾸로 쑤셔 박혔다. 모래밭이기에 망정이었고, 거의 다 내려와서 사고가 나서 다행이었다. 하루 종일 금식을 실천하고, 저녁에 한 번 물에 말아서 밥을 조금씩만 먹었단다. 2주일 사이에 아이가 홀쭉해진 것도, 아이가 기운이 너무 없어서 점심시간 이후에는 수업에 집중도 못하는 것도 안쓰러웠다.

한참 성장기 아이인데, 라는 생각에 교사인 우리들은 또 딜레마에 빠져야 한다. 교사는 학교에서 아이의 건강과 발달을 책임지는 사람이다. 그 책임을 다하려고 아이의 금식을 풀면 아이의 종교적 신념과 실천에 위배가 되는데 어찌 해야 할까? 내가 아이에게 금식을 풀 여지를 주는 것을 아이의 부모는 절대적으로 반대했다. 여러분은 어찌하겠는가? 종교에 관해 중립을 지켜야 하는 공립학교 선생인 나에게 다문화 가정의 다양한 종교와 생활방식은 아직도 다 풀지 못한 숙제다.

03

말, 말, 말, 말조심

"선생님, 되놈이 뭐예요?"

7년 전에 있었던 일이다. 6교시가 끝나고, 중국 동포(조선족) 아이가 눈을 동그랗게 뜬 채로 특별학급에 왔다. 어디서 되놈이란 말을 알게 되었냐고 물으니까 어느 선생님이 큰 소리로 꾸중을 하면서 되놈이라고 하셨단다. 아이는 되놈이 무슨 뜻인지 너무 궁금해서 내게 들렀다고 했다. 좋은 말이 아닌 것 같은 느낌이 들었다 했다.

그 선생님은 원로교사였는데, 중국어를 많이 알아들으시는 선생님이셨다. 아이들이 하도 복도에서 너무 뛰고, 소리를 지르고 시끄러워서 조용하라고도 하셨다는데 아이들이 선생님을 힐끗 보더니 멈추지 않고 계속 같은 행동을 하며 중국어로 떠들었다. 선생님이 순간 화가 나셔서 "야, 이 되놈들아, 왜 남에 나라에 와서 시끄럽게 난리야!" 하고 소리를 지르셨단다.

중국과 일본 아이들에게 조심해야 할 말

보통 한 국가의 아이들이 혼자 한국학교에 오면 조용하다. 의사소통이 불가능해서 조용한 경우도 있지만 지지세력이 없으면 제 성격을 드러내지 못하고, 그저 조용히 존재하게 된다. 그러다가 자국인이 하나 둘 오게 되면 꼭 무리를 지어 다니며 시끄러워진다. 유독 중국에서 온 아이들이 목소리가 크다. 교실이나 복도에나 모여 있으면 시끄러워서 학급의 조회나 종례를 하지 못할 정도로 생활지도가 어려운 경우도 있었다.

생활지도를 하는 선생님 입장에서 당연히 언성이 높아졌을 상황이었다. 선생님을 무시하고 중국어로 계속 떠드는 모습을 보며 기분이 많이 언짢았음도 이해했다. 그러나 되놈은 '중국인을 낮추어 부르는 말'이다. 또한 보통 젊은 세대들은 잘 사용하지 않는 말이다. 그러나 가끔씩 연세가 있는 선생님들이 중국계 아이를 향해 지칭할 때가 있다. 참 곤란하다.

6학년 사회 교과에서 역사를 배우던 시기의 일이다. 일본의 침략과 식민지 시대에 대해서 배우는 과정이었나 보다. 아이들이 너무 격앙된 목소리로 복도를 지나가는 타마시를 보자마자 '왜놈'이라며 '왜놈 지나간다'고 손가락질을 했다. 타마시는 '왜놈'이 뭐냐고 내게 계속 물었다. 나중에 아이들을 진정시키고 물으니 수업시간에 선생님이 '왜놈'이라는 표현을 여러 번 하셨다고 했다.

선생님이 하는 말은 아이들에게 지대한 영향력을 행사한다. 특히 유치원이나 초등학교 학생들에게는 절대적인 경우도 있다. 아이들은 선생님의 언어를 관찰했다가 생활 속에 다시 재활용한다. 선생님이 수업시간에 흥분하여 사용한 '왜놈'이라는 말은 아이들에게는 보편적 민족정서가 되기도 한다. 설마 아이들이 '왜놈'이라는 말을 선생님에게서 처음 들었겠는가! 이미 드라마며 영화에서도 많이 들었지만 선생님이 사용했기 때문에 자신들이 사용하는 것을 정당화할 수 있는 것이다.

"엄마, 우린 오랑캐의 자손이에요."

서울과 경기도 지역에 있는 학생들은 한 번쯤 강화도를 가보게 된다. 빼어난 경관도 좋지만 강화도에 가면 마니산 산꼭대기에 단군이 하늘에 제사를 지냈다는 참성단도 있고, 고려왕궁과 전등사 등 유적지가 많다. 특히 고려시대 삼별초의 항쟁은 학생들이 애국심을 고취할 수 있는 내용으로 애국·애족교육의 단골 메뉴다.

삼별초의 난은 1270년(원종 11년)에 삼별초가 몽골 세력과 몽골에 항복한 고려왕조에 대항하여 일으킨 항쟁이다. 고려왕조가 몽골에 항복하고 삼별초의 해산을 명령했다. 그러자 삼별초는 이에 반발한 배중손의 지휘 아래 승화후 왕온을 왕으로 추대하고, 반원(反元) 정권을 수립하여 싸웠다. 진도와 제주도로 본거지를 옮겨가며 항쟁을 벌였으나 1273년(원종 14년)에 고려와 중국 원나라 연합군에 의하여 제주도에서 완전히 진압되었다. 그래서 강화도와 진도와 제주도에는 삼별초의 항쟁과 관련된 유적이 많이 남아 있다.

제주도에 가면 항파두리 항몽유적지가 있다. 항파두리 항몽유적지는 삼별초의 마지막 격전지로 학생들의 체험학습이 많은 곳이다. 학생들을 인솔하셨던 선생님이 학생들에게 말씀하셨단다. 몽골 오랑캐가 쳐들어 왔지만 우리 민족이 끝까지 항전한 장소로 우리는 삼별초의 정신을 이어받아야 한다고. 그런데 그 학급에 어머니가 몽골사람인 다문화가정의 아이가 있었다고 한다. 체험학습을 마친 그 아이가 집에 가서 부모에게 말했다. "엄마, 우린 오랑캐의 자손이에요."

다행히 그 아이가 오랑캐가 무슨 뜻인지 잘 모르는 상태라 크게 비하감이나 분리감은 없었다지만 아이의 말을 전해들은 아버지가 점잖게 민원전화를 하셨단다. 선생님은 별 생각 없이 하는 말이지만 그 아이가 오랑캐가 무슨 뜻인지를 알고 들었다면 매우 큰 상처가 되었을 말이기도 하다. 우리나라는 반만 년 역사 동안 외세의 침입이 많았던 탓에 다문화가정의 아이들에게는 상처가 될 만한 단어들도 유난히 많다. 그래서 선생님은 다문화가정의 아이들을 대상으로 가르칠 때 문화적 배경을 잘 파악하고, 수업전개 시 적절한 어휘를 선택해서 설명해야 한다.

학생을 나라가 아닌 사람의 이름으로 불러주길

다문화아이들은 중학교를 가서 적응이 잘 안 되면 초등학교 선생님을 자주 찾아온다. 매일 한 교실에서 하루 종일 생활했던 초등학교 선생님처럼 중학교 선생님도 자신을 보아주길 바라는 마음들이 간절하다. 교과시간마다 선생님들이 모두 바뀌어 들어오시는 것도 낯설고, 한국어 의사소통도 어려운데 다른 학교에서 온 친구들이 자꾸 어느 나라 사람이냐고 묻는 것도 싫다. 초등학교 때는 학교 끝나고 같이 노는 친구들도 많았는데 중학교에 오니 아이들은 모두 학원에 가고, 학교에서도 방과 후에도 늘 외로워했다. 특히 공단지역 다문화가정 청소년 아이들은 갈 곳이 없다.

중학교를 보내자마자 얼마 되지 않아 자퇴(?)한 하오위와 바야르를 만났다. 한국어 듣는 귀도 뚫리고, 제법 말도 잘 해서 꼬치꼬치 캐물었다. 무엇이 제일 힘들어서 스스로 정원 외 관리 되는 것을 택했는지 궁금했다. 원인은 여러 가지가 있었지만 의외의 대답을 들었다.

수업시간에 선생님이 번호 순서로 지명하시다가 하오위 차례가 되면 그러셨단다. "야 중국, 너 한 번 읽어봐." 한국아이들과 똑같이 번호로 지명하시거나 이름을 불러주시면 좋았을 텐데, 국적으로 부르는 것이 매번 마음에 들지 않았단다. 게다가 하오위는 초등학교에서 한국어를 6개월만 배우고 중학교에 간 상태라 교과마다 대표 읽기가 너무 어려워했다. 그런데 매번 한국아이들 앞에서 중국 대표로 책을 읽으려니 부담감이 너무 컸다고 했다. 수업내용도 못 알아들어서 핸드폰을 가지고 놀았다는데 "공부도 안 할 거면서 왜 한국에 왔어?", "이러니까 너희 나라가 못 사는 거야!"라는 말을 들어야 했다. 자기가 혼자 못하는 것은 참을 수 있는데 국가대표가 되는 것은 너무 자존심 상하더란다.

바야르는 학교적응과정에서 더 큰 문제들이 있었다. 일진이라 불리는 한국아이들과 싸움이 잦았고, 물건을 훔치는 일도 있었다. 그래서 자주 선생님들께 불려가고 야단 맞는 일이 많았다. 그 때마다 선생님들이 "너희 몽골 애들은 왜 이러니?", "학교 그만두고 싶어!", "몽골로 가버려!", "너희 나라로 돌아가!" 그러시더란다. 바야르 역시 자기가 잘못하는 것은 인정하겠는데 계속 자신에게 몽골 전체를 빗대시고 욕보임을 당해서 학교 가기 싫어졌다고 한다. 그래서 선생님과의 대화를 끊었다 한다.

이 이야기는 7년 전 일이지만, 당시 학교에서 선생님들이 홧김에, 또는 훈육 중에 내뱉는 말들이 공장에서 불법체류자들이 듣는 욕설과 대동소이했다. 한국 선생님이 그런 말을 사용하면 지켜보는 일반 한국학생들도 그 느낌 그대로 살려 다문화가정 아이들에게 똑같은 말들을 사용하게 된다. 선생님이 다른 선생님들과 대화하거나 통화할 때도 "ㅇㅇ은 정말 게을러. 민족성은 속일수가 없어", "그러니까 그 나라가 그렇게 미개하지" 등등의 말들을 한다는 것도 전해 듣는다.

그냥 들어도 자존심 상하는 말이나 민족·국가를 비하하는 말들을 더 이상 선생님들은 하지 않았으면 좋겠다. 훈육 중 홧김에 하는 말인 줄 알지만 그냥 들어도 자존심이 상하는 말들이니 삼가길 바란다. 지금이야 그런 선생님들이 없으시겠지만 제발 선생님들이 수업시간에 "야, 필리핀, 영어문장 한 번 읽어봐"라고 하지 말고, 꽃보다 아름다운 학생의 이름을 불러주길 부탁하고 싶다. 사람의 이름으로 불러주길 바란다.

04

아! 조선인, 그리고 고려인

　학교에 중국 아이들이 점점 많아진다. 한족 학교를 다녀서 한국어를 전혀 못하는 조선족(중국 동포)도 있고, 조선족 학교를 다녀서 한국어 의사소통에 어려움이 덜하지만 학습언어가 달라 힘들어 하는 중국 동포 아이도 있다. 중국 동포들이 한국으로 이동 후 자리를 잡으면 자녀들도 한국으로 데리고 오는 까닭에 조선족 학교들은 점점 학생 수가 줄어서 폐교되고 있다고 한다.
　폐교 직전의 학교를 보낼 수가 없어서 다른 지역의 한족학교를 보내게 되어 자녀의 한국어가 미숙하다고 설명하는 아버지도 있었다. 또는 조선족이 한국으로 건너오면 그 지역에 한족들이 이주하면서 조선족을 위해 존재하던 학교의 교육과정이 한족을 위한 교육과정으로 바뀐 학교도 많다고 한다. 그래서 아이들의 한국어 실력이 예전만 못하다는 어머니의 설명을 들으며 중국 동포의 이동이 과연 미래를 위한 한국에 긍정적일까 생각을 해 본다.

학교에 오면 나는 지리교육부터 시작한다. 일단 학교 주변을 파악해야 하고, 자신들이 어디에서 살고 있는지를 알아야 아이들의 적응이 쉽기 때문이다. 처음엔 학교 근처의 지도를 그리고, 다음엔 경기도 지도, 마지막 한국 지도를 살펴본다. 내가 아이들에게 한반도 지도를 보여주자 중국에서 온 아이들이 소리쳤다.

"선생님, 지도 틀렸어요. 북한 땅은 중국 땅이에요."

나는 중국 사람이에요

2012년 3월, 일반학급의 담임교사가 되었다. 현재 26명 학생 중에 17명의 다문화가정 학생이 있다. 다문화 특별학급의 정원이 15명인 것을 감안하면 특별학급보다 많은 다문화 아이들이 내 교실에 있는 셈이다. 부모님 모두 네팔에서 오신 아이 1명, 어머니가 인도네시아분인 아이 1명, 어머니가 베트남 출신인 아이 1명, 어머니가 북한이탈주민인 아이 1명을 제외한 나머지 13명은 중국에서 온 아이들이다. 중국에서 온 아이들은 모두 조선족(중국 동포)이고, 일반가정의 학생이 9명밖에 되지 않는다.

중국에서 온 아이들이 편 가르기를 시작했다. 쉬는 시간에도 중국말을 하며 중국에서 온 친구들끼리만 놀고, 화장실도 같이 가고, 집에도 같이 간다. 도통 한국 친구들이나 다른 문화를 배경으로 하는 다문화 아이들과는 하루 종일 한마디도 나누지 않는다. 첫마디를 중국 욕으로 시작해서 선생인 내가 알아듣든 말든 아랑곳하지 않고 중국어 욕설이었다. 수업시간에도 저희들끼리 눈을 맞추며 욕설이 툭툭 튀어나왔다. 하도 막무가내라서 여기는 한국학교니 한국예절을 지키자고 했더니 아이들이 씩 웃으며 한 마디 했다.

"우린 중국 사람이에요."

'조선인' 교육의 중요성, 그리고 어려움

두려워졌다. 이 아이들이 몇 년 지나 한국 국적자로 전환될 것이고, 또 몇 년이 지나 군대에 가게 될 것이다. 자신을 중국인이라고 생각하는 조선족들이 북한 땅을 중국 땅이라고 생각하는 아이들이 휴전선을 지키게 될 것이다.

그냥 넘어갈 수가 없었다. 북한 땅은 중국 땅이 아니다. 한족학교에서 그렇게 배웠다는데 중국이 동북아공정을 넘어서 북한까지 중국 땅으로 가르치고 있는지, 한족학교 선생님의 주관적인 견해로 그리했는지는 정확하지 않다. 2006년부터 2008년에 내가 가르친 조선족 아이들은 사회과 수업을 할 때 북한 땅은 중국 땅이라고 서슴지 않고 발표했었다.

중국의 조선족은 중국 사람이 아니다. 여권만 중국 사람일뿐 뿌리가 조선인이다. 북한 땅에 사는 사람은 북쪽의 조선 사람이고, 남한 땅에 사는 사람들은 남쪽의 조선 사람이다. 우리는 다 조선에 살았던 사람들이고, 조선 사람들이다.

매년 증가하고 있는 중도입국 조선족 아이들을 외국인으로 교육할 것인가, 동포로 가르쳐야 하는가는 내게 큰 혼란을 주었다. 그러나 몇 년 지나 아이들이 외국인에서 한국인으로 국적을 취득하는 것을 보고 내 혼란은 종지부를 찍었다. 조선족은 한국인으로 교육시켜야 할 대상인 것이다.

그런데 북한 땅이 중국 땅이고, 자신은 중국 사람이라고 강력하게 외치는 조선족 아이들을 어떻게 가르쳐야 할지가 고민이 되었다. 그래서 한국사람들과 조선족의 공통점부터 접근했다. 왜 조선족이 한국인과 같은 말을 하고, 〈아리랑〉을 부르는가? 한국사람들이나 조선족이나 명절에 한복을 입고, 떡국을 먹고 세배를 한다. 우리는 모두 추석에 송편을 빚고 차례를 지낸다. 공통의 문화에서부터 먼저 접근한 것이다.

그 다음으로 역사적 사실에 접근했다. 천 년 전에도 한국 땅이었고 고구려와 발해, 고려와 조선을 거치며 많은 유민이 정착해서 살던 곳이라서 늘 중국과 영토 분쟁중인 땅이 간도였다는 사실을 공부했다. 일제강점기에 대한제국의 주권을 빼앗겼고, 일본이 중국의 남만주철도 부설권과 푸순(撫順) 탄광 채굴권을 얻는 대가로 간도를 중국 당시 청나라에 넘겨주었다는 간도협약에 대해 공부했다. 초등학생들이라서 깊게 설명은 못했다. 그렇지만 1000년 전에도 한국사람이었던 간도인들이 100년만에 조국에 돌아와 중국인이라고 말하는 것임을 아이들이 알고 안타까워했다.

수업을 마치고 조선족 아이가 말했다.

"선생님, 저는 오늘부터 중국을 배신할래요."

아……. 나는 수업이 실패했음을 깨달았다. 내 수업의 목표는 조선인으로서의 공통체 의식을 갖고 중국과 한국에 기여하는 아이로 교육하는 것이었지, 태어나서 키워준 중국을 배신하는 아이로 만드는 교육이 아니었기 때문이다. 교육이 요원하다.

역사를 모르고 들어오는 조선인들이나 잘못된 역사를 배우고 온 조선인들, 남한과 북한에 살고 있는 조선인들에게 모두 함께 역사교육을 잘 해야 할 필요성이 있다. 그래야 한국에 오는 조선족들이 한국을 남의 나라라 생각하지 않고, 할아버지와 아버지의 나라라서 더 열심히 적응하고 생활하려고 할 것이다. 함께 생활하는 한국아이들도 조선족을 다른 나라 사람으로 생각하지 않고, 한겨레로 동질감을 느껴 더 반갑게 대접하고 동반성장할 수 있지 않을까?

교사가 알아야 할 간도 관련 자료

간도 이주 역사

간도는 압록강과 두만강 복안의 조선인 거주 지역을 일컫는 말로, 간도의 범위와 관련해서는 다양한 의견이 있다. 일반적으로 간도라고 하면 현재의 연변 조선족 자치주 지역을 가리킨다. 두만강 북쪽인 연변 지역을 북간도(또는 동간도) 그 서쪽인 압록강 북쪽 지역을 서간도라고 부르기도 한다.

간도는 고대에는 부여와 북옥저, 고구려, 발해의 영역이었다가 고려시대부터 조선 중기까지는 여진족이 흩어져 살았다. 조선은 건국 초 세종대왕 집권기에 압록강과 두만강 남쪽의 여진족을 쫓아내거나 귀화시켜 4군과 6진을 설치했으나, 두 강의 북쪽으로 영토를 밀어올리지는 않았다.

조선 후기 세도정치의 학정과 지방 수령의 수탈을 견디지 못한 농민들이 조선의 관권이 미치지 않는 두만강 이북으로 건너가 이주하기 시작했다. 청은 봉금령(*봉금정책이란 청조통치자들이 자기들의 발상지라고 여기는 장백산일대를 보호하며 동북지역에서 나는 특산물을 독점하고 나아가 만족의 풍습을 유지하려는 목적으로 실시한 정책)으로 조선인의 이주를 막고자 하였지만 1869~70년 함경도지방 대흉년으로 수많은 조선인들이 압록강 상류와 두만강을 건넜고 이주는 계속 늘어났다. 이후 봉금령이 폐지되고 조선의 월강금지령(*병자호란을 겪으면서 청의 위력을 실감한 조선은 압록강과 두만강의 북쪽 연안에 도강을 엄금) 폐지, 청나라의 만주 이주 금지령이 철폐되면서 조선인의 간도 이주는 더욱 증가하였다. 20세기 초 일제의 침략과 수탈에서 벗어나기 위해 그리고 항일 운동을 위해서 많은 조선인들이 이곳으로 계속 이주했다. 이처럼 역사 속에서 수많은 조선인들이 간도로 이주하였다. 1860년부터 시작된 이주로 1881년에는 옌볜 지역의 조선인이 1만 명에 이르렀고, 현재 옌볜 조선족 자치주는 80만 명의 조선족이 거주하고 있다.

[출처] 위키백과 '간도'

간도협약

간도 협약(間島協約)은 일본 제국이 1905년 제2차 한일 협약으로 대한제국의 외교권을 불법적으로 강탈한 상태에서 1909년 9월 4일 청나라와 체결한 조약이다. 이 조약은 도문강(圖們江, 두만강)을 한(韓)·청(淸) 사이의 국경으로 정하여 간도를 청나라 영토로 인정하는 것을 주요 내용으로 하고 있다. 간도 협약이 체결된 당일, 일제(日帝)는 안봉선의 철도부설권 등을 청나라로부터 획득하는 것을 내용으로 하는 만주 5안건 협약을 체결하였다.

일제는 1907년 8월 23일, 간도에 헌병과 경찰을 들여보내 용정(龍井)에 통감부 간도파출소를 설치하였으나, 이 조약으로 간도 지역에 대한 청나라의 영토권을 인정하고 통감부파출소를 철수하였다. 협약 내용은 다음과 같다.

1. 한·청의 동쪽 국경을 "백두산정계비~석을수~도문강(두만강)"으로 확정.
2. 일본은 간도에 설치한 통감부파출소 등을 조약조인 뒤 2개월 내 철수.
3. 청(淸)은 용정촌(용정), 국자가(연길), 두도구(화룡), 백초구(왕청현)를 개방하여 일본인의 거주와 상업 활동 및 일본의 영사재판권을 보장.
4. 일본은 위 4개 지역에 영사관 및 영사관 분관을 설치.
5. 청은 도문강 이북의 간도 지역 내 한국민(韓國民) 거주를 승인.
6. 간도 거주 한국민은 청나라의 법권(法權)에 복종하여야 함.
7. 청은 간도 거주 한국민의 재산을 청국민(淸國民)과 동등하게 보호.
8. 일본은 길회선(연길~회령 간 철도) 부설권 획득.

[출처] 위키백과 '간도협약'

조선족이라고 하지 마세요

일본 거주 동포는 재일교포라고 한다. 그런데 유독 중국에 거주하는 교포는 조선족이라고 부른다. 우리가 사용하는 지칭에는 이중성이 있다.

매년 3월이면 우리는 다문화가정 현황조사를 하게 된다. 항목에 중국에서 온 다문화가정을 조사할 때 한족인가 조선족인가를 분류하는 항목이 있다. 특별학급인 나도 아이들 전체에게 손을 들라며 하는 국적조사는 절대로 하지 않는다. 일반학급에서도 다문화인 것 같아서 데려다 놓고 상담을 하다 보면 묘한 현상을 발견하곤 한다. 한국에 와서 거주했던 기간이 긴 조선족 아이는 자기가 조선족이라고 말하지 않는다. 나중에 생활기록부의 외국인등록번호를 보고서야 아이가 제대로 이야기하지 않았음을 알게 된다. 그러면 선생님은 조사현황만 보고 하지 말고, 그 아이가 왜 자신을 조선족으로 밝히지 않았는지 그 아이의 정체성이 건강하게 발달하고 있는지를 확인해야 한다.

왜 그 아이들은 자신이 조선족이라고 말하지 않는 걸까? 서울이나 안산에 있는 식당을 가보자. 북한 말도 아니고 경상도 사투리도 아닌데 심한 억양을 사용하시는 조선족 아주머니들이 식사를 주문받고, 배달을 한다. 마사지 숍에 가보자. 조선족 아주머니들이 마사지사로 일한다. 이미 아이들이 알고 있다. 조선족 아주머니들은 식당에서 음식 나르고, 조선족 아버지들은 건설현장에서 벽돌 나르고 있다는 것을. 우리가 전문직이라는 사람들 중에 조선족의 자리는 없다.

프랑스에서 마담은 결혼한 여자지만 한국에서의 마담은 술집이나 다방의 여주인들이다. 중국에서의 조선족은 중국이 통치하기 위한 56

개 소수민족 중 하나로 조선족을 지칭하고, 통치목적으로 조선족 자치구를 운영하는 것이다. 우리는 '중국에 거주하는 우리 겨레'라는 좋은 의미로 조선족이라 지칭하는 것이 아니고, 다방 마담처럼 의미를 격하해서 조선족이라고 부르지는 않는가? 아이들은 느낌으로 아는 것이다. 낮은 계층의 대명사로 조선족으로 불리고 있음을 말이다.

우리는 일본에 거주하는 동포를 재일교포라고 하고, 미국에 거주하는 동포는 재미교포라고 한다. 그러면 중국에 거주하는 한국교포는 재중교포, 재중동포, 또는 중국교포, 중국동포라고 부르는 것이 맞다. 그런데 우리는 유독 재중동포만 조선족이라고 부른다. 여러분이 한족인가? 한족도 아니면서 왜 우리나라 사람을 조선족, 조선족이라고 한족의 입장에서 부르는가? 한국에 와 있는 조선족 학생들에게 '재중교포'라 불러주고, 해외교포로 대접해주자. 한국사회의 낮은 계층으로 학교 한 구석에서 열등감으로 시들게 하지 말고, 조국祖國에서 가슴 펴고 능력을 발휘하도록 따뜻한 마음으로 응원해주길 바란다.

내가 만난 고려인 아이들

내가 가르친 러시아 국적의 아이들은 고려인들이 많았다. 러시아에서 1990년대 이후 독립한 나라들의 국적도 있었다. 아이들의 생김새가 흰 피부에 금발머리, 파란 눈이 아니라 한국인과 같은 모습의 아이들이 많았다. 내가 가르치게 된 아이들은 고려인, 즉 까레이스키라고 불리는 아이들이었다.

벌써 7~8년 지난 이야기부터 시작해야 해서 지금도 그럴까 의문이다. 그때 학교에 온 고려인 아이들의 형이나 언니들은 모두 학교에 갈 나이인데 집에서 놀고 있었다. 17세인데 동거상태에서 출산을 한 아이도 있었고, 18세인데 이혼을 한 아이들도 있었다. 가정방문을 가면 컴퓨터 앞에 앉아서 벌게진 눈으로 담배를 피우고 있었다. 인기척에 이불을 뒤집어쓰고 숨는 불법체류의 신분이었다.

낮에는 집에서 게임을 하다가 밤에는 나가서 민족계 형들과 어울려 논다고 한다. 더 신나게 놀고 싶으면 부탄가스를 새게 해서 비닐봉지에 모았다가 들이마신다고도 했다. 더한 일들도 무리지어 다니며 한다고 했다. 러시아의 블라디보스톡에서 배를 타고 들어와 한국에서 금지된 약물을 운반하는 경우도 있었고, 나이트에서 춤추는 누나들 뒤를 봐주기도 했다.

집에서 나와 혼숙을 하는 아이도 있었다. 공부할 생각도 없고 이렇게 사는 것이 편하다 했다. 처음부터 순순히 말해주진 않았다. 며칠을 친한 척, 이해하는 척을 해서 들은 일상의 이야기고, 내가 가정방문을 가서 본 것들이다.

민족계 형이나 언니들과 생활을 하다 학교에 온 아이들로선 학교생활 적응이 쉬울 리 없었다. 수시로 가출을 했다. 당연히 학교도 며칠씩 안 나오고, 적응을 도와야 할 나도 아이들의 더딘 변화에 지치기도 했다. 미래가 없어 보이는 아이들을 데리고 '나는 어디까지 갈 수 있을까?'라는 고민을 해야 했던 나날이었다.

교사가 알아야 할 고려인

1. 고려인

고려인(高麗人) 또는 고려 사람(러시아어: Корё сарам)은 구 소련 붕괴 후의 독립국가연합 전체에 거주하는 한민족을 이르는 말이다. 한반도 일대를 지배하던 옛 국가인 고려와 직접적인 관련은 없으며, 한국인과 조선인을 절충하기 위해 고려인이라 부른다. 이들 국가에는 러시아, 우즈베키스탄, 카자흐스탄, 타지키스탄, 투르크메니스탄, 키르기스스탄, 우크라이나, 몰도바 등이 포함된다. 약 50만 명의 고려인들이 중앙아시아를 중심으로 거주하였으며, 남부 러시아의 볼고그라드 부근, 코카서스, 남부 우크라이나에도 많은 고려인들의 공동체가 존재한다. 이들 공동체는 19세기 말의 극동 러시아에 거주하던 고려인에 기원한다.

사할린 섬에도 독립된 사할린 한민족이 있다. 1800년대 후반에서 1900년대 초의 이주민으로 구성된 러시아 본토의 공동체와는 달리, 사할린의 한민족은 주로 1930년대와 1940년대에 경상도와 전라도에서 이주하였다. 이들은 제2차 세계 대전의 노동력의 부족을 메우기 위해 제국주의 일본에 의해 강제로 사할린의 탄광에 끌려가 노역하였다.

1800년대의 조선은 국정이 혼란하여 소수의 양반들이 대다수의 토지를 독점하면서 가난한 농민들은 고향을 떠나 북쪽으로 이주하게 되었다. 그렇지만 청나라가 국경을 막고 있어 러시아로 이주하게 되었다. 1902년에는 32,000명을 넘어섰고, 여러 도시에 고려인 마을과 농장이 있었다. 이후 이민은 계속 되었는데 거의 농업 이민이었으나 1900년대를 전후하여 만주, 러시아의 연해주 등지에 근거를 두고 항일독립운동이 전개되면서 독립운동가들의 망명 이민도 있었다.

국내에서 의병활동과 애국계몽을 펼쳤던 많은 민족운동가들은 1910년 경술국치를 전후해 서북간도 및 노령의 연해주로 망명하여 독립군기지를 개척하였다. 이때 연해주 블라디보스톡에는 한인 촌락이자 독립운동의 기지가 되는 신한촌이 건립되었다. 그러나 1937년에서 1939년 사이, 스탈린은 172,000명의 고려인들을 카자흐스탄과 우즈베키스탄으로 강제 이주 시켰는데, 고려인이 일본의 첩자가 될 수 있다는 이유에서였다. 여러 공동체의 지도자들은 추방되고 유배되었고, 이주 도중 많은 사람들이 희생되었다.

- 출처: 위키백과 '고려인'

2. 러시아 고려인의 역사
- 1860년 연해주 포세트 지역 한인 13가구 최초 기록· 1863년 한인 연해주 이주 시작
- 1867년 185가구 999명
- 1869년 한반도 북녘 대기근으로 이주 급증. 1만 명 급증
- 1902년 한인 이민자 수 32,380명
- 1905년 을사 보호 조약 이후 의병 기지화
- 1908년 의병 건수 1,451건 참가 인원 6만 9천 8백여 명. 연해주 총독의 해로 의병 활동 만주 이동
- 1910년 경술국치 후 한인 이민 급증

- 1914년 교민 수 6만 3천 명으로 신한촌 건설 (블라디보스토크)
- 1918년 4월 일본군 연해주 점령
- 1922년 10월 일본군 연해주 철수, 친일 거류 민단 5천 명과 함께 귀국
- 1923년 재소 한인 공식 10여만 명 거주. 실지 25만 명 이상 거주
- 1932년 연해주 한인 학교 380개. 잡지 등 6종, 신문 7종
- 1937년 9월 21일~11월 15일. 스탈린의 고려인 강제 이주 정책에 따라 한인들 전원 중앙아시아(6,000㎞)로 강제 이주 당함.
  – 출처: 고려인돕기운동본부www.koreis.com [러시아 고려인의 역사]

3. 고려인에 대한 중앙아시아 강제 이주 명령

이주 계획은 1937년 8월에 일본 첩자의 러시아 극동 지방으로의 침투를 막는다는 구체적인 목적과 함께 재개되었다. 1937년 9월에서 10월까지, 구소련 당국은 극동 러시아로부터 소련의 중앙 아시아 지역으로 수만 명의 고려인을 이주시켰다. 172,000명이 넘는 고려인들이 스탈린의 계획적인 이주 정책의 일환으로 러시아 극동 국경으로부터 이주되었다. 그 법적 근거는 구소련 인민 위원회와 소비에트 연방 공산당 중앙 위원회의 공동 법령 #1428-326cc로, 극동 러시아 국경 한민족의 이주에 대한 것이었고, 스탈린과 몰로토프가 서명하였다. 이러한 결정을 실행에 옮기기 위해, 겐리프 류시코프가 로스토프로부터 전임되었다. 고려인들은 카자흐 소비에트 사회주의 공화국, 우즈베크 소비에트 사회주의 공화국으로 이주하게 되었다.

이주는 전형적인 소련의 압박에 이어 진행되었다. 극동 지방의 분

리 계획의 고발, 극동의 일본 첩자에 대한 프라우다의 기사가 있었다.[10] 이주는 여러 단계의 NKVD 트로이카에 의해 엄중하게 기한을 감독하면서 진행되었고, 시행 중 수백 명의 당원들이 숙청되기도 하였다.

1937년 10월 25일, 니콜라이 예조프(Nikolai Yezhov)는 고려인의 극동 지역으로부터의 강제 이주가 종료되었음을 보고하였다. 총 171,781명의 36,442 가구가 이주되었다는 것이다. 캄차카에 남아 있는 고려인 어부들, 사업차 여행 중인 이들은 11월 1일 열차로 이송되었다.

– 출처: 위키백과 '고려인의 강제 이주'

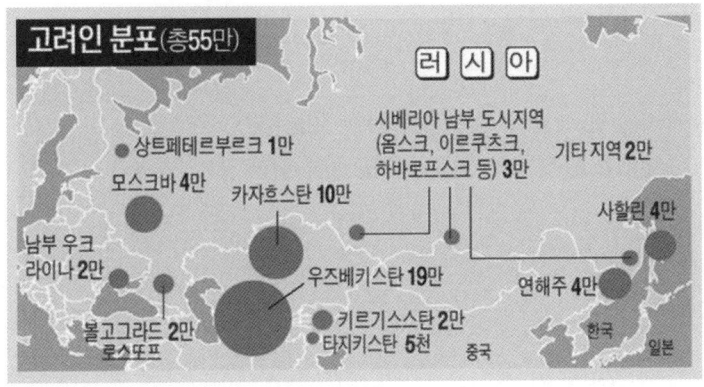

– 출처: 고려인돕기운동본부 www.koreis.com [현실과 과제]

국민이냐 시민이냐

"우리나라 애들도 아닌데 뭐 하러 가르쳐!"

외국인근로자 자녀 특별학급 담임을 하면서 무수히 들은 말이다. 나도 우리나라 애들도 아닌 애들을 뭐 하러 가르쳐야 하는지 자꾸 되뇌었다. 1년, 그리고 또 1년, 그렇게 8년이 지난 뒤 나는 우리나라 애들도 아닌 애들을 왜 가르쳐야 하는지 어떻게 가르쳐야 하는지 조금씩 알기 시작했다.

중국동포나 고려인처럼 한국인이라는 뿌리가 있고, 할아버지와 할머니의 나라에 돌아온 해외 장기체류동포들이라면 국민으로 키워야 한다. 지금 당장 중국 국적이고, 앞으로 몇 년 동안도 러시아 국적일 아이들이라서 우리나라 아이들이 아니니까 가르칠 필요가 없다고 판단한다면 우리는 큰 실수를 하는 것이다. 몇년 후 한국 국적을 취득하고, 한국에서 성년기를 보낼 아이들이기 때문이다.

외국인이라서 터부시하고, 미래가 없다고 포기한다면 국민의 일부를 포기하고 가는 것임을 나중에야 알게 되었다. 몸과 마음이 건강한 국민으로 자랄 수 있도록 국가가 책임지고 교육해야 할 아이들이 조선족(중국동포)과 고려인이다. 군대를 다녀오고, 결혼을 해서 2세를 낳아 살면서 대한민국의 기둥으로 성장하도록 진심을 다해 교육해야 할 아이들이다.

물론 한국 국민으로 키울 수 없는 아이들도 있다. 부모가 한국인의 뿌리를 근간으로 하지 않는 경우 국민으로 동화시키기 어렵다. 민족주의가 강한 아시아에서 부모가 모두 외국인이고 외국인으로서의 자아존중감과 애국심이 강력한 사람들을 억지로 한국 국민으로 교육시키려고 한다면 분명 무리수가 발생할 것이다. 이들이 자라서 한국 국적을 취득하고, 남다른 생각으로 한국인이 되지 않는 이상 굳이 국민이 되라고 강요하지 않아야 한다. 각 민족이 가진 뿌리를 존중하고, 자신이 살고 있는 지역사회에 기여할 수 있으며 지역사회의 재난에 발 벗고 나설 수 있는 시민으로 키워야 한다. 서로의 정체성을 존중하고, 세금 내는 시민, 이웃과 화합하는 시민으로 성장시키는 것이 우리가 할 일이다.

05

쉽지 않은 교복 입기

    2월은 학교활동을 의미 있게 정리하고 삼월의 새로운 시작을 준비하는 달이다. 아이들이 상급학교에 진학하면서 스스로 다짐해야 할 것도 많고, 새롭게 준비해야 할 것도 많다. 아이들은 신나지만 부모는 고민스러운 달이기도 하다.
    2월에 물질적으로 가장 많은 도움을 필요로 하는 것이 교복이다. 교복들이 워낙 고가이다 보니, 일반가정에서도 아이들 새 학교 보낼 준비를 하면서 어머니들 한숨이 늘어지게 마련이다. 가격이 비싸다고 단벌신사처럼 한 벌만 사줄 수도 없고, 여벌로 갈아입을 바지와 셔츠는 추가해야 한다. 체육복에 가방까지 더하면 7~80만 원은 우습다. 한 달에 100만 원 벌어서 교복을 사 입히고 나면 뭘 먹고 살아야 할까?

교복 때문에 울다

일반가정의 학생들은 예비소집일에 가서 상급학교의 교복 공동구매 관련 안내문을 통지받아서 그 순서대로 하면 혜택을 받을 수 있다. 그런데 국제결혼가정 어머니들은 '공동구매'와 관련된 번역본 안내장을 받지 못해서 비싸게 구매하는 일이 많았다. 외국인근로자 자녀와 중도입국학생의 경우 부모가 교복을 어디 가서 어떻게 맞추는지를 몰라서 입학 당일까지 교복을 해결하지 못한 일도 있었다. 아이는 입학 당일부터 혼자만 사복을 입고, 집에 와서 울었다. 남들에게는 별 것 아닌 일이 내 아이들은 시작부터 단추를 잘못 꿰게 만든다.

다문화가정의 학생들 중에서 국제결혼가정 학생들은 교복지원사업이 있을 경우 기초생활 수급자나 차상위 계층이라는 증빙서류를 제출해서 지원을 받는다. 그런데 국제결혼 재혼가정의 어머니들이 재혼 전 출생 자녀를 입국시킨 경우나 외국인근로자가정의 자녀들은 대부분 외국국적자라서 교복지원사업의 혜택을 받기 어렵다. 국민이 아니어서 기초수급이나 차상위 자격이 없고, 증명서를 제출하기 어려워 지원에서 제외된다. 가끔 담임교사들이 추천하는 방식을 인정해주는 기관에 요청해서 교복을 지원해주고 있다.

그리고 지원해주는 단체나 개인에게는 좀 미안한 말이지만 교복지원에 대한 감사편지를 강요하는 것은 자제했으면 좋겠다. A재단에서 다문화가정 아이들의 생일케이크를 지원할 때도 케이크를 받아서 얼마나 기쁜가에 대한 감사편지를 요구했었다. 교복지원사업에서도 교복 지원을 해주고, 감사편지를 보내라 해서 난감했던 적이 있었다. 한참 자라는 사춘기와 청년기 아이들이다. 교복을 지원받으니 큰 시름을 덜어서 좋기는 하지만 부모가 어려워서 지원을 받는 자신의 상황이 슬프다고 말한다. 기왕 지원해 주는 거 통 크게 대인의 마음으로 아이들을 이해해 주었으면 한다.

새아버지 눈치를 보는 아이들

외국인근로자 자녀 특별학급 담임인 나는 2월도 쉽지 않았다. 중학교 배정이 발표나면 예비소집일에 데리고 가야 한다. 근거리 학교에 배정된 아이들은 예비소집일에 한국아이들과 함께 일반학급 담임들이 인솔하고, 원거리에 배정된 아이들은 내가 데리고 갔다. 부모들이 공장 교대근무를 하거나 영세한 사업장에 근무하는 부모들은 사장이 사정을 봐주지 않아서 내가 데리고 가야 했기 때문이다.

외국인 친구들이 많이 있는 학교에 다니다가 외국인이 한 명도 없는 학교에 가려니 아이들이 긴장해서 많이 떨었다. 임시 반에 배정되어 들어가서도 불안한 얼굴로 창 밖에 서 있는 나만 쳐다보고 앉아있었다. 다른 아이들은 같은 학교 출신끼리 이야기꽃이 피었는데 말이다. 중학교 안내장을 받아서 중요한 내용은 안산시외국인주민센터의 통역 서비스를 이용해서 바로 그날 부모에게 통역을 해 주고, 교복공동구매 문제도 해결해 주고 왔다. 그러고 나면 몸은 고달픈데 마음은 한결 가벼워지곤 했다.

13명이나 졸업을 시키던 해였다. 너무 다양한 가정 사정에 그 13명의 사연만 써도 이야기가 한 트럭은 나올 거라고 노래를 부르던 시기였다. 13명을 데리고 예비소집일에 뛰어다니느라 몸도 마음도 바빴지만 교복지원을 유치하느라 더 바빴다. 아이들이 교복 때문에 한국인 새아버지의 눈치를 심하게 보고 있었다. 예비소집일 이후 매일 교복비 달라고 말할 타이밍만 보고 있다고 했다.

13명 중에 더 어려운 아이들에게 교복을 해 줘야 해서 상담을 다시 했다. 입학 당시와 가정형편이나 가족관계가 많이 달라져 있기 때문이다. 처음 입학할 때는 주로 부모가 말하는 가족상황이나 형편을 이야기하지만 학기말에는 아이들이 한국어로 의사소통이 가능해지면서 제대로 된 상담을 할 수 있다. 그러면 아이들의 눈으로 관찰한, 아이들이 느끼는, 아이들의 속이야기가 시작된다.

명우는 중국동포다. 친아버지가 어머니를 너무 때려서 지금의 아버지랑 어머니가 재혼할 때 기뻤다고 한다. 동생인 청린도 새아버지를 잘 따르고, 아버지가 두 아들 일이라면 발 벗고 뛰어다녀서 친아버지 생각은 나지도 않는다고 했다. 단지 지금 아버지가 직장을 다시 구하는 중이고, 어머니 혼자서 버는 돈으로 생활해서 새아버지에게나 어머니에게 교복 때문에 부담을 주고 싶어 하지 않았다. 1년 동안 괜찮은 가족관계가 형성된 편이었다.

메이는 한족이다. 한국에 오기 전에 중국에서 기숙학교에 있었다. 아주 어려서부터 기숙학교에서 생활을 했었고, 친아버지는 서너 번 밖에 본적이 없다고 했다. 기숙학교에 친아버지가 와서 용돈 몇 번을 쥐어주었던 기억만 있었다. 주말에는 외할머니 댁에서 자고, 월요일 새벽에 외삼촌 자전거를 타고 다시 기숙학교에 들어가 생활을 했다. 어머니가 재혼해서 한국에 오라고 해서 왔다. 그런데 어머니와 살아본 적이 없어서 어머니와의 생활 자체가 힘들었다. 어머니가 동생을 낳았는데 어머니와 새아버지는 돈이 많이 들어 매일 싸운단다. 그래서 교복비 이야기를 못한다고 했다. 구구절절 아이들이 쏟아내는 사연이 세상물정 모르고 자라도 될 나이에 눈치 보는 이야기만 가득하다.

고마운 제주대학교와 제주교육대학교 선생님들

해마다 한두 명씩 교복을 지원해 주던 오성배 박사에게 또 손을 벌릴 수밖에 없었다. 이내 오 박사에게서 2백만 원이 입금되었다. 너무 큰 금액이라서 개인 돈이냐 캐물었더니 제주대학교와 제주교육대학교 출신 선생님들이 일정액을 매달 적립했다가 연말에 돕는 거라 했다. 통상적으론 단체들이 모금을 하면 자기 지역만 후원하는 일이 관례다보니 바다 건너 안산 아이들까지 후원한다는 것은 매우 이례적인 일이다.

18년 전에 가르쳤던 제자들도 십시일반, 나는 나대로 강의 갈 때마다 교복비로 떼어 놓은 돈을 수합했다. 얼추 10명 정도 교복과 체육복을 해 줄 수 있는 지원금이 모였다. 지원금이 결정되자 같은 학교에 배정된 아이들끼리 두 명씩 데리고 교복을 맞추러 나갔다. 외국인 부모님들이 자녀들보다 한국어 의사소통능력이 미진해서 제대로 교복을 맞추고, 수선하기 어려워했다. 중학교 입학식 날, 또 사복을 입고 우는 아이들로 만들고 싶지 않았다.

조금 넉넉하게 맞춰서 내년까지 입히고 싶은 내 마음과 달리 아이들은 지금 딱 맞게 예쁘게 입고 싶어 했다. 죠엔은 너무 뚱뚱해서 두 명 분량의 옷감이 든다고, 교복도 체육복도 특대 크기로 맞춰야 했다. 쌍둥이를 어떻게 키웠기에 이렇게 차이가 심하냐고 교복집 사장님의 질타가 심했다. 교복과 체육복에 이름을 새겨야 해서 세탁소에 갔더니,

쌍둥이냐며 한 번에 해결해서 좋겠다 한다. 쌍둥이냐는 말에 애들이 깔깔깔 웃었다. 덕분에 나는 교복을 맞추러 다닌 5일 동안 매일 쌍둥이 엄마가 되었다.

올해도 앨범비를 못 내는 아이들과 교복비가 어려운 아이들이 있었다. 6학년 부장의 애절한 요청이 있어 오 박사에게 도움을 청했다. 내가 담임이 아니라서 데리고 나가서 맞추거나 형편을 파악할 수 없었는데도 흔쾌히 비용을 입금해 주었다. 얼마나 불쌍한가에 대한 증명서를 내라는 말도 없고, 돈 달라고 할 때마다 조건 없이 통장에 넣어준다. 아이들이 밝은 마음으로 중학교 갈 수 있게 지원해주는 제주도 선생님들께 이 자리를 빌려 고마움을 전하고 싶다.

06

다문화교실 속 갈등 해소를 위한 노력

2009년에 있었던 일이다. 학교에서 월요일마다 애국조회를 했다. 외국인근로자 자녀 특별학급의 다문화가정 아이들은 자기 교실에서 TV를 보며 애국조회에 참여했다. 교장선생님이 그림을 잘 그린 친구들에게 상장도 주고, 물놀이 조심하라는 말씀도 하셨다. 뒤이어 전교어린이회장이 지난 주 전교어린이회의에서 결정된 이번 주 주생활 목표를 발표하는 시간이었다.

"이번 주 주생활목표는 '중국 물건을 사용하지 말자'입니다. 중국 물건은 잘 부서지고, 질이 좋지 않습니다. 음식도 안전하지 않습니다. 중국에서 온 것은 사지도 먹지도 맙시다. 한 주 동안 잘 지켜주시기 바랍니다."

중국에 대한 편견

교실에서 방송조회에 참여하던 아이들이 수군거렸다. "맞아, 어제 TV에서도 가짜 물건은 다 중국에서 들어온대.", "중국 사람은 잘 안 씻는대. 그래서 위생도 엉망이래" 하며 큰 소리로 떠들었다. 어머니가 중국동포인 동운이의 얼굴빛이 어두워졌다. 중국에서 온 샤오메이의 얼굴에도 노여움이 가득했다. 동운이는 혼자서 중얼거렸단다. "아니야, 중국 물건도 좋은 물건 많아, 너희들이 몰라서 그래. 중국사람 안 더러워. 우리 엄마는 매일 샤워해." 특별학급에 공부하러 온 샤오메이가 아침 방송조회 때문에 공부에 집중하지 못하고, 한국사람들은 왜 중국 물건이 나쁘다고 하는지 이해할 수 없다고 항의했다.

한국아이들에겐 중국에 대해 나쁘게 말하는 이유가 있었다. 당시에 한국아이들이 중국에 대한 편견을 가지기에 충분한 뉴스들이 방송을 점령하고 있었다. 중국 내에서 만든 분유에서 멜라민이 포함되어 6명의 유아 사망자와 30만 명의 신장결석 환자가 발생했고 그런 소식에 뒤이어 중국산 식품에 의한 사고사례들이 경쟁적으로 보도됐기 때문이었다.

중국산 완구류와 학용품에서 인체유해물질이 검출되었다는 뉴스를 듣고, 초등학교 학생들이 전교어린이회의에서 '중국 물건 사용금지' 안건을 제시했었다. 그리고 월요일 애국조회에서 전교생에게 주생활 목표로 지켜줄 것을 당부했던 것이다.

중국여행을 다녀온 한국사람들의 여행 이야기가 회자되면서 중국을 다녀오지 않은 한국사람들에는 선입견이 생기기도 한다. 우리가 조선족에 대한 인식을 개선하고 한국에 오는 조선족을 동포로 따뜻하게 맞아주어야 하는 것처럼 우리가 중국여행을 갔을 때 같은 민족으로 따뜻하게 맞아주길 기대하는 마음들이 있다. 그런데 막상 여행을 가면 한족보다 더한 중국동포의 상술과 무성의에 놀라고 조선족을 다시 돌아보지 않게 된다. 다양한 민족과 국가에 대한 경험이 없는 학생들은 그러한 성인들의 생활양식과 지식을 전수받으면서 인종과 문화에 대한 고정관념을 쉽게 형성하기도 한다.

학생들은 보고 듣는 뉴스들에 의하여 정보를 습득하기도 하지만 선입견과 편견을 갖게 되기도 한다. 학생들은 중국과 관련하여 보도된 뉴스들을 들으면서 중국에 대한 편견을 쉽게 갖게 되었다. 중국뿐만 아니라 다른 나라들과 관련된 뉴스들도 그때마다 여론을 형성할 것이고, 한국학생들과 다문화가정의 학생들의 성장과정에 영향을 미칠 것이다. 특히 대한민국과의 국제이해관계에 치명적인 사안일수록 다문화가정의 학생들이 원인제공자가 아님에도 불구하고, 문제해결의 의무가 있는 사람으로 인식되거나 질타의 대상이 될 수도 있다.

그러므로 교사는 한국학생들 자신이 특정 나라나 인종에 대하여 편견, 고정관념, 차별의식을 가지고 있는지를 인식할 수 있도록 지도해야 한다. 또한 다문화가정의 학생들에게는 어떤 이유로 한국학생들이 편견을 갖게 되는지 문제 상황을 분석하고, 이해할 수 있도록 지도해야 한다. 그러기 위해선 한국이 아닌 나라가 현재 세계에서 어떤 위치에 있는지, 한국과는 어떤 관계가 있는지, 서로 어떤 좋은 영향을 주고받고 있는지를 알려주는 게 좋다. 세계의 모든 나라들은 대부분 운명공동체적으로 묶여 있기에 이와 관련된 기사를 찾아내는 건 어려운 일이 아니다.

중국에 대한 편견을 깨기 위한 수업

▶올해 중국 경제 성장 8.4% 예상

지난 1월 16일 UN 개발계획 중국 대표처는 「2009년 세계경제형세와 전망」 보고서를 발표, 2009년 중국 경제 성장률은 8.4%가 될 것이라고 밝혔다.

보고에서는 2009년 미국, EU, 일본 경제 성장률은 각각 1.2%, 1.1%, 0.4%에 머무를 것이며, 구미지역과의 무역 감소로 중국을 비롯한 아시아 경제도 발전이 둔화될 것이라고 예측했다.

창왕통 사회과학원 소장은 90% 이상의 경제학자들이 2009년 중국 경제 성장률을 7%~8.9%로 예측한다며, 다만 7%가 될지, 8.9%가 될지는 국제 경제 발전 상황과 국내 정책 조치의 실효성에 좌우될 것이라고 평가했다. (외교부 주 상하이 총영사관 | 2009/1/21)

▶한국산업은행, 대중국 수출 2010년까지 13.7% 증가 전망

산업은행 경제연구소는 지난 31일 '중국경제의 변화가 국내경제에 미치는 영향'이라는 보고서에서 중국경제는 2009년 2분기 들어 성장률이 7.9%로 반등하는 등 회복조짐을 보이고 있으나 내수회복과 더불어 최근 부진을 보이고 있는 수출이 회복돼야 경기회복이 지속될 수 있을 것으로 내다봤다. 연구소는 중국정부의 4조위안 경기부양책으로 대중국 수출은 2년간(2010년까지) 최대 13.7% 증가할 수 있고, 중국의 수출이 1% 감소할 때 한국의 대중국수출은 0.33% 감

> 소하는 것으로 분석했다. 아울러 중국 경제성장률이 1%포인트 증
> 가하면 대중수출 확대를 유발해 우리나라 경제성장률을 0.1%포인
> 트 끌어올릴 수 있는 것으로 분석했다. (이투데이=김동욱 기자 |
> 2009/08/02)

중국의 경제성장이 한국의 경제성장과 어떤 관련이 있는지를 분석한 자료다. 다른 나라가 경제성장을 멈춰도 지속적으로 성장할 나라인 중국에 대한 자료도 덧붙여서 수업을 했다. 중국의 경제성장 관련 자료를 통하여 일반 한국학생들은 자기가 가지고 있던 편견을 수정하고, 여러 가지 다양한 상황의 정보를 접하면서 미래 양국관계를 위한 자신의 역할을 인식할 수 있어야 한다. 또한 한국과 중국의 문화를 모두 가진 동운이도 미래 양국관계를 위한 자신의 역할에 대하여 인식할 수 있어야 해서 경제성장과 관련된 자료를 선택했다.

> ▶부시 전 미국대통령의 중국에 대한 의견은?
> 중국은 경제 성장 잠재력이 엄청나다. 한국과 미국에 혜택이 있다.
> 자유무역이 보장되는 한 그렇다. 그럼에도 종교적인 권위가 보장
> 돼야 한다고 본다. 종교적인 사람들이 좋은 시민이 될 가능성이 높
> 다. 경제 분야 얘기하면서 개인의 자유를 간과하지 않았다. 중국에
> 서 소비자 주의에 기반한 경제가 탄생하기를 바란다. 중국은 수출
> 로 성장했고, 저축률이 높다. 수출지향국가에서 내수지향 국가가
> 될 것이다. (머니투데이=오동희 기자 | 2009/08/01)

▶손요 '중국산도 질 좋은 먹거리 많다'
KBS '미녀들의 수다'에 출연, 인기를 끌고 있는 중국 출신 방송인 손요가 최근 케이블TV XTM의 시사 버라이어티 '도와주십쇼(Show)' 제작진과의 인터뷰에서 국내 유입 중국산 제품에 대해 솔직한 의견을 밝혔다. 21일 방송될 '도와주십쇼' 추석특집 '메이드 인 차이나' 편에서 손요는 원격 토론에 참가했다. 여기서 손요는 중국산 모조품이 세계 경제를 흔들고 있다는 것에 대해 어떻게 생각하느냐는 질문에 "중국에서 짝퉁 제품이 만들어지는 이유가 있다"며 "중국 인구가 14억 명에 이르다 보니 저소득층을 위해 짝퉁 제품도 나오는 거다"고 응답했다. 손요는 또 "중국 식품이 안 좋다는 뉴스를 많이 접한다. 중국산이지만 질 좋은 먹거리도 많다. 좋은 제품을 많이 수입하면 중국에 대한 이미지도 개선될 것이다"며 "'중국산 제품은 저질에 가짜다'라는 한국인의 편견이 안타깝다"고 덧붙였다.
(조이뉴스24=문용성 기자 | 2007/09/20)

▶중국 최초의 화성탐사위성 금년 내 발사 예정
지난 5월 28일 개최된 제3회 상해 국제항공우주 기술설비전시회에서 장웨이챵 상해시 항공국 부서기는 중국의 첫 번째 화성탐사위성이 현재 연구제작단계를 거쳐 발사대기상태에 있으며 금년 하반기에 발사될 예정이라고 밝혔다.
이 위성은 러시아 로켓에 탑재되어 발사될 예정이며 10개월간 3억

> 8천만km를 날아가 2010년 화성의 궤도에 진입, 탐사활동을 벌일 것으로 전망된다. (외교부 주 상하이 총영사관 | 2009/5/29)

위의 자료들은 학생들이 가진 중국을 무시하는 풍토를 개선하기 위해서 당시에 활용했던 수업자료인 뉴스 기사들이다. 중국의 경제성장률과 한국의 경제성장, 미국에서 바라보는 중국에 대한 평가, 중국의 과학기술과 유인우주선 등등, 중국을 무시하던 아이들이 발전하는 중국의 모습에 더러 한숨을 쉬며 설명을 들었다. 중국문화교실을 주도하는 외국인 자원인사에게도 베이징 올림픽을 비롯한 중국의 발전상을 수업의 한 부분으로 요청했다. 그저 입고 먹고 춤추고 재미삼아 체험수업을 하던 때와 다른 눈빛으로 아이들이 수업에 참여했다.

학교에서 일부 다문화가정 아이들을 대상으로 편견이나 편견에 의한 갈등이 발생한다면 골이 더 깊어지기 전에 교사의 개입이 필요하다. 시간이 해결해 줄 거라는 안일함으로 방심하면 일부 국가 출신의 아이는 국제뉴스가 회자될 때마다 희생양이 되곤 한다. 선생님 앞에서만 쉬쉬하는 잔인한 세계 속에 아이들이 던져져 있다. 중·고등학교는 충분히 생각할 시간과 화두, 자료를 검색할 시간을 주면 더 전문적인 자료를 가지고 양국을 객관적으로 평가하는 기회를 가질 수 있을 것이다. 다문화가정의 아이들이 부모의 출신국이나 모국 때문에 어떠한 이유로도 무시당해서는 안 됨을 교사가 간과하지 않았으면 한다.

한국에서 일본계로 산다는 의미

신이치는 작년에 한국에 왔다. 어머니는 한국사람이고, 아버지는 일본 사람이다. 신이치의 아버지는 많이 아프다. 집안 대대로 유전병이 있어서 친가 식구들이 모두 고생을 하는 상태였다. 일본에서 직장생활을 하는 어머니가 아버지 병간호를 하면서 신이치와 동생을 돌볼 수가 없었다. 그래서 신이치와 동생은 외할머니가 계시는 한국으로 왔다.

학급친구들 모두가 대전 국립현충원과 엑스포공원으로 체험학습을 가는 날이었다. 전시실을 돌아보는데 한국의 독립운동가들이 고문을 당하는 장면 등 일본 사람들이 한국사람들을 괴롭히는 사진들이 많이 있었다. 그걸 보고 신이치 옆에 있던 재민이가 갑자기 화를 내며 말했다. "야, 일본이 우리나라를 35년 동안이나 괴롭혔는데 넌 미안하지도 않아?" 예림이와 영빈이도 "일본 사람들 나빠.", "일본 사람들이 사과해야 해"하며 거들었다. 그러자 신이치가 "뭐? 나는 일본에서 이런 거 배운 적 없어. 배우지도 않았는데 내가 어떻게 알아?" 하며 소리를 질렀다. 아이들끼리 언성을 높이며 싸우다가 결국 내 앞에 오게 되었다.

신이치는 일본에서는 수업시간에 그런 내용들을 배우지 않았다고 했다. 하지만 한국에 와서 누나인 유키가 초등학교 6학년 때 학급에서 한국과 일본의 관계 때문에 문제가 있었던 것을 듣고 알려줘서 이미 아는 상태였다. 아이들 간의 문제가 불거지자 내가 한일관계에 대해서 수업을 했고, 신이치와 같이 일본계 아이들도 모두 참석을 했었다. 신이치는 모른 척 하고 싶었단다. 그것이 한국에서 사는 데 더 편할 것 같아서.

아픈 역사는 모른다고 모른 척 할 수 있는 것이 아니기 때문에 양국의 아이들에게 정확하게 가르쳐야 한다고 생각한다. 일본계 다문화가정의 학생이 있는 학급에서는 위와 비슷한 상황이 자주 발생한다. 일반 한국학생들은 수업시간에 한국사를 배우면서 다문화가정의 학생과 서로 갈등 상황에 놓이게 된다. 고려의 대몽항쟁이나 삼별초에 대하여 배울 때에는 몽골과 관련 있는 다문화가정의 학생이 곤란한 상황에 처한다. 임진왜란과 일제침략기를 배울 때는 일본문화를 배경으로 가진 다문화가정의 학생이 죄인 아닌 죄인이 된다. 병자호란이나 6.25전쟁에 대해 배울 때에는 중국을 배경으로 하는 다문화가정의 학생을 역사의 심판대에 세우는 것 같은 현상을 볼 수 있다. 이쯤 되면 곤란한 상황을 해결하기 어려워서 한국의 역사를 간단히 가르치고 넘어가고 싶은 유혹을 느낀다는 신규교사도 있었다.

이런 경우 일반 한국학생들과 다문화가정 아이들에게 한국의 역사에 대하여 공신력 있는 자료를 활용하여 정확하게 가르쳐야 한다. 일본문화를 배경으로 하는 일본 국적의 중도입국학생이 "배우지 않아서 자기는 책임이 없다"고 하면 제대로 가르치고 다시 물어봐주길 바란다. 이제 '과거의 역사'를 배웠으니 앞으로 일제침략기와 같은 일이 재발되지 않기 위해서 어떤 노력을 해야 하는지에 대해서 말이다.

한국학생들에게는 '과거의 역사'가 국제결혼가정 학생의 책임이 아니라는 것을 가르쳐줘야 한다. 그리고 '베트남 전쟁'에 대한 일화와 역사적 사건들을 함께 가르쳐야 한다. 베트남 사람들이 국제결혼을 할 때 왜 한국사람에게 우호적이지 않은지, 한국과 베트남의 혼혈인 라이따이한들이 어떤 삶을 살고 있는지도 학생들과 함께 검토해야 할 우리의 역사다.

베트남 전쟁에 대해서 몰랐던 한국학생들이 베트남 사람들에게 어떤 감정을 느껴야 하는지, 앞으로 베트남 전쟁과 같은 역사적 악몽이 되풀이 되지 않기 위해서 한국인으로서 어떤 노력이 필요한가를 생각해 보도록 기회를 주자. 우리의 미래는 일반 한국학생과 다문화가정 학생 중 어느 누구 하나만의 책임이 아니라 우리 모두가 함께 노력하여 만들어 갈 세상이라는 점을 모두 인식하도록 수업을 진행했으면 한다.

다문화인들 사이의 이해와 화해의 중요함

외국인근로자 자녀 특별학급 개설 초기에 있었던 일이다. 청소년기에 접어든 몽골아이들이 다수 공부를 하다 보니, 내가 가르치는 수업의 내용이 몽골과 한국의 역사를 알아보는데 집중되어 있었다. 중국계 아이들의 입학상담 후 몽골계 아이들에게 내일부터 중국계 친구들이 학교에 와서 함께 공부할 것이라고 이야기해 주었다. 몽골계 아이들이 화를 내며 수업을 분리해 달라고 했다. 아직도 중국은 몽골에서 많은 것들을 빼앗아가고 있는데 중국계 아이들과 한 교실에서 한국어를 배우며 수업 받을 수 없다고 했다. 교실도 한 칸, 가르치는 선생도 나 하나였다. 분리해 달라는 요구를 받아들일 수 없어서 함께 수업을 했다.

얼마 후 일본계 아이들이 입학을 했다. 이번엔 몽골과 중국에서 온 아이들이 모두 분노했다. 몽골에서 온 아이들은 일본이 나쁜 일이 많이 했다고 배워서 안다고 싫어했고, 중국계 아이들은 내게 난징대학살을 아느냐고 물었다. 특별학급의 중도입국 아이들은 청소년기인데다가 모국에서 역사를 배우고 온 탓에 내가 조율할 수 있는 부분이 많지 않았다. 단지 흥분해 있는 아이들에게 여기는 몽골이나 중국이 아니고, 함께 어울려 살아가야 할 한국임을 주지시켰다. "과거의 일본정부가 나빴던 것이지 함께 공부하게 될 아이들이 과거의 일을 한 것이 아니다"라고 일장훈시를 했다. 일본계 아이들이 오면 해코지 하지 않고, 학교생활에 적응을 잘 할 수 있도록 입학선배로서 진심으로 도와줄 것을 부탁했다.

아이들이 처음엔 서로 쭈뼛거렸다. 작은 아이들은 서로 언어가 달라서 내 입만 보고, 내 손만 잡고 다니려고 했다. 큰 아이들이 "나쁜 일본"이라고 씩씩거린 것에 비해서 또래인 치치게는 후사코의 손을 잡고 학교 구경을 다녔다. 다행히 아이들인지라 얼마 지나지 않아서 한 자리에 앉아서 한국어 카드놀이도 하고, 그림으로 의사표현을 하며 히히덕거렸다. 한 교실에 있을 수 없다던 아이들이 방과 후에 모여서 숙제를 같이 하기 시작했다. 아이들을 보면서 '다문화 대 한국'의 구도에서만 다문화의 문제가 다루어질 것이 아니라 '다문화인들 사이의 이해와 화해'가 함께 다루어져야 한다는 것을 깨닫게 한 일이었다.

동정은 사절합니다

일반 한국인 가정에 가서 1박 2일 체험활동을 하기로 했다. 북한을 탈출해서 중국에서 생활하다가 대한민국으로 온 경수도 한국인 가정에 같이 갔다. 탈북자에 대한 관심이 많았던 한국 가정의 아주머니와 아저씨가 친절하게 맞이해줬다. 맛있는 음식도 먹고, 윷놀이도 하고, 아이들과 컴퓨터게임도 하고 재미있는 시간을 보냈다. 다음 날 아침에 학교에 등교하려는데 아주머니가 미리 사둔 옷을 건넸다. 하지만 경수는 등교하면서 아주머니가 준 옷을 그대로 집 앞에 놓고 왔다.

한겨레고등학교에서의 1박 2일 체험활동 이야기를 들으면서 어떤 선생님은 호의도 받아들일 줄 모르는 녀석이라고 한 말씀 하셨다. 그러나 상대방이 상처로 느끼면 친절은 더 이상 친절이 아니다. 우리가 학교에서 북한이탈학생(새터민)을 대할 때 어떤 태도를 보이는지 생각해 보았으면 한다. 동정심부터 보이는 선생님들이 계시다면 그런 태도는 지양했으면 한다. 북한이탈학생들은 통일보다 먼저 온 우리 동포다. '동정하며 돌봐주기'보다는 북한이탈학생을 대한민국의 구성원으로 인정하고 자존심을 지킬 수 있도록 존중하는 것이 더 깊은 배려일 것이다. 따뜻한 마음과 자유로운 삶에 대한 독립의지가 설 수 있도록 배려해 주는 태도가 필요한데 우리는 북한이탈주민을 보면 동정적인 태도를 먼저 보인다. 반면으로 사회에서는 터부시하는 태도로 북한에서 왔다면 색안경을 쓰고 보는 경우가 많다.

북한이탈학생들의 생활과 적응을 파악하려고 아이를 상담실로 불렀다. 분명히 인계받은 장부에는 북한이탈로 기록이 되어 있는데 아이는 조선족이라고 우겼다. 모 아니면 도로, 흑 아니면 백으로 이분법적인 생각으로 북한이탈주민의 자녀들은 보고 있지 않은지 생각해 보았으면 한다. 꼭 독립된 인격체로 삶을 살 수 있도록 존중하는 마음으로 대해주기를 바란다.

07

다문화교실 속 역차별 상황 해소

안드레이는 러시아에서 6개월 전에 한국에 왔다. 아직 한국말을 잘 못해서 의사소통에 어려움이 있었다.

"선생님, 안드레이가 또 싸워요."

아이들이 부르는 다급한 소리를 듣고 복도로 나가보니, 안드레이와 창민이가 뒤엉켜 싸우고 있었다. 벌써 안드레이는 코피를 흘리고 있었고, 창민이 얼굴에는 벌겋게 손톱자국이 나 있었다. 왜 싸웠느냐는 선생님의 물음에 안드레이가 "쟤가 글자 쓰래. 다 쓰래!" 씩씩거리며 말했다. 모둠장인 창민이가 말했다.

"안드레이가 매일 청소도 안 하고 도망가서 반성문 쓰고 가라고 했어요. 선생님은 안드레이가 한국말도 잘 못하고, 한글을 잘 모르니까 반성문 쓰는 것도 매일 빼주시잖아요. 청소 안 하고 도망가도 야단도 안 치시면서……. 저도 너무 화가 나서 안드레이 보고 반성문 쓰고 가라고 잡았어요."

한국아이들의 역차별과 상대적 박탈감

다문화교실에서 담임교사가 다문화가정의 학생에 대한 관심이 많아서 지나치게 우호적인이거나 특별대우-차별을 하는 경우가 있다. 선생님은 그런 의도가 아니었다고 하는데 보고 있는 일반학생들이 특별대우 하는 것처럼 느꼈다고 진술하기도 한다. 다문화가정의 학생이 한국문화나 학교문화에 적응이 되지 않았다고 해서 학급구성원이 공통으로 준수해야 하는 규칙이나 약속에서 열외로 다루어지는 일도 있다.

중도입국학생 중 한국어를 하나도 모르는 아이가 통역이 없는 교실에서 의사소통의 어려움으로 학급의 규칙에서 배려해야 할 상황이 있어도 받아들이는 일반 아이들은 다르게 생각을 하는 것 같다. 이런 상태에서 교사의 태도에 따라 다수의 일반 한국학생들이 역차별을 느낄 수 있다. 교사가 의도하지 않았지만 또래집단에서의 관계가 악화되는 현상도 볼 수 있다.

안드레이와 같이 한국학교 입학 초기 다툼이 있을 때 다문화가정의 학생이 자기 잘못을 깨닫지 못하고, 부당함만을 호소하는 경우가 있다. "나는 한국말을 잘 못해. 그러니까…", "나는 한국학교에 처음 다녀. 그러니까…" 하면서 스스로 사회적 약자나 소외계층임을 내세워 특별 대접을 기대하기도 한다. 한국의 체류기간이 짧은 외국인근로자 가정의 학생이나 북한이탈학생에게서 종종 이런 모습을 발견할 수 있다. 그래서 적응기가 지나 의사소통에 필요한 한국어를 다 알아도 일부러 모르는 척 하는 아이들과 학부모들이 굉장히 많았다.

선생님들은 안드레이의 짧은 한국 체류기간 때문에 문화·언어 부적응으로 한국학교 적응에 어려움이 있음을 예상할 수 있다. 이럴 때는 학급의 다수를 구성하고 있는 일반 한국학생들이 안드레이의 상황을 충분히 이해할 수 있도록 설명해 주어야 한다. 그리고 일방적으로 결정된 교사의 배려사항을 통보하기보다는 한국학생들과 안드레이에 대한 규칙 적용의 수준과 기간을 합의를 통해 결정해 주자.

안드레이에게도 학급의 결정을 알려주고, 한국학교의 규칙을 존중하도록 생활지도를 해야 한다. 왜냐하면 외국인근로자가정의 학생이나 북한이탈 학생이 한국학교에 오기 전, 대부분 모국의 학교에 다니거나 공동체 안에서 생활한 경험이 있다. 그래서 이들이 옳고 그름의 판단을 할 수 있고 지킬 수 있는데도 이해하지 못하는 것처럼 행동할 때도 있으니 지속적으로 관찰하고 지도해주는 것이 좋다. 무한정으로 규칙의 예외로 두는 것보다 제대로 지킬 것은 지키도록 지도하는 것이 이들의 '또래집단 관계 형성'이나 '적응'에 긍정적인 영향을 줄 수 있다.

다문화가정은 무조건 무료야?

가람이는 한국인 아버지와 캄보디아인 어머니 사이에 출생한 국제결혼가정의 학생이다. 가람이는 가정형편이 어려워서 C중학교의 배려로 2박 3일 동안의 체험학습을 무료로 다녀왔다. 예비비로 걷었던 돈을 사용하지 않아서 학생들에게 다시 돌려주게 되었다. 짝꿍인 상호가 "선생님, 가람이는 돈을 돌려주지 않으셨어요"라고 말하자 평소에 불만이 많았던 경은이가 퉁명스럽게 말했습니다. "돈을 안 냈으니 받을 돈도 없지! 쟤는 맨날 공짜야."

TV 광고나 뉴스에서 다문화가정의 학생을 항상 도움을 받아야 하는 소외계층으로 보도하는 일이 자주 있다. 실제로 학교나 지방자치단체에서도 기초생활수급권자나 차상위계층을 위한 지원, 다문화가정의 학생을 위한 지원은 다양하고 많다. 특히 요즘 다문화가 한국사회의 초미의 관심사다보니 다문화가정의 학생들을 위한 교육 지원 프로그램이 양적으로 많아졌다. 각계각층에서 무료캠프, 무료체험학습, 무료학습지원과 같은 프로그램이 다문화가정 학생을 대상으로 제공하고 있다. 얼굴과 이름이 알려지는 것을 꺼리는 다문화가정의 학생들이 마지못해 참가하는 일도 발생하고 있다.

가정형편이 넉넉지 않으나 차상위 계층이 될 수 없는 가정의 한국학생들은 참여하고 싶은 프로그램이 많아도 참여대상자가 아니기 때문에 제외되는 일이 많다. 특히 A놀이공원이나 통나무집, B직업경험센터 등은 입장비용이 매우 비싸기 때문에 일반 아이들도 부모와 몇 번 가보지 않아서 매우 선호하는 체험장이다. 이런 경험이 있는 한국학생들이 다문화가정의 학생들에 대한 지원을 유심히 지켜보다가 상대적 박탈감과 불만을 갖게 된다.

"선생님, 왜 다문화가정은 항상 공짜로 해줍니까?"라며 따져 묻는 학생이 해마다 있었다. 그럴 때면 일반 한국학생들에게 본인들이 유치원 때부터 쉽게 체험하고 배우는 것을 다문화가정의 학생들은 그 시기를 놓쳐서 지금 배우도록 기회를 제공해 주는 것이라고 예를 들어 설명해 주곤 했었다. 그리고 너희들과 똑같이 세금 내는 바른 시민으로 자라라고 지원해 주는 것이니 마음 크게 먹고 친구들의 성장을 함께 지켜보자는 말을 덧붙여서 돌려보냈다.

역차별 현상에 대해서 교사는 중립적 입장을 취하면서 다른 문화들끼리 함께 할 수 있는 활동을 찾아 적용해줘야 한다.

　이런 현상이 발견되면 다문화가정의 학생과 일반학생들을 의형제로 맺어주는 게 좋다. 그리고 이들이 함께 행사나 프로그램에 참여할 수 있는 기회를 제공하는 것이다. 의형제 활동은 중도입국한 학생들에게 학교에 잘 적응할 수 있도록 안정감과 소속감, 즐거움을 줄 수 있는 장점이 있다. 의형제 활동을 하면서 서로의 문화를 공유하고 배려하는 첫 마음이 상급학교에 가서도 지속적으로 유지되는 것을 보며 흐뭇했었다. 반면에 여자 아이들의 경우 맺어진 의형제와 관계가 틀어지면서 학급 내에서 외면당하는 것을 발견한 적도 있었다. 그러므로 의형제 활동은 다문화아이와 일반 아이의 비율을 1:1로 맞추기 보다는 1:다수로 형성해도 좋을 것 같다. 힘이 되어 줄 친구들이 여럿 생기는 것이라서 한 아이와의 관계가 틀어지더라도 다른 아이와의 관계에서 지지될 수 있다.
　요즘 의형제 활동은 '또래멘토' 프로그램으로 불리어지기도 한다. 어느 날 부천의 시민단체에서 문의가 왔다. 이미 한국어도 다 알고, 한국에서 출생해서 학교 생활에 무리가 없는데 학교에서 일반 한국아이를 멘토로 지정해서 다문화가정의 아이를 지도하라고 했다는 것이다. 그러자 다문화가정 학부모들이 멘토 지정에 너무 화가 나서 시민단체로 달려왔다고 했다. '멘토'라는 단어가 주는 의미가 문제가 되었던 것이다. 방송프로그램을 보면 대단한 스승들이 멘토가 되는데, 부모 입장에서 같은 반 친구가 멘토가 되었다니 기분 나쁠 만했다. '또래멘토'를 활용해 학교 프로그램을 진행하고자 한다면 일반가정 아이가 멘토가 되고, 다문화가정 아이는 멘티가 되는 상황을 지양해야 할 것이다. 일반가정 아이가 국어를 잘 해서 멘토가 되고, 다문화가정 아이가 국어를 잘 못해서 멘티가 되었을 수도 있다. 그러면 다문화가정의 멘티가 다시 멘토가 되어 한국아이에게 도움을 줄 수 있는 상황이 있는가를 살펴야 한다. 멘티가 다시 멘토가 되어 활동할 수 있는 상황이 있다면 또래멘토를 진행해도 다문화가정 학부모의 동의를 얻기 쉬울 것이다. 일반가정 아이든 다문화가정 아이든 서로의 재능을 주고받으며 성장할 수 있도록 또래멘토 프로그램을 기획하고 운영해야 한다.

중립적인 입장에 서는 것이 중요

사이칸은 12세로 외국인근로자가정의 학생이다. 한국에서 일하는 어머니와 함께 살고 싶어서 한국에 왔다. 몽골에서 5학년까지 학교를 다녔다. 사이칸은 한국말도 빨리 배우려고 노력하고, 몽골민족에 대한 자긍심도 강했다. 그런데 그 사이칸과 같은 반 형주가 공부시간에 책상 공간을 가지고 티격태격 다투게 되었다. 앞뒤 공간을 넓게 확보하고 싶은 사이칸이 자기 의자를 자꾸 뒷자리로 밀었고, 사이칸의 뒤에 앉은 형주는 자기 책상을 앞으로 밀었다. 서로 양보를 하지 않아서 쉬는 시간에 다툼이 크게 일어났다. 선생님은 두 아이와 이야기를 시도했으나 두 아이 모두 흥분한 탓에 제대로 대화를 나눌 수가 없었다. 선생님은 사이칸과 이야기하려고 형주를 상담실 밖으로 내보냈다. 밖으로 나가면서 형주는 기분이 언짢아졌다. 예전에도 무슨 일이 있을 때마다 담임선생님이 사이칸의 어깨를 토닥거려주시는 것을 여러 번 보았기 때문이었다.

선생님은 한국학생과 외국인근로자가정의 학생 사이에 다툼이 발생하면 중립을 잘 지켜주어야 한다. 또래 관계에서 국적이 다르나 세력이 대등한 학생들의 다툼인 경우에 문제가 발생하면 한국아이들의 문제를 해결하는 절차와 동일하게 하는 것도 좋다. 당사자인 두 학생을 동시에 불러 놓고, 시비를 가리는 것도 바람직한 문제해결방법 중의 하나다.

물론 일의 순서나 억울함을 한국학생은 한국어를 쓰고, 외국인 학생은 모국어로 쓰게 해야 한다. 나 같은 경우는 외국인 학생이 한국어로 잘 표현하는 경우 한국어로 말하게 했다. 외국인 학생에게 동의를 구하고 녹취를 하는 경우도 있었다. 발음이 부정확한 부분은 여러 번 반복해서 들어야 이해할 수 있어서 그랬지만, 외국인 학생들이 불리하면 자기는 그런 말을 한 적이 없다고 우기는 일이 발생해서 모두를 위해 녹취를 활용했다. 자세한 부분은 모국어로 쓰게 했다. 한국어도 잘 모르는 외국학생에게 진술도 다툼과정도 한국어를 쓰게 하면 시작부터 너무 불리하기 때문이었다. 그렇게 받은 아이들의 진술 내용을 이중언어강사와 번역서비스를 해주는 곳에 번역을 부탁하기도 하고, 인터넷 번역기로 해석하기도 했다.

청소년기 외국인 학생들을 지도하는데 미숙했던 나는 처음엔 따로 불러서 지도를 했었다. 따로 불러서 다툼의 경위를 알아보거나 지도했더니 외국인근로자가정의 학생들은 "선생님이 한국사람이라서 한국학생 편만 든다!"며 불평을 했다. '나만 불러서 혼내고, 한국학생은 그냥 집에 가라고 할 거야'라고 생각했다고 한다.
　이와는 반대로 일반 한국학생들은 잘못을 한 다문화가정의 학생이 '말이 잘 안 통해서', 또는 '사회적 약자'라서 '내가 안 보는 곳에서 선생님이 무조건 봐 줄 것이다'라는 생각을 했다고 한다. 한국학생들이 다문화가정 학생들의 처우에 대하여 역차별을 느끼기 시작하면 교사가 보지 않는 곳에서 '개인 대 개인'이 아닌 '국가 대 국가'로 비약되어 문제들이 발생하게 된다. 이러한 집단끼리의 움직임은 다문화가정 학생들의 학교 적응을 더욱 어렵게 만든다. 그러므로 한국문화의 주류를 형성하고 있는 한국학생들이 역차별을 느끼지 않도록 선생님들의 세심한 지도가 필요하다.
　그리고 일반 한국학생들과 다문화가정의 학생들 사이에 갈등상황이나 역차별 상황으로 다툼이 생기면 한국학생들이 다음과 같은 말들, "엄마가 못사는 나라에서 왔다며?", "너희 나라로 돌아가!" 같은 말을 퍼붓는다. 선생님이나 부모들이 내뱉는 말들이 다문화를 바라보는 한국아이들의 관점이 되기도 한다. 늘 전술한 것처럼 대부분의 국제결혼가정 학생들은 자신이 당연히 한국인이라고 생각하며 성장하는데, 일반학생들은 화가 나면 이런 말을 해서 국제결혼가정 학생의 마음에 상처를 주곤 한다.
　학급 대 학급으로 피구시합을 한 날이었다. 몽골에서 일주일에 대여섯 시간씩 체육을 한 사르가 단연 공을 세워서 그 반이 우승을 하게 되었다. 체육시간에 피구시합을 마치고 교실로 들어가는 길이었다. 화장실이 급했던 사르가 화장실에 들어서자 피구시합에 진 학급의 아이들이 화장실 문을 막아서며 소릴 질렀다. "왜 한국에 왔어?", "몽골로 가버려!"라며 욕설을 퍼부었다. 그 길로 사르는 학교를 뛰쳐나가 울면서 집으로 가버렸다.

　잘 하는 것은 잘 하는 것으로 인정해 줄 수 있었으면 좋겠다. 일반 한국학생들과 다문화가정 학생들 사이에 다툼이 있을 때 최소한의 예의를 지키며 말을 가려할 수 있도록 교육하는 것도 굉장히 필요하다.

08

교실 안 골칫덩어리, 핸드폰

일반 교실에서 학생들을 지도할 때도 요즘 가장 지도하기 어려운 부분이 핸드폰 관련인 듯하다. 다문화교실에서 역시 핸드폰은 지도하기 어려운 부분이지만 반드시 지도하지 않으면 안 되는 부분이다. 국내에서 출생한 다문화가정 학생들의 경우보다 국제결혼 재혼가정의 중도입국학생들에게서 더 흔히 나타나는 현상이 핸드폰 중독이다.

부모 등골 휘게 만드는 원수 같은 핸드폰

빠른 속도만큼이나 빠르게 신제품이 나오는 우리나라의 뛰어난 핸드폰은 중도입국학생의 호기심을 자극하기에 매우 좋은 놀이감이다. 신입생 부모님과 입학상담을 하고 있을 때면 아이들은 어머니나 아버지의 핸드폰을 가지고 놀며 시간을 때우고 있었다. 큰 화면, 화려한 색

상과 입체감, 다양한 앱, 쉬운 작동법은 폴더폰이나 2G를 사용하기 시작한 나라에서 온 학생들이 볼 때에는 가장 갖고 싶고, 가장 놀고 싶은 장난감이란다. 국제결혼가정의 아이들도 핸드폰에 대한 소유욕은 일반가정 학생들과 다르지 않다.

부모들은 자녀들을 학교에 보낼 때 안전을 확인하려고 핸드폰을 사줬다. 입학 초기에는 한국어를 하나도 모르는 아이가 혹시 길을 잃거나 학교에서 잘 적응하고 있는지를 수시로 묻는 바람에 수업을 할 수 없을 정도였다. 걱정되는 마음을 모르지 않지만 의사소통이 불가능한 상태에서 수업을 하다가 갑자기 핸드폰을 꺼내들고 모국어로 대화하는 아이들을 통제하는 건 나에겐 당황스런 과제였다. 그래서 입학상담을 할 때마다 '학생이나 부모가 지켜야할 예절'에 관한 예시로 꺼내곤 했던 분야가 핸드폰 사용 관련이다.

벌써 수년 전 일이다. 다문화가정의 한 아버지가 전화를 했다.

"선생님, 나는 택배 일을 합니다. 살림이 좀 어려워도 함께 살고 싶어서 중국에서 아람이를 데리고 왔습니다. 어제 통신비를 내라고 종이가 왔는데 문자비만 백만 원이 넘게 나왔습니다. 선생님, 제가 택배 한 상자를 나르면 500원을 받습니다…. 아람이를 어떻게 해야 할지 모르겠습니다."

전화기 저편으로 울음을 삼키려고 참다가 터진 흐느낌이 있었다. 문자비가 백만 원, 통화비가 삼십여만 원!

다음날 수업 시간이었다. 의사소통에 필요한 한국어를 배우는 시간이었지만 학습언어를 배우는 한국어시간으로 급히 변경했다. 돈에 관련된 큰 숫자를 가르치면서 나누기를 했다. 중도입국한 고학년 학생들만 수업을 하는 시간이라서 큰 숫자와 500으로 나누기 놀이를 하는데 문제가 없었다. 사실 아이들은 큰 숫자를 나누거나 곱하는 것은 싫어하는데 돈으로 십만 원, 백만 원, 천만 원 놀이를 하는 것은 굉장히 좋아했다. 억을 다룰 땐 깔깔거리며 행복한 웃음이 얼굴에 가득해졌다.

$$1000000 \div 500 = 2000, 356000 \div 500 = 712$$

수업이 끝난 후 점심시간에 아람이를 불렀다. 아람이에게 일요일마다 아버지가 집에서 무엇을 하는지 물었다. 아람이 말에 의하면 일요일마다 잠만 자는데 허리가 많이 아파서 어머니가 뜨거운 것으로 찜질을 해 준다고 했다. 아버지가 왜 그렇게 허리가 아플까를 물었다. 무거운 것을 많이 들고 다녀서 그런 것 같다고 아람이가 대답했다. 아람이도 아버지가 택배 일을 하는 것을 알고 있었다. 그때까지 아람이는 왜 수업시간에 500 나누기 놀이를 하고, 아버지에 대한 이야기를 나누고 있는지 감을 잡지 못하는 눈치였다.

아람이에게 핸드폰 요금 이야기를 했다. 아람이가 사용한 핸드폰 요금을 내려면 아버지가 택배 상자를 2,712개나 더 배달해야 한다는 사실을 아느냐고 물었다. 그제서야 아람이가 우리가 왜 나누기 놀이를 했는지 깨닫고 얼굴이 벌개졌다. 그 자리에서 나누기를 하나 더 했다.

$$2712 \div 24일 = 113$$

아버지가 일요일 하루만 쉬니까 24일로 나누기를 하니 하루 평균 113개의 택배 상자를 더 운반해야 아람이가 사용한 이번 달 통신요금을 낼 수 있다는 결론이 나왔다. 통신요금을 내기 위해 오늘부터 아버지가 하루에 113개의 택배 상자를 나르기 시작하면 아버지의 건강은 어떻게 될 것 같은지를 묻는데 아이 눈에서 눈물이 뚝뚝 떨어지기 시작했다. 내가 아이에게 뭘 잘못했는지 묻지 않았지만 이미 무엇인가를 느낀 얼굴이었다.

아버지에게 편지를 쓰기로 했다. 그리고 종아리를 때리시면 달게 맞기로 했다. 아람이를 잘 키우기 위해 부모님이 한국에서 얼마나 고생하는지 '토요일에 아빠 따라 다니기', '아빠에게 감사편지 쓰기'를 과제로 내주었다. 얼마 후 아람이 아버지에게서 전화가 왔다.

"선생님, 고맙습니다."

남의 집 아이들 핸드폰 비용 좀 나온 것이 수업주제까지 변경할 정도로 호들갑이냐고 타박할 수도 있다. 한 달에 백오십 좀 모자라게 버는 가정에서 아이들이 핸드폰을 무분별하게 사용했다면 가정이 흔들릴 수도 있는데 말이다. 아이 때문에, 아이의 무분별한 핸드폰 사용과 습관이 고쳐지지 않고 정착되면 가족 간에 폭력이 발생할 수도 있는 문제였다. 처음 잘못이 발견되었을 때 아이들에게도 그냥 꾸짖기보다는 충분히 생각하고 판단할 수 있도록 기회를 주어야 한다고 생각했다.

외국인근로자 자녀 특별학급 담임교사를 하면서 의사소통 불가와 생활지도 난감 등으로 베개로 벽 때리기를 해야 하는 스트레스가 자주 있었다. 그렇지만 문제가 발견되면 문제상황을 해결하기 위한 수업으로 바로바로 전환할 수 있는 자율성이 있어서 행복하기도 했다. 언어가 많이 달라도 다가가는 만큼 변화를 보여주는 아이들에게 감사한 시간이 많아졌다.

위험한 문자메시지

　국제결혼가정 중도입국학생이나 외국인근로자가정의 자녀들이 처음엔 부모들이 소유한 핸드폰을 쥐어준다. 그러다가 아이들의 요구사항이 커지면 최신 유행하는 핸드폰으로 교체를 해주는데 부모가 아닌 다른 사람들 명의로 된 핸드폰인 경우가 많았다. 특히 체류신분이 불안한 부모와 학생들은 핸드폰 번호를 너무 자주 바꿔서 한두 달 단위로 핸드폰 번호를 확인해서 가지고 있어야 비상연락이 가능한 경우가 많았다.
　아람이의 경우엔 한국어를 배우기 시작하면서 밤새 친구들에게 문자를 보낸 것이 어마어마한 요금 폭탄의 원인이었다. 별것도 아닌 일로 단문의 메시지를 보내다 보니, 문자를 주고받는 재미도 쏠쏠했다. 한국에 와서 친구가 없는 것 같아 외로웠는데 특별학급 친구들이나 자기 반 친구들이 자기가 보낸 짧은 메시지에도 응답해주니 좋았다.
　몽골에서 온 나라의 경우에는 아주 심각했었다. 한국 친구들에게 배운 욕을 몽골 친구들에게도 보내고, 일반가정의 한국아이들에게도 보냈다. 어느 날 아침 학교로 한국 학부모들로부터 애들 똑바로 가르치라는 민원전화를 받았다. 나라가 특별학급 다른 아이의 이름을 도용해서 한국아이 핸드폰에 저질스런 문구를 밤새 보낸 것이다. 도용된 이름으로 저질스런 메시지를 받은 한국아이들과 이름이 도용된 아이가 특별학급으로 달려왔다. 너무 불쾌한 일이니 꼭 해결해 달라고 했다. 아이들이 내민 메시지에는 발신자 번호가 없는 것도 있었지만 두 아이가 받은 일부의 문자메시지에는 나라 어머니의 핸드폰 번호가 찍혀 있었다. 나라를 불러서 물었는데 죽어도 자기는 아니라고 했다. 열 번을 물어도 열 번 다 아니라고 했다. 특별학급 아이들의 입에서는 나라에게서 예전에 받은 메시지부터 최근까지 받은 저질스러운 메시지에 관한 불만이 쏟아져 나왔다. 그런데도 본인은 아니라고 우기니…. 결국 내가 말했다.

"나라야, 선생님은 계속 거짓말하는 나라 이야기를 더 들어주고 싶지 않구나! 앞으로는 선생님이 판단해서 결정할게."

다음 날, 나라의 새 아버지에게서 전화를 받았다.

"당신이 선생이야! 왜 애 말을 안 들어. 학생 말을 안 들어주는 년들이 있는 학교는 내가 가서 엎어버릴 거야!"

그래서 나라 어머니를 학교로 오라고 했다. 우선 새아버지와 나라의 잘 형성된 부녀관계에 대해서 큰 칭찬으로 시작했다. 대부분 새아버지와의 관계형성에 실패한 아이들이 많았지만 나라는 새아버지와 학교에서 있었던 이야기를 나눌 정도로 친근한 것에 대해 긍정적인 평가를 드렸다. 그리고 나라가 발신자 표시제한 기능을 모를 때 어머니의 핸드폰번호로 발송한 문자메시지 내역에 대하여 언급을 했다. 그리고 어머니 핸드폰을 무단으로 사용한 것은 가족들끼리 해결할 수 있는 문제지만 다른 사람이름을 도용하는 것은 범죄가 되는 것임을 알려줬다.

나라에게 저질스러운 문자메시지의 발신처에 대하여 통신사에 의뢰하겠다는 내 의견을 전달했다. 학교에서 공식적인 문서로 처리할 것임을 이야기 했고, 이름을 도용한 것에 대한 법적 처리절차를 알려줬다. 그랬더니 나라가 어머니 핸드폰으로 친구들에게 메시지 보낸 내역을 말하기 시작했다. 한국아이들과 특별학급 아이들이 진술한 내용과 일치하기 시작했다. 내가 나라 아버지에게 들은 욕설에 대해서도 나라에게 이야기했다. 새아버지가 말을 할 때 욕설이 심해서 네 살인 나라의 동생이 어머니와 나라에게도 '××년' 섞인 욕설을 한다며 자기도 아버지에게 욕을 배워서 친구들에게 사용한 것이라 했다. 그리고 한국에 처음 왔을 때 같은 국가에서 온 친구에게 한 번 욕설이 담긴 문자메시지를 받아서 자기도 재미삼아 했단다. 발신자를 없애고 하니 더 재미있었다고 했다.

마침 학교 다문화 행사로 야영이 잡혀 있어서 야영하는 당일에 나라의 새 아버지를 오라했다. 새 아버지가 나라의 야영에 필요한 물품을 전해주었는데 나를 만나지 않고 돌아갔다. 욕설을 들었는데 사과가 없어서 개운하지 않았다.

아이들 싸움을 어른들 싸움으로 만들다

몽골 출신인 내뜨와르의 어머니가 당황스런 얼굴로 학교에 왔다. 12세인 내뜨와르는 평소에 러시아 소녀들인 올가와 안나와 사이가 좋지 않았다. 내뜨와르는 부모님이 모두 몽골 사람인 외국인근로자가정의 아이였고, 러시아에서 입국한 올가와 안나는 국제결혼 재혼가정의 중도입국학생들이었다. 올가와 안나는 16세와 14세로 유행에 관심이 많고, 이성에게 관심이 많은 아이들이었다. 14세인 안나와 12세인 내뜨와르는 같은 5학년에 있지만 나이 차이도 많이 나고, 내뜨와르의 정신연령이 어려서 함께 섞여 노는 일이 많지 않았다.

내뜨와르의 어머니가 보여 준 문자메시지는 주로 내뜨와르가 올가를 따라하는 것에 대한 협박을 당한 내용이었다. 내뜨와르 눈에는 올가가 세련되어 보였던 모양이다. 올가가 예쁜 필통을 사면 내뜨와르도 그

다음날 똑같은 필통을 사고, 올가가 스키니 바지를 입고 오면 내뜨와르도 그 다음날 똑같은 바지를 사입고 와서 올가가 스트레스를 받았다고 했다. 그러자 밤에 올가가 내뜨와르의 핸드폰에 "똑같은 것을 또 가지고 오면 학교를 못 다니게 해 주겠다"며 한국 욕설과 함께 메시지를 여러 개나 보냈다. 안나는 언니인 올가가 12살짜리를 상대로 문자를 보내는 것이 못마땅했지만 언니라서 그냥 보고 있었다고 한다. 마침 내뜨와르의 어머니가 외국인주민센터에서 한국어를 배우는 중이어서 내뜨와르의 핸드폰에 있는 한글을 소리 내어 읽어보다 깜짝 놀라서 들고 달려온 것이다. 입에 담기 민망한 욕설들이 잔뜩 문자메시지에 담겨 있었다.

올가의 어머니와 새아버지에게 전화를 했다. 우리 아이들은 착해서 그럴 리 없다고 해서 학교로 오라 했다. 그러자 8시까지 공장에 출근을 해야 해서 시간이 없고 저녁에는 다른 일을 해서 학교에 올 수 없다고 했다. 그래서 학교에서 아침 6시 30분에 보기로 했다.

약속 시간보다 늦게 올가와 안나의 부모님이 오셨다. 교실 전자칠판에 올가가 보낸 메시지들을 띄워서 보여 드렸다. 욕설과 함께 써진 협박성 문장들을 보시고서야 올가의 잘못과 알면서 방조한 안나의 잘못을 인정했다. 아이들의 잘못을 인정하고 몽골 어머니와 내뜨와르에게 사과하기로 했고, 그리고 다시는 이런 일이 없도록 자녀 교육에 신경 쓰기로 했다.

그렇게 순조롭게 일이 다 해결된 줄 알았다. 그러나 나중에 들으니 올가와 안나의 어머니가 러시아계 분들과 내뜨와르네 식당에 몰려가서 '이만한 일로 학교에 가서 선생님께 고자질 했냐'고 타박을 했다고 한다. 얼떨결에 당한 내뜨와르 어머니는 화가 나서 몽골계 친구들을 데리고 올가 어머니가 혼자 있을 때 찾아가 서러운 마음을 퍼붓고 오는 일이 발생했다. 결국 애들 싸움이 어른 싸움이 되고 말았다. 아이들은 금세 화해를 하고 언제 그랬냐는 듯 히히거리며 놀고 있는데, 두 집안과 민족들은 화해할 길 없이 평행선을 달리게 됐다.

한 가지 더 안 좋은 결과가 있었다. 핸드폰 문자메시지의 피해자였던 내뜨와르는 한국어를 잘 모르는 몽골 아이인 나라가 입학하자 욕설을 재미삼아 보내는 가해자 행동을 하기 시작했다. 피해자가 가해자가 되는 상황이 재현됐다. 올가가 문자메시지를 보낼 때 방관하고 있었던 안나 역시 문자 남발과 심야 통화로 핸드폰 사용요금이 백만 원이 나오는 불상사가 연달아 생겼다. 일반가정의 아이든 다문화가정 아이든 정말 잘 교육해야 할 핸드폰 문화임을 잊지 말았으면 한다.

한 걸음 더 나아가기

01

인성교육과 생활지도

　특별학급 아이들 중에서 보리스네 집은 매우 유복한 편이었다. 아버지가 엄하기는 했지만 보리스를 위해 인천에서 안산까지 이사를 올 정도로 보리스의 교육이나 성장에 늘 관심이 많았다. 러시아에서 온 아이들은 방과 후에 모여서 노는 일이 많았다. 보리스 집에 가는 것을 좋아했지만 다녀오면 보리스의 좋은 환경이 부러워 시무룩해지는 녀석들이 많았다.
　저녁에 대학원에서 수업을 하고 있는데 전화가 왔다. 게오르기의 학급담임이 급하게 찾는 전화였다. 게오르기가 낮에 보리스네 집에 놀러갔는데 게오르기가 돌아간 뒤 보리스네 노트북이 없어졌다는 전화 내용이었다. 보리스의 아버지가 잃어버린 노트북이 아까워서가 아니라 잘못된 아이의 행동은 바로 잡아야 해서 학급담임에게 전화를 한다고 하여 알게 된 내용이었다. 특별학급 담임인 내 의견이 필요해서 연락이 온 것이다.

부러워서 훔친 물건

일단 내가 수원에 나와 있었기 때문에 학급담임이 먼저 게오르기의 집에 가기로 했다. 늦게 집에 돌아온 게오르기가 마치 자다 깬 것처럼 학급담임을 맞았다. 학급담임이 오늘 보리스네 집에서 있었던 일을 물으니 자기는 모른다며 자신을 믿어달라고 맑은 눈으로 사정을 하더란다. 그 바람에 담임이 집에 들어가지도 못하고 집으로 되돌아 왔다.

게오르기 어머니에게 전화를 하면서 학급담임이 게오르기를 찾아갔을 때 본 게오르기의 태도에 대해서도 말씀을 드렸다. 공장 일을 마치고 10시가 넘어서 귀가한 게오르기의 어머니는 옷으로 꽁꽁 싸서 옷 사이에 숨겨둔 노트북을 찾아냈다. 게오르기의 어머니가 게오르기를 데리고 보리스 집에 가서 노트북을 돌려주고, 잘못에 대한 용서를 구하고 왔다. 다시는 남의 물건에 손대지 않기로 약속을 하고 왔다.

다음 날 아침, 학급담임과 일에 대한 마무리를 이야기하는데 담임이 조심스레 말했다. 학급에서 최신 핸드폰이 없어졌는데 핸드폰을 잃어버린 학부모가 위치추적을 걸기로 했단다. 담임생각에 게오르기가 가져간 것으로 의심되는데 찾을 수가 없으니 난감하다고 했다. 특히 어제 저녁 맑은 눈으로 자기를 믿어달라고 끝까지 거짓말을 하던 게오르기를 생각하면 매우 불쾌한 눈치였다.

게오르기를 불렀다. 거두절미하고 말했다. 위치추적이 걸리면 선생님들이 중간에서 도와줄 수도 없고, 보리스 아버지처럼 용서해 줄 수도 없다고 했다. 특히 집에 있는 불법체류 신분의 형이 잡힐 수도 있음을 말해주었다. 이미 러시아에서 한국으로 완전히 이주했기 때문에 형이 러시아로 추방당하면 기거하고 생활할 곳도 없었다. 몸도 불편해서 늘 집에 있어야 하는 게오르기의 형이었다. 게오르기의 어머니가 눈물로 사는 이유이기도 했다.

"아이 집에 훔친 물건이 있어서 다녀와야겠습니다"라고 교감선생님께 말씀을 드리고 게오르기를 데리고 집으로 갔다. 핸드폰은 둘둘 말아서 쓰레기통 속에 감춰져 있었다. 핸드폰을 가지고 나오면서 게오르기에게 왜 이틀 동안 겁도 없이 남의 물건에 손을 대고 거짓말을 했는지 물었다. 게오르기 말로는 너무 구형인 자기 핸드폰에는 없는 게임이 신형 핸드폰에 있어서 굉장히 해보고 싶었단다. 약만 올리고 한 번도 시켜주지 않는 친구가 미웠다는 것이다. 그리고 집에서는 형만 실컷 컴퓨터 게임을 하고 자기 차례가 돌아오지 않는 탓에 보리스의 노트북을 훔쳤다고 했다.

학급담임과 나는 심각한 고민에 빠졌다. 이틀 동안 연달아 일어난 절도 사건이라서 일처리를 두고 고민스러웠다. 버릇을 고치기 위한 처벌이 반드시 필요하지만 법적절차를 밟자니 가족해체가 불 보듯 뻔한 상황이었다. 법에서는 아동의 권리를 보장하랬지 불법체류 가족까지 보호하라고 하지는 않기 때문이다. 하지만 아동이 가족의 보호와 가족의 안전이 확보되지 않은 상황에서 즐겁고 행복한 삶을 누릴 수 있을까?

게다가 가정형편이 좋지 않은 외국인 친구들이 학교생활을 함께하는 우리 학교에서 절도가 외국아이 소행임이 밝혀지면 비슷한 유형의 상황이 다시 발생하면 특별학급 학생 모두가 표적이 될 가능성이 너무 높았다. 핸드폰을 돌려주는 문제도 만만치 않았다.

결국 학교 선생님들 중 이 일과 전혀 상관이 없는 선생님이 학교 뒷문에서 주운 것으로 학교 메신저에 띄웠다. 핸드폰 잃어버린 사람은

3반에 와서 찾아가라고. 핸드폰을 잃어버린 아이는 자연스러운 경로로 핸드폰을 되찾았다. 위치추적 없이 해결해서 다행이었다.

　이제 게오르기에 대한 처분만 남았다. 게오르기는 이미 충분히 뉘우치고 있었다. 사실 영악한 아이들은 핸드폰을 훔치거나 노트북을 훔치면 집에 숨기지 않는다. 금세 팔아 넘기거나 제3의 장소에 숨기지, 순진하게 집에 가지고 들어가지 않는다. 이틀 동안 물건에 대한 욕심을 절제하지 못해서 일어난 일이지만 액수가 매우 큰 절도여서 게오르기의 어머니에게 학교로 오라고 했다. 그리고 게오르기에게 어제는 보리스 아버지에게 고개 숙여 용서를 빌고, 오늘은 선생님들에게 고개 숙여 용서를 비는 어머니를 보니 좋으냐고 다그쳤다. 아이가 울었다. 가출했다가 잡혀 와서 종아리를 맞을 때도 잘못했다는 소리를 안 했는데, 잘못했다면서 울었다. 다시 이런 일이 벌어지면 형과 어머니는 담임과 내가 짐을 싸주고, 우리가 보는 앞에서 배표 끊어서 러시아로 돌아가기로 했다. 게오르기에게는 소년원에 가게 되거나 추방되는 과정에 대하여 있는 그대로 알려주었다.

　게오르기에게는 반성문도 쓰고, 각서도 쓰고, 봉사활동도 시켰다. 그러나 학급담임이나 특별학급 담임인 나 게오르기의 절도행위를 너무 쉽게 용서하는 것은 아닌가 싶어 마음이 편치 않았다. 정말 이번으로 끝이 나야하는데 처벌이 미미해서 더 큰 도둑을 만드는 것은 아닐까? 도덕적 해이가 생기면 어쩌지? 이번 소란을 계기로 정신 차릴 수 있는 아이를 소년원까지 들먹이며 너무 몰아세운 것은 아닌가? 시간이 지나봐야 알 수 있는 일을 두고 마음이 천 갈래로 나뉘어졌다. 학급담임이나 나 게오르기의 행동을 더 자세히 관찰하기로 했다. 하지만 학급담임이나 나 학교에 더 남을 수만 있다면 좋겠는데 우리 모두 전근을 가야 하는 입장이라 가슴은 더 답답했다.

애정결핍이 도벽으로

유키와 타카라, 신이치는 아버지가 일본인, 어머니가 한국인인 국제결혼가정의 자녀들이었다. 어머니는 병에 걸린 남편을 간병하느라 일본에 있는 집을 팔아 작은 집으로 이사를 했다. 그래서 아이들을 돌보기 어려워서 외할머니가 계신 한국에 보냈고, 삼남매가 함께 특별학급에 입학하게 되었다. 외할머니는 연로하시고 형편도 넉넉지 않아서 아이들을 양육하기 힘들어했다.

아이들은 평일 저녁과 토요일 식사는 학교 주변 지역아동센터에서 주는 급식으로 해결하고, 주말 내내 집에서 외할머니의 선물상자 접는 아르바이트를 도와 생계비를 벌곤 했다. 선물상자를 접으면 상자 10개에 100원, 큰 것은 10개에 300원을 받는다고 했다. 주말 내내 선물상자를 접고 온 아이들은 월요일 아침부터 눈은 벌겋게 충혈되어 있었고, 기운 없이 늘어져있었다.

유키와 신이치, 타카라의 어려운 가정형편을 알고, 학교와 독지가의 후원을 받아 급식비와 현장학습 활동비 등등을 지원해주기로 했다. 당시엔 무료급식이 아니었기 때문에 매월 세 아이의 급식비를 지원해 주는 것이 쉽지 않았다. 조손가정이지만 외국 국적인 아이들이라 외할머니와의 조손관계를 증명할 수 있는 서류를 끊어서 낼 수도 없고, 그저 실사가 나오면 선처를 바랄 뿐이었다.

고혈압과 당뇨로 기운이 없는 외할머니가 아침식사를 준비할 수 없어서 아이들은 늘 배고픈 상태로 등교했었다. 이혼한 큰 딸의 자녀 둘에 일본에서 온 손자 손녀까지 모두 다섯 명이나 양육해야 하는 타카라의 외할머니는 험한 말을 그대로 내뱉곤 했다. 인생이 순탄하지 않음을 한스럽게 말씀하셨다는데 욕을 적게 사용하는 일본에서 생활을 하다 온 아이들은 주말 내내 욕을 듣고 오는 것이 가장 큰 스트레스였다. 할머니가 제발 별것 아닌 일로는 욕을 하지 않았으면 좋겠다고 해서 당부를 드렸는데, 큰 변화는 없었다.

그런데 초등학교 1학년 때부터 부모와 헤어져 생활한 나이 어린 타카라에게 문제가 생기기 시작했다. 특별학급에서 소소한 물건과 돈이 없어지기 시작했고 아이들이 돈을 뺏기는 일들이 생겨났다. 모두 타카라의 소행이었다. 급기야 부모가 출근하고 비어있는 친구의 집에 현관문을 따고 들어가서 음식을 꺼내 먹고, 컴퓨터 게임을 하다가 붙잡히는 일이 발생했다.

관찰해보니 타카라의 문제는 지나치게 엄한 외할머니의 훈육 태도와, 어머니의 사랑이 한없이 필요한 시기에 해체된 가족으로서 느끼는 외로움, 외할머니의 열악한 경제사정에 따른 불만족스러운 소비생활 등이 원인이었다. 다급하게 일본에 있는 타카라의 어머니에게 이메일을 보냈다. 사정이 괜찮으면 병에 차도가 있는 남편과 함께 방학에 잠시 한국을 다녀가 달라는 요청을 했다. 그리고 외할머니의 협조를 구해서 훈육 태도의 변화를 거듭 부탁했다.

타카라가 특별학급에서 매일 30분씩 컴퓨터를 사용할 수 있도록 시간을 배정했다. 일본어를 배우는 사이트에 접속해서 게임도 하고, 일본에 있었다면 배웠어야 하는 한자를 컴퓨터로 배우기로 했다. 유키 말로는 일본에 있었으면 졸업하기 전까지 6,000자의 한자를 배웠어야 한다고 했다. 그런데 타카라는 1학년 2학기부터 한국에 있었으니 지금 일본에 돌아가면 한자를 하나도 몰라서 부진아 집단에서 공부해야 한다고 했다. 컴퓨터를 매일 만지는 것만으로도 타카라의 얼굴이 한층 밝아졌다.

그리고 타카라에게 "물건에 욕심내지 마라, 남의 것에 손대는 것은 나쁜 행동이다"라고 말로만 반복해서 해결될 일이 아니라는 판단이 들었다. 그래서 '선생님은행' 제도를 실시하기로 했다. '선생님은행' 제도는 은행이 멀어서 이용하기 어려운 타카라를 위해 용돈을 담임인 내가 맡아두는 제도였다. 용돈 50,000원을 타카라에게 주되 꼭 필요한 학용품과 물건, 먹고 싶은 간식이 있을 때는 용돈기입장에 기록을 한 후 '선생님은행'에서 출금하도록 했다. 착한 일을 해서 용돈을 받거나 상금을 타면 다시 '선생님은행'에 입금하도록 했다. 가끔 친구인 오성배 박사가 와서 타카라, 신이치, 유키에게 용돈 대신 상품권을 주면 아이들은 내게서 현금으로 바꾸어 갔다.

'선생님은행'을 하면서 교실의 물건이 없어지거나 타카라가 다른 아이들의 돈을 뺏는 일, 무단침입과 같은 행동 등은 다시 나타나지 않았다. 오히려 타카라는 돈이 불어나는 기쁨을 알고 입금을 많이 하려고 상금이나 부상이 있는 각종 대회에 참여하기 시작했다. 4학년 때 타카라가 일본으로 돌아갈 때는 원금보다 세 배나 많은 돈을 저금해서 외할머니에게 맛있는 것도 사드리고, 용돈도 드리고 갈만큼 알뜰하고 통 큰 사나이가 되어있었다.

탈출구가 필요한 아이들

타카라가 친구 집에 현관문을 따고 들어가서 음식을 꺼내 먹고, 컴퓨터 게임을 하다가 붙잡히는 일이 잘 마무리 된 얼마 후의 일이었다. 유키의 팔에 마치 시멘트에 긁혀서 부어오른 것 같은 상처들이 생기기 시작했다. 처음엔 유키가 바닥에 넘어져 긁혔다고 해서 유심히 보지 않았으나 상처가 아물지 않고 날마다 한두 개씩 더 늘어나는 것이었다. 유키가 다니는 지역아동센터에서 연락이 왔다. 저녁밥을 먹이고 귀가시키려는데 유키가 문구용 칼로 제 팔뚝에 자해를 하고 있더란다.

유심히 봤어야 했는데 아이 말을 믿은 내 잘못이다. 왜 팔목부터 팔뚝까지 문구용 칼로 상처를 냈냐고 물었더니 유키가 엉엉 울었다. 외할머니와 친척들로부터 동생인 타카라를 제대로 보살피지 않았다는 질타와 폭언에 스트레스를 받아서 연필 깎아야 할 칼로 자해를 하는 것이었다. 상처 난 자리에 또 상처를 내면 처음엔 따끔하지만 따끔따끔하면서 자기가 처한 상황을 잊을 수 있어서 스트레스가 풀렸다고 한다.

이상하게도 사르네 팔에서도 비슷한 상처가 생기기 시작해서 이유를 캐물었다. 사르네는 결손가정 학생들이 다니는 동네 공부방에서 공부를 했었는데 아이들과 마찰이 심했었다. 한국아이들이 사르네에게 퍼붓는 한국어 욕설이 한참 사춘기인 사르네를 자극했던 것이다. 그래서 유키의 권유로 '유키의 스트레스 푸는 방법'을 따라 했다고 했다. 순간 아찔했다. 아기 때부터 아무 예방접종도 하지 않은 사르네가 파상풍이라도 걸렸으면 어쩔 뻔 했는지 눈앞이 깜깜해졌다.

사르네와 같이 동네 공부방을 방문했다. 학습환경을 점검하고, 시설 운영자와 상담을 한 후 사르네에게 욕을 많이 했던 아이들과 수업시간을 변경해 줄 것을 요청했다. 일주일에 한 번씩 퇴근하면서 공부방에 들렀더니 아이들이 사르네에게 욕을 퍼붓는 일이 점점 줄어들었다고 사르네가 활짝 웃었다. 아이들 눈에는 사르네의 담임선생님이 왔다갔다 하는 것이 부모가 쫓아온 것만큼이나 신경이 쓰였나보다.

사르네의 문제는 쉽게 해결하였는데 어려운 것은 유키의 스트레스였다. 집안에서 장녀로 성장한 나 역시 맏이가 갖는 부담감을 모르는 바가 아닌데다 유키가 가진 가정환경의 변화를 유도하기가 쉽지 않기 때문이었다. 일단 유키와 함께 수다를 떨었다. 유키가 하고 싶은 '일본에서 옛날에 엄마와 아빠에게 사랑받았던 일', '어제 이야기', '요즘 이야기' 등 유키를 향해 귀를 열어 놓았다.

'기분대로 울다가 웃다가', '역할 바꿔 말하기-할머니, 동생, 이모, 엄마, 선생님', '선생님 부재 중 선생님께 쪽지 쓰기', '유키만의 보물 모으기' 등 가지가지를 다 했다. 어느 정도 효과가 있었는지 측정할 수 없었으나 유키의 한국어 실력은 내가 가르친 아이들 중에서 가장 일취월장 했다. 유키는 중학교에 진학하고도 종종 찾아와 '어제 이야기'를 하다 갔고, 외할머니에게서 받은 스트레스를 풀고 갔다. 일본으로 출국하여 고교입시를 치른 요즘도 이메일로 '요즘 이야기'를 보내곤 한다.

지금에 와서 생각해보면 어린 것들이 어른보다 적응 스트레스가 더 심했구나 하는 생각을 한다. 어른들이야 외국에 이주해 가서 속상하고 힘들면 술을 마시거나 담배를 피우고, 같은 나라에서 온 친구들과 만나 춤을 추든 노래를 부르든 스트레스를 풀 수 있는데 말이다. 아이들은 말도 안 통하는 상황에서 어떻게 스트레스를 날려 보낼 수 있을까?

외국인근로자 자녀를 지도하면서 언어능력이 부족하여 상담을 못하는 것은 아니라는 것을 자주 깨닫는다. 교사가 외국인 학생들의 모국어를 능숙하게 구사하며 상담을 하면 시간이 적게 걸릴 수도 있다. 문제 원인도 금방 찾을 수 있을지 모른다. 그러나 마음이 열려있지 않으면 아무리 외국어에 능통해도 문제의 치유법을 찾기가 쉽지 않을 것이다. 문제 상황이 발생했을 때 선생님을 찾아갈 수 있도록 신뢰를 심어주고, 힘들고 지쳤을 때 기대어 쉴 수 있도록 어깨를 빌려주는 것이 우리의 가장 중요한 역할인 것 같다.

아이가 상급학교에 가면 눈여겨봐야

3월 따뜻한 햇살을 받고 교복을 입은 아이들이 교실로 들어온다. 중학교에 간지 얼마나 되었다고 교복 맵시를 자랑이라도 하듯이 까르르 들어온다. 중학교에 잘 적응이 될수록 6학년 담임이나 나는 찾아오는 횟수가 뜸해지면서 어느 고등학교에 갔는지도 모르게 세월이 흘러간다.

적응 스트레스 때문에 아이들이 자기 팔뚝에 자해를 하는 것을 보았던 경험이 있는 나는 아이들 팔뚝을 유심히 보는 버릇이 생겼다. 3월이나 4월에 중학교에 갔다가 재미 삼아 내가 있는 초등학교에 들르는 아이들의 손등에는 어김없이 마음의 상처를 보여주는 녀석들이 있었다. 중도입국 고학년 아이들의 경우 한국어로 의사소통이 어려운 상태에서 중학교를 보냈으니, 특별한 의지가 있어도 교과마다 선생님들의 설명은 어려워 알아듣기 힘들어 했다. 책상에 엎어져 자는 것도 한계가 있고, 자기가 왜 한국에 와 있는지 모르니 가슴만 답답했을 것이다. 유키랑 사르네가 스트레스 해소법을 전수하고 간 것도 아닌데 아이들은 문구용 칼을 들고 손등에 자해를 하기 시작했다. 내가 용케 발견해서 물으면 고양이가 할퀴었다고도 하고, 두 번째 발견되면 넘어질 때 다쳤다 하고, 한 번 더 물어야 속사정을 겨우 이야기 했다. 문구용 칼로 손등에 상처를 내니 찌릿찌릿하여 수업시간의 지루함을 잊을 수 있었다는 명현이와 소진이의 설명은 어쩌면 6년 전 유키의 설명과 그리도 똑같은지!

가끔 손목 안쪽으로 동맥이 지나가는지 정맥이 지나가는지도 모르고 자해를 하려는 더 위험한 아이들도 있다. 상급학교에 진학한지 얼마 되지 않아 아이들의 상처가 눈에 보이면 아이들의 적응도를 눈여겨 보기 바란다. 아이들이 말로는 못하고, 몸으로 말하는 중이기 때문이다.

무슬림 여자아이들에겐 바지 교복을

중학교에 간 아이들 이야기를 시작한 김에 한 가지 더 쓰려고 한다. 아이들이 중학교에 입학하면서 교복을 입게 되면 기분이 남다르다고들 한다. 중학교 배정받자마자 어떤 교복인지 관심도 많고, 서로 자기네 교복이 예쁘다 자랑을 한다. 맵시 좋게 교복을 입고 싶어서 등하굣길에 지나가는 언니 오빠들을 한참씩 쳐다보기도 한다.

대부분의 아이들은 다림질이 빳빳한 교복을 미리 입어보고, 설레서 잠도 못 잔다고 하는데 걱정으로 잠 못 자는 아이들도 있다. 무슬림 가정의 여자 아이들은 중학교 배정을 받으면 "그 학교는 바지교복이 있나요?"를 묻곤 했다. 교복 치맛단을 무릎 아래로 늘여서 길이를 길게 해도 이슬람교를 믿는 아버지 입장에서는 너무 짧은 옷이라서 바지를 입으라고 한다. 겨울에 치마 교복이 추울 것을 대비해서 여자 아이들을 위한 바지 교복이 있는 중학교면 참 좋은데 아닌 경우는 교장선생님의 허락을 구해야 한다.

학교의 양해를 구하고 남자용 바지 교복을 이슬람교도인 여자아이들이 착용하고 학교를 다니는데, 아이들이 자신을 바라보는 시선에 매우 불편해 했다. 바지 교복이 맵시도 없거니와 "쟤는 왜 바지를 입었니?"라는 수군거림이 하루 종일 들리더란다. 한 아이는 선배들이 학교 후미진 곳으로 부르더란다. 떨면서 갔는데, 다리에 심한 화상이 있어서 가렸냐고 하도 심각하게 물어서 자기도 모르게 크게 웃었다고 한다. 모든 아이들이 크게 웃을 수 있는 배짱이면 괜찮은데, 우리가 가르치는 다문화가정 아이들 대부분은 배짱이 두둑하지 않은 것 같은 게 문제다. 길게 가린 것만 보는 시선이 불편하고, 되풀이해서 묻는 말들이 짜증나서 소리라도 지르고 싶지만 감히 그렇게도 못 한단다. 이슬람교를 믿는 학생들이 입학을 하는 경우 왜 짧은 치마교복을 입지 않는지, 여름에도 햇살 아래 소매를 드러내지 않는지에 대해서 일반가정의 친구들과 선배들의 이해를 도울 수 있는 교육이 진행되었으면 한다. 가끔은 교복 치마를 발목까지 길게 입든 머리에 히잡을 두르고 등교를 하든 무심하게 지나가주는 – 문화의 다양성을 인정하는 분위기가 자연스럽게 녹아있는 학교이기를 바라게 된다.

한국식당에서 새벽까지 일하는 어머니를 찍은 사진.

한국인에게 물건을 판매하는 아버지를 찍은 사진.

학부모는 돈 버는 기계?

　외국인근로자 학부모는 자녀를 한국에 데려온 후 가족해체기간 동안의 미안함과 보상심리 때문에 자녀에게 용돈을 넉넉하게 주는 경향이 있다. 외국인근로자 자신은 공장 3교대나 야근수당 때문에 몇 달씩 야간근무를 자청하면서도 자녀가 요구하는 핸드폰, 게임기, MP3플레이어, 컴퓨터 등을 다 사주곤 했다. 자녀의 식사를 잘 챙겨주지 못하여 빵과 음료수를 사먹을 정도의 용돈을 매일 주는 부모도 있었다. 그러면 자녀들은 식비로 사용하지 않고 불량식품을 사먹고 문구점에서 오락을 하는데 쓰는 것이 다반사였다. 식비를 학습과 전혀 무관한 물건들을 사는데 모두 써 버리는 일도 흔했다. 부모는 어렵게 돈을 벌어서 자녀를 양육하는데 자녀는 부모를 돈을 벌어서 자신에게 돈 주는 기계로 생각한 경우도 있었다.

　6년 전의 일이다. 외국인근로자 자녀 중 4~5학년 학생들이 한국학생들과 함께 수련활동에 참여한 일이 있었다. 한국학교에 적응도 잘

하고 있고, 한국말도 많이 알아듣고 이해하는 수준이 된 학생들이라 활동에 무리가 없으리라 판단했기에 가능한 일이었다.

수련활동 중 촛불의식 시간이 되었다. 촛불의식 시간에는 떠나온 집과 부모에 대한 그리움을 한껏 깨닫게 하여 대부분의 한국학생들은 촛불을 들고 훌쩍훌쩍 울었다. 그런데 외국인근로자 자녀들은 한 명도 울지 않고 우는 한국학생들이 이상하다며 키득키득 하는 것이었다. 부모님 보고 싶지 않던가, 고생하시는 부모님이 불쌍하지 않던가하고 물으니 "아기 때부터 엄마 아빠와 떨어져 살아서 부모가 보고 싶지는 않았다", "내가 아플 때 나를 보살핀 사람은 할머니와 오빠였다", "아빠와 엄마가 필요할 때 부모는 내 옆에 없었다", "부모는 돈을 보내주는 사람이다"등등의 대답이 나왔다.

그래서 부모들의 동의를 구하고, 부모들이 밤늦게까지 힘들게 일하는 근로현장을 사진으로 찍어서 특별학급 아이들에게 보여주었다. 방송국에서 방영한 외국인근로자들의 생활을 다룬 동영상도 활용하였다. 본국으로 자녀들의 교육비와 생활비를 송금하기 위해 부모가 새벽부터 밤늦게까지 무슨 일을 하는지, 말도 잘 통하지 않는 한국에서 평소 의식주를 어떻게 해결하고 있는지, 아파도 병원 한 번 못 가고 어떻게 생활했는지 등을 보여주었다. 자녀에게 게임기와 MP3플레이어를 사주기 위해 졸음을 참고 밤을 새서 일하는 부모들에 관하여 지속적으로 교육한 것이다.

한 번도 부모에게 편지를 써 본적이 없는 외국인 학생들에게 어버이날 편지를 쓰고, 카네이션을 만들어서 자식으로서의 의무감이라도 갖고 달아드리도록 했다. 로마에 가면 로마법을 따르듯 한국에 왔으면 한국에 살고 있는 자식으로서 한국의 정서와 효를 배우라고 말했다. 부모가 어렵게 번 돈으로 용돈을 주는 것이니, 용돈을 사용하되 꼭 필요한 것을 구입하는데 사용하고 나머지는 저금통에 저금할 수 있도록 했다. 돈을 관리하는 것이 어려운 학생을 위해 '선생님은행'도 운영했다. 유키와 신이치, 타카라를 교육하면서 꽤 성과를 본 것이라 적용할 만했었다. 이런 모든 과정을 진행하면서 한국말이 어려워 못 알아들으면 어떻게 해야 할까 걱정했었는데 다행히도 국적이나 시간을 뛰어넘는 것이 천륜임을 아이들은 보여줬다.

02

사회가 너무 어려워

　북한이탈가정의 아이인 승미가 미혼모 입양의 형식적인 절차를 밟아서 중국에서 혼자 생활하다가 특별학급에 오게 됐다. 가정사정이 하도 복잡한 아이라서 이야기를 듣는 나도 너무 헷갈렸다. 승미는 중국서류상의 아버지와 양육해준 아버지, 북한에 있는 친아버지를 가진 사연이 많은 아이였다. 스무 살이 넘은 오빠는 아직 북한에 있고, 어머니는 북한을 탈출해서 중국에서 생활하다가 한국에 먼저 들어왔다. 승미를 다른 사람의 손에 맡겼다가 한국으로 간신히 데려왔다고 했다. 어렸을 때 북한을 탈출한 승미는 북한에 대한 기억이 적었지만 어머니의 북한식 억양이나 말투를 그대로 닮아있었다.
　승미는 자존심 강하고 지기 싫어하는 아이였다. 선생님께 사랑도 가장 많이 받았으면 했고, 제일 앞에 서서 대장 노릇을 해야 직성이 풀렸다. 다른 아이들보다 체구는 작았지만 너무 욕심을 부려서, 그리고 자꾸 다른 친구를 따돌리게 분위기를 조성해서 생활지도가 쉽지 않았다.

버스 타고 제주도 갔다고?

아버지가 식당을 하는 주흐라가 수업시간에 연휴에 제주도에 다녀왔다고 자랑을 했다. 언니인 자이납이 먼저 제주도 갔다가 왔다고 중급반에서 발표를 했기 때문에 내용을 대충은 알고 있었다. 주흐라가 흐뭇한 얼굴로 비행기 타고 갔다 왔다고 설명을 하자 기분이 나빴던 승미가 말했다. "나는 버스 타고 제주도를 열 번도 넘게 갔다 왔다."

승미가 일반학급에 가서도 친구들에게 "나는 버스 타고 제주도를 열 번도 넘게 갔다 왔다"고 떠들자 제주도를 다녀온 일반가정의 아이들이 비웃으며 받아쳤다. "승미는 거짓말쟁이다. 제주도는 섬인데 버스를 타고 갔댄다. 하하하."

특별학급에서 버스 타고 제주도에 갔다고 했을 때는 문제가 없었다. 왜냐하면 특별학급 아이들은 외국에서 살다 온데다가, 어디가 어딘지 잘 알지 못 해서 누구 말이 맞는지 잘 판단하지 못했다. 초기에 특히 그러하다. 그래서 승미가 제주도에 버스를 타고 갔든 말든 아이들은 관심이 없었다. 그러나 일반학급 아이들은 제주도에 버스를 타고 갔다는 말을 그냥 넘기지 않았다. 그 후로 한국아이들은 승미가 하는 말을 믿어주지 않았다.

승미의 제주도 발언 이후로 외국에서 살다온 아이들에게 초등사회 영역 중에서 지리 영역부터 가르치기 시작했다. 처음에는 아이들이 자기 집을 찾아갈 수 있어야 했고, 주말에는 아이들이 부모와 인근지역을 돌아다닐 수 있어야 했다. 지역에 대한 지리감각이 자리 잡히면 시·도·전국으로 영역을 확대해서 가르쳤다. 특별학급 아이들이 지리를 알지 못해서 거짓말을 하게 만들고 싶지 않았다.

특히 중도입국학생 중 5~6학년에 한국에 온 학생들이 3~4학년 때 사회과 학습언어를 습득하지 못해서 발생하는 학습결손을 보완해야 했다. 쉽게 이해하면서 활동과 내용이 조화를 이룬 사회과 학습활동이 너무 절실했다. 다문화가정 아이들이 한국에서 배우는 사회과 교과 학습활동이 자신과 관련성이 깊어야 적극적으로 배우기 때문에 고민고민하면서 교육과정을 재구성했다. 중도입국학생을 위한 사회과 교육과정 구안·적용 내용은 아래와 같다.

중도입국학생을 위한 사회과 교육과정 재구성

학년	영역	내용	재구성 내용
3학년	역사	· 우리가 살아가는 곳 · 사람들이 모이는 곳	· 내가 살아온 곳과 살아가는 곳 · 기후가 다른 여러 기역의 생활 (중도입국학생의 국소개→탄력적 환경 확대법 적용)
	지리	· 우리 고장의 정체성 · 이동과 의사소통	· 대한민국과 안산 · 대한민국에 올 때 사용한 교통수단과 이동경로
	일반사회	· 고장의 생활문화 · 다양한 삶의 모습들	· 내가 살고 있는 동네 구경
4학년	지리	· 우리 지역의 자연환경과 생활모습 · 우리 지역과 관계 깊은 곳들 · 여러 지역의 생활	· 모국에서의 자연환경과 생활모습 · 인터넷에서 본 고향(sky view)
	일반사회	· 주민자치와 지역 사회의 발전 · 경제생활과 바람직한 선택 · 사회 변화와 우리 생활	· 모국과 한국의 사회변화 · 달라진 나의 생활
5학년	역사	· 하나 된 겨레 · 다양한 문화가 발전한 고려 · 유교 전통이 자리 잡은 조선 · 조선 사회의 새로운 움직임 · 새로운 문물의 수용과 민족 운동 · 대한민국의 발전과 오늘의 우리	· 모국과 한국의 역사알기 · 모국과 한국의 역사적 교류관계 · 나의 조국(모국) 바로 알기 · 한국 책 속의 나의 조국(모국)

학년	영역	내용	재구성 내용
6학년	지리	· 아름다운 우리 국토 · 환경을 생각하는 국토 가꾸기 · 세계 여러 지역의 자연과 문화	· 대한민국의 위치와 영역 · 나의 조국(모국)의 위치와 영역 · 특별학급 친구들 나라의 위치와 영역(탄력적 환경 확대법 적용)
	일반 사회	· 우리 경제의 성장과 과제 · 우리나라의 민주 정치 · 정보화, 세계화 속의 우리	· 대한민국과 모국의 무역 · 대한민국과 모국의 수입과 수출관계 · 세계 속의 우리

중도입국학생의 사회과 학습주제와 활동 모습

교육과정	일반 한국 학생 학습주제와 활동	중도입국학생 학습주제와 활동	중도입국학생 학습활동 모습

3학년
교육과정
	· 하늘에서 본 우리 고장
	  - 지구본에서 한국 찾기
	  - 우리 고장의 위치와 모습
	  - 주소를 이용하여 우리 학교 설명하기
		· 구글에서 본 고향(러시아, 몽골, 태국 등)
		  - 모국의 고향과 인근 마을 탐색하기
		  - 인터넷으로 친구의 고향 방문하기
		· 지금 내가 살고 있는 한국의 우리 고장
		  - 우리 마을 안내도에서 찾기
		  - 학교에서 집까지 가는 지도 만들기	

4학년
교육과정
	· 우리 지역의 생활 모습
	  - 도시와 농촌 생활모습 비교하기
	  - 통계자료 활용하기
	  - 인구, 산업, 교통의 특징 배우기
		· 모국 고향의 생활 모습
		  - 모국 고향의 생활 모습 설명하기
		  - 고향 주변의 방문지 알아보기
		  - 고향의 인구, 산업, 교통의 특징 배우기
		· 안산시와 경기도의 생활 모습
		  - 모국의 고향과 유사점과 차이점 탐색하기
		  - 모국과 한국의 통계자료 활용하기	

교육과정	일반 한국 학생 학습주제와 활동	중도입국학생 학습주제와 활동	중도입국학생 학습활동 모습
5학년 교육과정	· 하나 된 겨레 　- 선사시대 사람들 　- 최초의 국가 고조선 　- 박물관 견학(한국 학생들과 함께 토성과 박물관 견학) 	· 모국의 역사 알기 　- 모국의 유적·유물 알아보기 　- 모국의 최초의 국가 알아보기 　- 모국의 · 한국의 역사 알기 　- 선사시대 사람들과 고조선 　- 모국과 한국 연표 만들기 　- 다른 나라의 역사에 관심 갖기	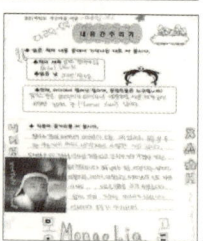
6학년 교육과정	· 우리 국토의 위치와 영역 　- 대륙과 해양으로 열린 나라 　- 우리 땅, 바다, 하늘 · 세계 속의 우리 경제 　- 무역의 의미와 무역이 이루어지는 까닭 　- 우리나라 무역의 특징과 땅, 바다, 하늘	· 한국과 모국 국토의 위치와 영역 　- 국토의 위치와 인접 국가 알아보기 　- 비행기와 배 활용방법 알아보기 　- 국토의 소중함 알기 · 한국과 모국의 무역 　- 무역의 개념알기 　- 수입과 수출의 차이점 알고 사례 찾아보기 　- 무역이 이루어지는 까닭알고 국가의 미래 생각하기	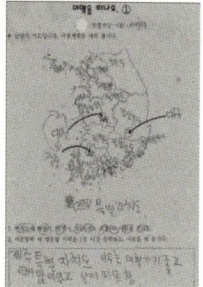 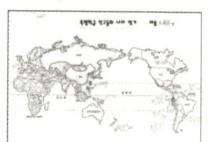

사회 과목이 큰일이야

　중도입국학생들이나 외국인근로자가정의 자녀를 가르쳤을 당시에 학생들이 사회교과를 너무 어려워했다. 초등사회교과에는 일반 사회생활 관련 내용, 지리, 경제, 정치, 역사 영역이 모두 녹아 있다. 사실 일반가정의 학생들도 기본지식이나 관심이 없으면 사회교과 내용을 이해하는 것에 어려움을 많이 토로했다. 그러니 내가 가르친 다문화가정의 아이들은 얼마나 어려울까? 사회교과가 너무 어려운데 가정에서 어떻게 가르쳐야 할지 방법을 몰라서 더 당황스럽다고 호소하는 다문화가정 어머니들도 있었다.

초등학교 5학년은 사회교과에서 '한국의 역사'에 대하여 1년 동안 배우게 되어있다. 가르쳐보신 선생님들께 묻고 싶다. 아이들이 배우면서 즐거워하던가? 고조선, 청동기, 철기, 무신과 문신 등 처음 듣는 새로운 용어가 많이 등장하기 때문에, 많은 한국학생들도 1년 내내 역사를 배우는 것에 대하여 부담스러워 한다.

그래서 스토리텔링을 사회교과에 적용해서 가르쳤다. 옛날이야기만큼 재미있는 것은 없다. 분필 하나만 가지고 이야기를 해도 아이들이 호흡마저 조절할 수 있는 것이 옛날이야기다. 그리고 〈한국을 빛낸 100명의 위인들〉 노래를 배웠다. 노래가사 한 줄 한 줄에 담긴 숨은 이야기를 하느라 1학기가 다 소요되었다. 이야기는 기억에 도움을 주었지만 역시 외우는 것은 참 힘들어 했다.

다문화가정의 자녀가 학급에 있다면 4학년 때부터 역사와 관련된 동화책을 권장했으면 한다. 바보온달과 평강공주, 알에서 나온 왕들, 원효대사와 해골 물 등 재미있는 이야기들은 역사 속의 주인공을 쉽게 인식하도록 도와줄 수 있다.

그런데 동화책을 읽는 취미도 없고, 노래 부르는 것도 한두 번으로 끝나는, 정말 역사공부에 취미가 없는 아이들은 드라마를 이용해서 수업을 했다. 드라마의 소재와 내용이 역사에 대한 호기심을 유발할 수 있어서 꽤 효과적이었다. 각 방송사들이 해마다 〈주몽〉, 〈선덕여왕〉, 〈계백〉, 〈장희빈〉, 〈대장금〉, 〈신의〉, 〈대풍수〉 등 역사 관련 드라마를 제작하고 방영한다. 수업시간에 드라마의 주요 등장인물과 장면을 조금씩 도입했더니 부모님과 같이 시청하고 의견을 나누며 점차 한국사에 관심을 갖는 모습을 보였다.

몽골에서 온 한국어 의사소통이 어려운 중도입국학생들을 가르칠 때였다. 고구려 건국신화를 공부하면서 〈주몽〉에 대한 드라마를 잠깐 시청했었다. 그런데 학생들이 이미 몽골에서 〈주몽〉을 보고 한국에 온 상태라 굉장히 쉽게 개념어에 접근하고 이해하는 것을 확인했던 경험이 있다.

그리고 한국사와 관련된 활동을 할 때 다문화가정의 자녀가 어머니 나라의 역사와 연결하여 배웠으면 한다. 다문화가정의 어머니가 중국 문화를 배경으로 하는 경우, 자녀가 조선 후기 역사를 배울 때 청나라의 부흥에 대해 공부해 보는 것도 좋은 것 같다. 베트남 문화를 배경으로 한다면 조선왕조와 베트남왕조에 대하여 시대적으로 연결해서 배울 수 있도록 준비했으면 한다. 예를 들면, 베트남의 왕자가 조선에 와서 화남 이씨의 시조가 되었음을 배우는 것은 어떨까? 한국사와 세계사를 연결해서 폭넓게 공부할 수 있고, 어머니 나라의 역사를 존중하는 태도도 기를 수 있는 장점이 있다. 그리고 한 가지 더 첨언하자면 다문화가정의 학생들에게 호기심과 동기유발에 했더니 일반학생들보다 사회과와 한국역사에 대해 좋은 결과를 이끌었다는 연구도 있었다. 어렵다는 사회과목을 아이들의 눈높이에맞춰서 잘 가르치면 그에 합당한 결과가 나올 수 있다는 의미다.

03

다문화체험 교실수업의 계획

'외국인과 함께 하는 문화교실수업(Cross-Cultural Awareness Programme, CCAP)'은 지구촌의 한 구성원으로서 나와 다른 이들에 대한 이해와 사랑을 바탕으로 평화의 문화를 증진시키고자 하는 유네스코의 교육 이념과 맥락을 같이 한다. 유네스코한국위원회는 대한민국 교육과학기술부의 지원을 받아 1998년부터 '외국인과 함께 하는 문화교실'을 실시하고 있다.

다문화가정 학생과 일반학생이 함께 배우는 다문화체험 수업

이 프로그램은 국내 거주 외국인들이 문화교류 자원활동가(CEV: Cultural Exchange Volunteer)로서 한국어 통역 자원활동가 (KIV : Ko-

몽골의 차강사르(설날) 인사법 배우기.   우즈베키스탄 차를 권하는 예절 배우기.

rean Interpretation Volunteer)와 함께 초·중·고등학교를 직접 방문한다. 자기 나라 문화를 소개하는 문화 간 이해 훈련으로써, 우리 학생들이 타문화를 이해할 수 있는 매우 효과적인 국제이해교육 방법으로 큰 호응을 받고 있다. 또한 국내 거주 외국인들에게도 한국사회에 긍정적으로 기여하고, 한국사회를 이해할 수 있는 기회를 제공하고 있다.

다문화가정 학생과 일반학생이 함께 문화교실수업(http://ccap.or.kr/)에 참여하는 경우 국제결혼가정의 학생은 부모의 모국인으로부터 해당 문화를 소개받으며 자존감을 높일 수 있다. 외국인근로자가정의 학생은 자국의 문화에 대하여 자긍심을 갖고 문화교실수업CCA에 참여한다. 일반학생들은 같은 교실에서 함께 공부하는 다문화가정 학생이 배경으로 갖고 있는 문화에 대하여 보다 잘 이해할 수 있는 기회를 얻게 된다. 또한 문화교실수업 활동을 통하여 다문화가정 학생이나 일반학생 모두 각자의 고유함과 상호 존중의 지혜를 배울 수 있다.

1. CCAP 정규수업(CCAP Regular Class)

국내에 거주하고 있는 외국인 문화교류 자원활동가CEV가 한국어

문화교실수업 중국 편.   문화교실수업 인도 편.

통역 자원활동가KIV와 함께 '외국인과 함께하는 문화교실'에 참가하는 초·중·고등학교를 방문하여 한 시간 반에서 두 시간 가량 자국문화를 소개하는 수업을 진행한다. 지식 위주의 전달이 아니라 학생들이 다른 사회·종교·문화적 배경을 가진 사람들을 이해하고, 열린 마음으로 대할 수 있는 성숙한 자세를 배우도록 유도한다. 연간 6회의 수업이 진행되고, 수업내용도 기존의 강의식 수업을 지양한다. 그리고 자원활동가와 학생들이 함께 어울릴 수 있는 흥미롭고 활동적인 내용으로 진행된다. 각 국의 외국인 자원인사를 선택해도 해당 언어권의 한국인통역이 수업에 함께 참여하기 때문에 다양한 나라의 자원인사를 선택하여 수업을 할 수 있는 장점이 있다.

2. CCAP 캐러번

CCAP 캐러번은 평소 외국인과 접촉이 어려운 지역을 내·외국인 자원활동가들로 구성된 CCAP 캐러번 팀이 직접 찾아가 해당 지역 학생들을 대상으로 문화교실 수업을 진행한다. 연 2회에 걸쳐 전국적으로 실시하되 도서벽지지역 학생들에게 문화의 벽을 뛰어 넘는 만남의 시간을 제공한다. 이와 동시에 참가 자원활동가들에게는 한국의 전통문화와 생활 모습을 접할 수 있는 기회를 제공한다.

3. 신청방법

a. 신청기간

해마다 2월 중순에서 3월 초에 신청을 CCAP의 웹사이트(http://ccap.or.kr)의 [How to Join] 메뉴에서 신청을 받는다. 신청기간이 아닌 때에는 등록이 불가능하니 신청을 원할 때는 CCAP의 웹사이트를 자주 방문하는 것이 좋다. 해마다 시기가 조금씩 다를 수도 있다.

b. 지역별 CCAP 협력기관

문화교실수업CCAP에 활동에 대한 궁금한 내용이나 각 지역별 신청과정, 한국인통역KIV 등에 대한 문의는 지역별 협력기관을 활용하면 좋다. 지역별로 자체 계획에 의거하여 1년 동안 문화교실수업에 참여할 학교를 따로 모집하는 경우도 있으니 협력기관을 활용하기 바란다.

차례	지역	기관명	전화	팩스
1	강릉	강릉여성문화연대	033-645-1910	033-640-2882
2	거제통영	거제대학	055-680-1580	-
3	경남	경상남도 교육청	055-268-1513	055-268-1529
4	광주전남	유네스코광주전남협회	062-223-2840	062-223-2841
5	대구경북	계명대학교	053-580-6027	053-580-6025
6	대전	카이스트 대학교	042-350-2462	-
7	부산	부산광역시 교육청	051-8600-283	-

차례	지역	기관명	전화	팩스
8	수원	수원시청소년육성재단	031-218-0412	031-218-0419
9	서울경기	한국유네스코협회연맹	02-776-8681	02-776-8682
10	서울중부	서울특별시 중부교육지원청	02-708-6514	02-708-6642
		청파초등학교	019-9162-7269	02-3272-9042
11	안동	임동초등학교	054-858-3211	054-853-7483
12	안양	안양시동안청소년수련관	031-389-4930	031-389-4925
13	영주	죽계문화재단	054-632-0618	054-632-0616
14	전주	전주대학교	063-220-2122	063-220-2075
15	충북	충청북도 교육청	043-290-2104	043-290-2735
16	포항	포항제철동초등학교	054-279-9752	054-279-4759

다문화체험 일일교실과 세계문화체험 교실

1. 각 지자체와 함께 운영하는 다문화체험 일일교실과 세계문화체험 교실

전국에서 많은 외국인 주민이 공존하는 지자체에서는 다문화사회를 주도할 아동 및 청소년들에게 '다른'문화에 대한 차별과 편견을 없애주고, 다양한 문화를 체험함으로써 외국인 다문화강사와 직접 소통할 수 있는 다문화체험 일일교실이나 세계문화체험 교실을 운영한다.

교육대상은 유치원, 어린이집의 원아와 초·중등학생을 모두 포함하여 신청을 받는다. 유학생이나 결혼이주여성들이 주로 다문화체험 일일교실이나 세계문화체험 교실의 강사로 교육현장을 방문한다. 각 지자체에서 실시하는 다문화체험 일일교실이나 세계문화체험 일일교실은 지자체와 교육지원청이 양해각서MOU를 체결한 후 학교에 프로그램을 보내준다. 각 학교에서는 문화체험 교육수요조사를 할 때 신청하면 무료로 활용할 수 있다.

2. 운영 방법
a. 학급, 학년 교과시간 또는 방과후 시간을 활용하며 2시간을 기준으로 한다.
b. 교육과정 운영 시 해당 교과별 교수·학습 과정안을 작성한 후 활용한다.
c. 창의적 체험활동에서는 범교과 학습 및 자기주도적 학습 주제로 '다문화교육'을 선택하여 실시할 수 있다.
d. 지역사회 특성 및 여건을 반영하여 창의적 체험활동 시간에 실시할 수 있다.

이중언어강사와 다문화가정 부모님도 함께 하는 다문화체험 수업

현재 이중언어강사요원으로 선발되어 900시간의 위탁교육을 마치고 각 학교로 배치되고 있는 이중언어강사와 함께 문화교실을 계획해도 좋다. 이중언어강사의 대부분이 결혼이주여성이며, 한국인과 다른 문화적 배경을 갖고 있어서 한국학생들이 문화의 유사성과 차이를 학습할 수 있다. 학교 규모가 작으면 병설유치원과 1~6학년까지 전교의 학생들이 연 2회 이상 수업에 참여할 수 있도록 수업을 계획할 수 있다.

다문화가정의 학생이 있는 학급에서는 '홍사샤의 어머니 나라 배

이중언어강사의 문화교실(대만편: 대만의 역사와 원주민의 관계). 엄마와 함께 배우는 중국문화와 중국어.

우기', '델게르의 부모님 나라 배우기'와 같은 수업을 설계할 수 있다. 다문화가정 학부모님의 협조를 얻어 2시간 분량의 문화교실을 진행할 수 있다. 이런 경우 부모님들이 수업전문가가 아니기 때문에 선생님들과 다문화가정의 부모님이 수업지도안을 같이 작성해 보고, 교육내용에 필요한 실물자료나 동영상, 음악파일, 체험 재료 등을 미리 점검하면 좋다. 또 문화관련 내용뿐만 아니라 '미미 어머니와 함께 하는 중국어 교실', '영광이 어머니와 함께 하는 싱할리어 교실' 등 다국어교실을 계획해도 재미있는 수업을 진행할 수 있다.

여행자 교육과정과 비판점

1. 여행자 교육과정이란?

교사가 학생들에게 문화의 차이점에 대해 가르치기 시작할 때 '여행자 교육과정Tourist Curriculum'[1]이라 부르는 프로그램을 구성하기도 한다. 더만 스파크스Derman Sparks의 정의에 따르면 여행자 교육과정이란 음식, 전통 의복, 민간 설화, 가사 용품과 같은 다른 나라의 문화적 산물에 관심을 두는 것을 의미한다. 여행자 교육과정을 따라 학생들은 멕시코의 명절인 5월 5일 독립기념일Cinco de Mayo에 멕시코 음식인 타코스를 먹고, 스페인어로 열까지 세는 법을 배우게 한다. 미국 원주민을 연구하기 위해 머리장식이나 토템 기둥을 만들고, 구운 빵을 먹고, 민간설화를 듣는다.[2] 말하자면 자신에게 절실하지 않은 것을 잠깐 스쳐가듯이 문화체험만 하는 것이다.

현재 초·중등학교의 창의적 체험활동 시간이나 특별활동, 다문화 거점학교나 연구학교에서 실시하는 다문화체험 프로그램을 수업진행을 살펴보자. 여행자 교육과정과 매우 흡사한 부분을 발견할 수 있다. 한국과 다른 문화적 배경을 가진 외국인이나 결혼이주여성이 다문화체험 프로그램의 교사가 된다. 학생들에게 1부 순서로 모국의 역사, 지리, 정치 형태, 언어 등을 간략하게 소개한다. 2부에는 음식 체험(차, 빵, 과자 등), 전통의상 체험, 가사 용품이나 전통공예품, 동전이나 지폐, 악기 체험 등을 실시하고 수업내용을 퀴즈로 마무리 하곤 한다. 아이들이 우리가 하는 수업을 통해 우리 안의 다문화 관련 문제 현상을 인식하거나 개선을 위해 함께 고심하기보다는 '스쳐가는 단순한 즐거움'만으로 구성된 문화수업을 하는 사례가 늘고 잇다.

2. 여행자 교육과정의 비판점

더만 스파크스는 여행자 교육과정을 비판한다. 여행자 교육과정은 주류 문화를 가진 사람들과 다른 문화를 가진 사람의 실제 생활 속의 문제와 경험을 다루는 대신에 문화 사이의 '이국적'이라는 차이점을 강조하면서 축제의 표면적인 면과 오락의 유형을 다루기 때문이다. 수업에 참여하는 아이들은 자신과 다른 문화를 잠깐 동안 방문했다가, 주류문화가 영향을 끼치는 그들의 일상적인 교실로 돌아오게 된다. 예를 들어 미국의 백인 아동들에게 휴일에 초점을 맞추어 아시아 일부 문화를 가르치면 부모와 아동이 너무 재미있고 신나게 참여한다. 그럼에도 불구하고, 자신들이 경험한 것들을 일반적으로 '다른' 사람들, 즉 유색인종이 하는 것이라고 기억하게 되기 때문이라는 지적이다.

주류문화를 가진 사람들과 주류와 다른 문화를 가진 사람들 사이에 필요한 것은 서로에 대한 진정한 이해다. 학생들이 마치 여행자처럼 잠깐 다른 문화를 방문했다가 현실 세계로 돌아와서 단순히 재미로만 남은, 본인과는 무관한 세계였음을 인식하게 하는 다문화체험 프로그램이라면 다시 생각해 보아야 한다. 짧은 여행이더라도 여행에서 배운 깨달음이 일상을 풍요하게 일구는 지혜가 될 수 있어야 한다.

선생님들은 문화 간의 차이점을 이국적인 것으로 다루기보다는 공동체를 구성하는 일부로서 다루어야 한다. 또한 선생님들은 '사람들이 자신이 이해하지 못하는 차이점'에 대하여 어떻게 반응하는지, 사람들이 문화에 대한 고정관념이나 편견을 갖고 있는지에 대해서도 학생들과 체험하며 토의했으면 한다. '다름'을 자연스럽게 인정하고 함께 어우러질 수 있는 용기도 다문화에서 가르쳤으면 한다.

---

1) L. Derman Sparks, 〈Anti-bias curriculum : Tools for empowering young children〉(1989), Natl Assn for the Education
2) Carl A. Grant, Christine E. Sleeter 지음/문승호 외 공역, 〈다문화교육의 탐구 : 다섯 가지 방법들〉(2009), 아카데미프레스.

부록1 — 전국 다문화가족지원센터 알아보기

지원센터		주소	전화번호
강원	강릉시	강원 강릉시 포남동 성덕포남로t 184 2층 (구 포남동1167-14)	033-648-3019
	동해시	강원도 동해시 천곡동 808 천곡1길 22-1	033-535-8378
	속초시	강원도 속초시 영랑동 234-2	033-638-3523
	양구군	강원도 양구군 양구읍 상리 239-7 양구행복나눔센터 2층	033-481-8663
	영월군	강원도 영월군 영월읍 단종로 12 영월군종합사회복지관 4층 영월군다문화가족지원센터	033-372-4769
	원주시	강원도 원주시 명륜2동 705번지 (명륜복지관내 3층)	033-765-8135
	인제군	강원도 인제군 인제읍 남북리 388 하늘내림센터 1층	033-462-3651
	정선군	강원도 정선군 정선읍 봉양7길 16 정선군종합사회복지관 내.	033-562~3-3458
	철원군	강원도 철원군 갈말읍 신철원리 710-4	033-452-7800
	춘천시	강원도 춘천시 효자동 708번지	033-251-8014~5
	태백시	강원 태백시 장성동 보드미길 40 근로자종합복지관 2층	033-554-4003
	평창군	강원도 평창군 평창읍 하리 113-1 평창군문화복지센터 2층	033-332-2063
	홍천군	강원도 홍천시 홍천읍 신장대리 51-20	033-433-1825
	횡성군	강원 횡성군 횡성읍 어수로 46번지	033-344-3459
경기	가평군	경기도 가평군 가평읍 향교로 38 행정정보관 2층	070-7510-5876
	고양시	경기도 고양시 일산동구 장항동 757번지 로데오탑202호	031-938-9801
	광명시	경기도 광명시 광명5동 273-4(너부대로 32번길 15-3)	02-2060-0453
	광주시	경기도 광주시 통미로길 52-19 (구- 송정동 115-4)	031-798-7141
	구리시	경기 구리시 교문동 256-10번지 건영빌딩 3층	031)556-4139
	군포시	경기 군포시 금정동 청백리길 6 군포시여성회관 2층	031-395-1811
	김포시	경기도 김포시 사우중로3번길 13-17(사우동 262) 평생학습센터 여성회관 1층	031-980-5498
	남양주시	경기도 남양주시 지금동 159-7 남양주시청 제2청사 2층	031-590-8214~5
	동두천시	경기 동두천시 생연동 665-2 두드림희망센터 2층	031-863-3822
	부천시	경기도 부천시 원미구 장말로 107(상동) 복사골문화센터 509호	032-320-6393
	성남시	경기도 성남시 중원구 금광2 동 2661 신구대학 평생교육원103호	031-740-1175
	수원시	경기도 수원시 팔달구 화서동 102-1 수원대리구청 1층	031-257-8504
	시흥시	경기도 시흥시 정왕동 1823-2번지 상경빌딩 4층	031-319-7997

지원센터		주소	전화번호
경기	안산시	경기도 안산시 단원구 고잔동 710-2 하늘법조빌딩 412호	031-439-2209
	안성시	경기도 안성시 산수유길15 안성종합사회복지관	031-677-7191
	안양시	경기도 안양시 동안구 달안동 1111번지 동안문화관 2층	031-8045-5705
	양주시	경기도 양주시 남방동 2-22	031-848-5622
	양평군	경기 양평군 양평읍 창대리 700-3(구.보건소)	031-775-5951~2
	여주군	경기도 여주군 여주읍 홍문리 현대A상가3층	031-886-0327
	연천군	경기도 연천군 전곡읍 온골로 17번길 33	031-835-1107
	오산시	경기도 오산시 원동 374-5	031-372-1335
	용인시	경기도 용인시 처인구 김량장동 286 처인구청 3층	031-323-7133~4
	의왕시	경기도 의왕시 오전동 원골로 48(오전동 99-1 가톨릭교육문화회관 1층 의왕시 다문화가족지원센터)	031-429-4782~4
	의정부시	경기도 의정부시 의정부2동 564번지 경민빌딩 1층	031-878-7880
	이천시	경기도 이천시 중리동 187번지 종합복지타운	031-631-2260
	파주시	경기 파주시 금촌동 782-4	031-949-9164
	평택시	경기 평택시 서정로 295 (서정동 산 12번지 1층)	031)615-3951
	포천시	경기 포천시 선단동 대진대학교 대진교육관 B1	031-532-2068
	화성시	화성시 태안로 145 유엔아이센터 4층 화성시다문화가족지원센터	031-267-8786
경남	거제시	경남 거제시 아주동 290 근로자복지회관 2층	055-682-4958
	거창군	경남 거창군 거창읍 중앙리 333-2 거창군종합사회복지관	055-945-1365
	경상남도	경남 창원시 의창구 사림동 창원대학교 국립창원대학교 종합교육관 85호관 703호	055-274-8337
	고성군	경남 고성군 고성읍 동외리 230-2 고성군종합사회복지관 내 2층	055-673-1466
	김해시	경남 김해시 부원동 623-2 (구 보건소2층)	055-329-6349
	남해군	경남 남해군 남해읍 아산리 355	055-864-6965
	밀양시	경남 밀양시 삼문동 4-32 여성회관 1층	055-356-8875
	사천시	경남 사천시 동금동 405-6 농협 3층	055-832-0345
	산청군	경남 산청군 산청읍 꽃봉산로 79번길 31-3	055-972-1078
	양산시	경남 양산시 남부동 95번지	055-382-0988
	진주시	경남 진주시 신안동 419-4번지	055-749-2325
	창원시	경남 창원시 성산구 가음동 20-8 창원시여성회관창원관 1층	055-225-3951
	창원시마산	경남 창원시 마산합포구 중앙동3가 4-190 마산YWCA 지하1층	055-245-8744~6

지원센터		주소	전화번호
경남	통영시	경남 통영시 무전동 464-1 통영시종합사회복지관 1층 다문화가족지원센터	055-640-7780~5
	하동군	경남 하동군 하동읍 섬진강대로 2214 종합사회복지관4층	055-880-6530
	함안군	경남 함안군 가야읍 도항리 121-1 함안군새마을지회	055-583-5430
	함양군	경남 함양군 함양읍 교산리 967-4	055-962-2013
	합천군	경남 합천군 합천읍 합천리 337	055-930-4738
경북	경산시	경북 경산시 경산로 131(사정동35-4) 서부1동주민센터 옆	053-816-4071
	경주시	경북 경주시 사정동 1-26 서라벌문화회관 2층	054-779-8706~9
	고령군	경북 고령군 고령읍 왕릉로 55 (고령군청 별관 내)	054-956-6336
	구미시	경북 구미시 형곡동 314-3	054-464-0545
	군위군	경북 군위군 군위읍 중앙길 31-10번지	054-383-2511
	김천시	경북 김천시 대광동 1347-1	054-439-8279
	문경시	경북 문경시 호계면 별암리 산 6번지 문경대학 내	054-554-5591
	봉화군	경북 봉화군 봉화읍 내성리 285 (결혼이주여성 전용쉼터내)	054-673-9023
	상주시	경북 상주시 무양동 1-162	054-531-1342~4
	성주군	경북 성주군 성주읍 성산 9길 45번지	054-931-0537
	안동시	경북 안동시 옥동 974 안동종합사회복지관	054-853-3111
	영덕군	경북 영덕군 영덕읍 화개리 608	054-730-7383
	영양군	경북 영양군 영양읍 서부리 158-6 (영양읍 석보로 1419)	054-683-5432
	영주시	경북 영주시 하망동 182번지	054-634-5431
	영천시	경북 영천시 화룡동 199-6번지 대천빌딩 2층	054-334-2882
	예천군	경북 예천군 예천읍 대심리 64-12 2층	054-654-4321
	울릉군	경북 울릉군 울릉읍 봉래길 61	054-791-0205
	울진군	경북 울진군 울진읍 울진북로 496-11 울진군종합복지회관	054-789-5414
	의성군	경북 의성군 의성읍 후죽리 502 -1	054-832-5440
	청도군	경북 청도군 화양읍 동천리 457 청소년수련관 3층	054-373-7421
	청송군	경북 청송군 청송읍 군청로 77 번지	054-872-4320
	칠곡군	경북 칠곡군 북삼읍 인평2리 523-60번지 새마을회관 2층	054-975-0834
	포항시	경북 포항시 남구 대잠동 포항시청 포항시의회동 지하1층	054-270-5556
광주	광산구	광주시 광산구 송정동 802-4	062-954-8004
	남구	광주시 남구 월산동 926-2	062-351-5432

지원센터		주소	전화번호
광주	북구	광주시 북구 신안동 237-5 용봉회관2층	062-363-2963
	서구	광주시 서구 양3동 385-20	062-369-0003
대구	남구	대구시 남구 봉덕 3동 624-14번지	053-475-2324
	달서구	대구시 달서구 신당동 1000 계명대 제2백은관 205-2호	053-580-6819
	달성군	대구시 달성군 화원읍 설화리 553-41 4층	053-637-4374
	동구	대구시 동구 안심로 300번지 대구가톨릭대학교 부설유치원 4층	053-961-2202~3
	북구	대구시 북구 관음동 1383-15번지(3층)	053-327-2994
	서구	대구시 서구 원대동3가 1115-5	053-341-8312
	수성구	대구시 수성구 두산동 보람길 30번지	053-764-4317
대전	대덕구	대전시 대덕구 오정동 74-4 대전가톨릭사회복지회관 3층	042-639-2664
	동구	대전시 동구 자양동 155-3 우송대학교 정례원	042-630-9945~6,8
	유성구	대전시 유성구 관평동 767번지	042-252-9997
	중구	대전시 중구 선화동 290-11	042-223-7959
부산	기장군	부산시 기장군 기장읍 차성로 206 기장종합사회복지관	051-723-0219, 0419
	남구	부산시 남구 수영로 530 여성회관	051-610-2027
	동래구	부산시 동래구 사직2동 사직북로 77(594-8)	051-506-5766
	북구	부산 북구 금곡동 810-1.	051-365-3408
	사상구	부산 사상구 학장동 가야대로 196번길 51 다누림센터	051-328-1001
	사하구	부산시 사하구 신평 1동 262-24번지 임호빌딩 2층	051-205-8345
	진구	부산시 부산진구 전포동 653-14 2층	051-817-4313
	해운대구	부산시 해운대구 좌동 양운로 91	051-702-8002
서울	강남구	서울시 강남구 개포동 14-2	02-3414-3346
	강동구	서울시 강동구 천호동 358 천호2동주민센터 5층	02-473-4986
	강북구	서울 강북구 수유동 410-293번지 4층 강북구다문화가족지원센터	02-945-7381
	강서구	서울 강서구 우장산동 우현로 34 (화곡동 1159-4) 우장산동주민센터 3층	02-2606-2037
	관악구	서울시 관악구 숙고개길 13(봉천동 1571-1번지) 1층	02-883-9383~4
	광진구	서울시 광진구 광장동 472-1 광장종합사회복지관내 3층.	02-458-0666
	구로구	서울시 구로구 구로3동 1129-6	02-869-0317
	금천구	서울 금천구 시흥1동 841번지	02-803-7743
	노원구	서울시 노원구 공릉동 569-19 가온빌딩 4층	02-979-3502

지원센터		주소	전화번호
서울	도봉구	서울시 도봉구 창동 303 구민회관 2층	02-990-5432
	동대문구	서울시 동대문구 회기동 1 경희대학교 생활과학대학 223호	02-957-1073
	동작구	서울시 동작구 사당2동 1136-1번지 3층(변경: 동작대로 29길 63-26번지(사당동)	02-599-3260
	마포구	서울시 마포구 양화로 1길 22(합정동 388-19번지)	02-3142-5027~8(5018~19)
	서대문구	서울시 서대문구 북가좌2동 333-5	02-375-7530~1
	성동구	서울시 성동구 홍익동 373-1	02-3395-9445
	성북구	서울시 성북구 보문동5가 14 노동사목회관	02-953-0468
	송파구	서울 송파구 마천2동 127-1	02-403-3844
	양천구	서울시 양천구 신월5동 52-2 신월5동 주민센터 3층	02-2699-6900
	영등포구	서울시 영등포구 신길1동 465-2 4층	02-846-5432
	용산구	서울 용산구 한남동 728-10 용산여성문화회관 1층	02-792-9174~5
	은평구	서울시 은평구 갈현동 468-2 성지빌딩 3층	02-376-3731
	종로구	서울시 종로구 창신2동 596-2 동부여성문화센터 2층	02-764-3521
	중랑구	서울시 중랑구 면목본동 62-2	
울산	남구	울산시 남구 옥동 336-2 가족문화센터 A동 3층	052-274-3185
	동구	울산시 동구 서부동 582-5번지 미포복지회관 5층	052-232-3357
	울주군	울산 울주군 범서읍 점촌 5길 39-7 구영복지관 2층 울주군다문화가족지원센터	052-229-9600
	중구	울산시 중구 성남동 57-17 3층	052-248-6007~8
인천	강화군	인천시 강화군 강화읍 남산리 213-2(구보건소 2층)	032-933-0980
	계양구	인천시 계양구 계산동 906-1 3층	032-552-1016
	남구	인천시 남구 주안6동 972-1 4층(동산빌딩 4층)	032-875-1577
	남동구	인천시 남동구 만수6동 1094-2	032-467-3912
	동구	인천 동구 송현1.2동 89-18 2층	032-773-0297
	부평구	인천시 부평구 갈산동 375-1	032-511-1800
	서구	인천시 서구 석남동 325 서부여성회관 1층	032-569-1540
	연수구	인천 연수구 연수2동 탑피온4층 연수구다문화가족지원센터	032-851-2740~2
	중구	인천시 중구 도원동 28-34 인천중구다문화가족지원센터	032-889-2594
전남	강진군	전남 강진군 강진읍 동성리 291-2	061-433-9004
	고흥군	전남 고흥군 고흥읍 남계리 832번지	061-832-5399

지원센터		주소	전화번호
전남	곡성군	전라남도 곡성군 곡성읍 중앙로 131번지 (곡성읍사무소 2층)	061-362-5411
	광양시	전남 광양시 마동 410 커뮤니티센터 6F	061-797-6832
	나주시	전남 나주시 송월동 921-5	061-331-0709
	담양군	전남 담양군 담양읍 만성리 116-1 (09지방비 -) 신규독립)	061-383-3655
	목포시	전남 목포시 산정로 150번길 22(산정동)	061-278-4222
	무안군	전남 무안군 무안읍 성동리 885-1	061-452-1813
	보성군	전남 보성군 보성읍 동인길 18-6	061-852-2664
	순천시	전남 순천시 덕월동 순천제일대학길 17번지 평생교육관3층	061-742-1050
	여수시	전남 여수시 미평동 591-9 여성문화회관	061-690-7160, 061-690-8388(7)
	영광군	전남 영광군 영광읍 신남로 155번지(수협 3층) 영광군다문화가족지원센터	061-353-7997
	영암군	전남 영암군 삼호읍 용당리 2178-2 한마음회관 2층	061-463-2929
	완도군	전남 완도군 완도읍 가용리 1248-14	061-554-3400
	장성군	전남 장성군 장성읍 충무5길 24번길 장성군가정복지회관내	061-393-5420
	장흥군	전남 장흥군 장흥읍 건산리 흥성로 37-24 장흥종합사회복지관 4층	061-864-4810
	진도군	전남 진도군 진도읍 성내리 옥주길 7-2	061-544-9993
	함평군	전남 함평군 함평읍 남일길 52번지	061-324-5431
	해남군	전남 해남군 해남읍 북부순환로 10	061-534-0017~8
	화순군	전남 화순군 화순읍 만연리 243 부영3차상가 304호	061-375-1057
전북	고창군	전북 고창군 고창읍 교촌리 233-5 1층	063-561-1366
	군산시	전북 군산시 수송동 축동1길 15-2번지	063-443-0053
	김제시	전북 김제시 검산동 1031번지 지평선어울림센터 3층	063-545-8506
	남원시	전북 남원시 동충동 173-2	063-635-5474
	무주군	전북 무주군 무주읍 읍내리 한풍루로 425	063-322-1130
	부안군	전북 부안군 부안읍 서외리 536-15	063-580-3941~3
	순창군	전북 순창군 순창읍 장류로 192 순창군청소년센터 3층	063-652-3844
	완주군	전북 완주군 삼례읍 삼례로 443 우석대학교 종합관 5310호(3F)	063-291-1296
	익산시	전북 익산시 신용동 344-2 원광대학교 생활과학대학 2층	063-850-6046
	임실군	전북 임실군 임실읍 이도리 236-2 새마을금고 2층	063-642-1837,9
	장수군	전북 장수군 장수읍 장수리 297	063-352-3362

지원센터		주소	전화번호
전북	전주시	전북 전주시 완산구 서노송동 639-9	063-243-0333
	정읍시	전북 정읍시 수성동 서성길 25	063-531-0309
	진안구	전북 진안군 진안읍 군하리 285-8	063-433-4888
제주	서귀포시	제주특별자치도 서귀포시 서귀동 303-12번지	064-762-1141
	제주시	제주특별자치도 제주시 노형동 727 은혜빌딩 6층	064-712-1140
충남	공주시	충남 공주시 중동 321	041-856-0883
	금산군	충남 금산군 금산읍 상리 24-2	041-750-3990
	논산시	충남 논산시 취암동 1048-7	041-735-5810
	당진시	충남 당진시 수청동 1005번지 종합복지타운 4층	041-360-3160~3172
	보령시	충남 보령시 명천동 413	041-936-8506
	부여군	충남 부여군 부여읍 나성북로 17	041-830-2648, 041-830-2766
	서산시	충남 서산시 율지6로 10 서산새마을금고 5층	041-664-2710
	서천군	충남 서천군 서천읍 서천로 38 2층	041-953-1911
	아산시	충남 아산시 온천동 94-6 4층	041-548-9779
	예산군	충남 예산군 예산읍 산성리 727번지 2층	041-334-1368
	천안시	충남 천안시 서북구 성정2동 1519번지 백석대학빌딩 10층	1577-8653
	청양군	충남 청양군 청양읍 읍내리 14-1 (약수터길11)	041-944-2333
	태안군	충남 태안읍 남문리 712-13	041-670-2396
	홍성군	충남 홍성군 홍성읍 오관리 701 홍성사회복지관내	041-634-7432
충북	괴산군	충북 괴산군 괴산읍 서부리 금산길 3 괴산군다문화가족지원센터	043-832-1078
	단양군	충북 단양군 단양읍 별곡12길 5, 여성발전센터 2층	043-421-6200
	보은군	충북 보은군 보은읍 보은읍 남부로 4515 거성상가 2층	043-544-5422
	영동군	충북 영동군 영동읍 부용리 388-1	043-745-8489
	옥천군	충북 옥천군 옥천읍 문정리 439 다목적회관 2층	043-733-1815
	음성군	충북 음성군 음성읍 읍내리 읍내리 817-12 (여성회관 2층)	043-873-8731
	제천시	충북 제천시 교동 90-14	043-643-0050
	증평군	충북 증평군 장동리 785 구보건소 별관	043-835-3572
	진천군	충북 진천군 진천읍 벽암리 570-1 생거진천종합복지관 2층 진천군다문화가족지원센터	043-537-5431,5432
	청원군	충북 청원군 남일면 효촌리 92-2 청원군보건소 내 2층	043-293-8887

지원센터		주소	전화번호
충북	청주시	충북 청주시 흥덕구 모충동 94-9번지(무심서로 333) 청주시다문화가족지원센터	043-200-7650~7664
	충주시	충북 충주시 봉방 9길 12 (봉방동 203-1번지)	043-856-2253
다누리콜센터		서울시 마포구 서교동 383-17 계림빌딩 3층	1577-5432
서울지원단		서울 마포구 합정동 426-1 웰빙센터 7층	02-3140-2260
세종시		세종특별자치시 조치원읍 조치원5길 75번지 여성회관 1층	044-862-9338

출처: 다누리 홈페이지, http://www.liveinkorea.kr

부록2 — 전국 청소년쉼터 알아보기

청소년 쉼터		대상	주소	전화번호	홈페이지
서울	강남구청소년쉼터	남	서울시 강남구 수서동 741번지 태화기독교사회복지관 6층	02-512-7942	www.ts7942.or.kr
	강서청소년쉼터	남	서울 강서구 화곡5동 83-23 3층	02-2697-7377	www.ishelter.or.kr
	노원구청소년쉼터	여	서울 노원구 하계1동 276-2 삼성씨티빌103-205	02-948-2664	www.nowonshelter.net
	서울시립 금천청소년쉼터	여	서울 금천구 가산동 345-58	02-3281-8200	www.youthzone.or.kr
	성심디딤돌청소년 쉼터	여	서울 구로구 궁동 197-3번지	02-2688-1318	www.ssdidimdol.org
	안젤라의 집	여	서울시 성북구 장위1동233-449	02-916-8778	www.goodangela.org
	어울림청소년쉼터	여	서울 서대문구 홍은2동 400-9 6층	02-302-9006	·
부산	부산광역시 남자단기청소년쉼터	남	부산 사상구 덕포2동 247-6	051-303-9672	bs6.ox.or.kr/root/main.php
	부산광역시 여자단기청소년쉼터	여	부산 수영구 민락동 165-7번지	051-756-0924	www.shelter1004.or.kr
	부산광역시여자중장기 청소년쉼터 영희네집	여	부산 금정구 남산동 335-16 (2층)	051-581-1388	www.쉼터1388.org
	부산광역시 일시청소년쉼터	남·여	부산 사상구 덕포2동 247-6	051-303-9679	bs7.ox.or.kr/root/main.php
인천	성산 사랑의집 (청소년쉼터)	여	인천 남동구 만수5동886-44 원빌리지 301호	032-465-1393	·
	인천광역시 우리들청소년쉼터	남	인천 부평구 십정동 479-12	032-442-1388	www.lovehome.or.kr
	인천광역시 일시쉼터한울타리	남·여	인천 부평구 부평1동 185번지 인천지하철 부평역지하1층	032-516-1318	www.dropincenter.or.kr
	인천광역시청소년쉼터	남	인천 남구 주안2동 547-5	032-438-1318	www.ic1318.org
	인천광역시 청소년여자쉼터	여	인천 남동구 구월4동 1314-16 대영빌딩 5층	032-468-1318	www.icshimter.or.kr

청소년 쉼터		대상	주소	전화번호	홈페이지
인천	인천광역시 청소년일시쉼터 꿈꾸는별	남·여	인천광역시 연수구 원인재로 156	032-817-1318	www.icstar.net
	인천광역시 청소년 중장기쉼터 별마루	남	인천 남구 주안2동 557-24 대창빌라 가동 501호	032-875-7718	ic1318.org
	청소년여자단기쉼터 하늘목장	여	인천 부평구 부개2동 197	032-528-2216	skyshimter.org
대전	대전광역시 남자청소년중장기쉼터	남	대전 서구 갈마동 333-9번지 현진빌라 402호	042-528-7179	www.shimter.or.kr
	대전광역시 이동일시 청소년쉼터	남·여	대전 중구 선화동 74-8번지 새마을금고 3층	042-221-1092	town.cyworld.com/djoutreachcenter
	대전광역시 중장기청소년쉼터	여	대전 서구 갈마동 1275번지	042-534-0179	www.djshimter.or.kr
	대전광역시 청소년남자쉼터	남	대전 중구 은행동 142-6번지 대전보육정보센터 5층	042-223-7179	www.shimter.or.kr
	대전광역시 청소년드롭인센터	남·여	대전광역시 중고 보문로 268번길 26-1 3층(구: 대흥동 206-10)	042-673-1092	www.woorijari.net
	대전광역시 청소년여자쉼터	여	대전 중구 은행동 142-6번지 보육정보센터 4층	042-256-7942	www.shimter.or.kr
대구	달서구청소년쉼터	남	대구 달서구 본동 789-2	053-526-1318	yw1318.com
	대구광역시 중장기여자쉼터	여	대구 중구 북내동 39-3 3층	053-426-2276	·
	대구광역시청소년쉼터	여	대구 중구 종로1가 83-1 (청소년센터 4층)	053-659-6290	shelter.daeguyouth.net/
광주	광주광역시 남자청소년쉼터	남	광주 동구 서석동 42-7	062-227-1388	·
	광주광역시청소년쉼터	여	광주 북구 유동 광주YWCA건물 107-5번지 5층 청소년쉼터	062-525-1318	www.jikimi.or.kr/gj/
	맥지청소년쉼터	여	광주 동구 소태동 449번지 5층	062-366-1318	www.macji.or.kr
울산	울산광역시 남자단기청소년쉼터	남	울산 북구 연암동 359-4번지 307동 301호	052-261-1388	www.micos79.or.kr

청소년 쉼터		대상	주소	전화번호	홈페이지
울산	울산광역시 중장기청소년쉼터	남	울산 울주군 웅촌면 대복리 269번지	052-223-5186	ulsan7942.or.kr
	울산남구 여자단기청소년쉼터	여	울산 남구 달동 637-10번지 5층	052-269-1388	micos79.or.kr
경기도	고양열린청소년쉼터	여	경기 고양시 일산구 탄현동 1498-7	031-918-1366	1366.co.kr
	고양청소년쉼터 둥지	남	경기 고양시 일산구 식사동 312-2	031-969-0091	www.teenteen.or.kr
	군포시 청소년쉼터하나로	남	경기 군포시 산본1동 75-61	031-399-7997	www.hanaro.sc.kr
	남양주시 일시청소년쉼터	남·여	경기 남양주시 금곡동 651-10 다남빌딩 203호	031-591-1319	www.nyj1319.or.kr
	바나나하우스 청소년쉼터	남	경기 수원시 장안구 조원동 730-11	031-893-7929	www.bananahouse.kr
	부천시모퉁이 청소년쉼터	여	경기 부천시 원미구 역곡1동 114-11	032-343-1880	motungii.bucheon4u.kr
	성남새날을 여는 청소년쉼터	여	경기 성남시 중원구 하대원동 103-17 럭키참조은 201호	031-758-1213	www.newdays.or.kr
	성남시중장기 청소년쉼터	여	경기 성남시 중원구 성남동 258번지 3층	031-758-1720	·
	성남시 청소년일시쉼터	남·여	경기 성남시 수정구 태평2동 3481 2층	031-758-1388	·
	성남시 푸른청소년쉼터	남	경기 성남시 중원구 성남동 4295번지	031-722-6260	www.purumi.net
	수원청소년 쉼터	남	경기 수원시 팔달구 인계동 전원아파트 B동 상가 3층	031-232-4866	www.youth-shelter.co.kr
	시흥시 단기여자청소년쉼터 자연인	여	경기 시흥시 정왕동 오동마을로 33, 5층(정왕동 2313-8 5층)	070-4158-0079	www.shgirls.or.kr
	안산시 청소년쉼터 자유세대	남	경기 안산시 고잔동 727-5 303호	031-501-2542	www.freeage.or.kr
	안산시청소년쉼터 한신	여	경기 안산시 월피동 500-2번지	031-485-0079	hanshin.wahaha.or.kr
	안양시 청소년쉼터 FORYOU	남	경기 안양시 동안구 호계2동 932-1 한길맨션 B동	031-455-9182	yea21.net

청소년 쉼터		대상	주소	전화번호	홈페이지
경기도	용인중장기여자쉼터	여	경기 용인시 풍덕천1동 738-9 301호	031-264-7733	www.greendream.or.kr/
	용인 푸른꿈청소년쉼터	남	경기 용인시 풍덕천2동 570-1호	031-276-0770	www.greendream.or.kr
	의정부시 남자청소년쉼터	남	경기 의정부시 의정부2동 598번지 유풍빌딩 5층	031-829-1318	www.ums1318.co.kr
	의정부시 여자청소년쉼터	여	경기 의정부시 가능1동 374-4 십대지기청소년비전센타 3-4층	031-837-1318	www.10jigi.org
	평택시청소년쉼터	여	경기 평택시 비전2동 825-15	031-652-1384	www.safefamily.or.kr
강원도	강원도 중장기여자 청소년쉼터	여	강원 원주시 학성동 1023-76	033-735-1320	·
	강원도 청소년 중장기쉼터	남	강원 춘천시 신동 926-8	033-244-5118	·
	춘천YMCA 강원도 단기남자 청소년쉼터	남	강원 춘천시 후평1동 849-6 춘천YMCA 4층	033-255-1002	gw1318.or.kr
	춘천YMCA 강원도 여자청소년쉼터	여	강원 춘천시 후평1동 849-6 춘천YMCA 3층	033-255-1004	gw1318.or.kr
충청북도	느티나무 쉼터	여	충북 청주시 흥덕구 사직2동 628-18	043-276-1318	www.imind.kr
	청주청소년쉼터	남	충북 청주시 흥덕구 가경동 1085번지	043-231-2676	·
	충청북도 중장기청소년쉼터	남	충북 청주시 흥덕구 복대2동 694-36	043-266-2204	·
충청남도	아산옥련 청소년남자단기쉼터	남	충남 아산시 온천동 306-21번지(성심빌딩 4층)	041-548-1326	okryun.or.kr
	천안 청소년 단기남자쉼터	남	충남 천안시 성정동 692-7	041-578-1389	www.shimter1388.com
	천안 청소년 단기여자쉼터	여	충남 천안시 성정동 697-22	041-578-1388	www.shimter1388.com
	천안 청소년 중장기남쉼터	남	충남 천안시 성정동 699-22 유니빌 402호	041-576-1389	www.shimter1388.com
전라북도	꽃동산쉼터	여	전북 군산시 조촌동 756-19	063-451-1091	·
	임마누엘청소년쉼터	남	전북 전주시 덕진구 우아동2가 855-2	063-244-1774	www.im1774.com

청소년 쉼터		대상	주소	전화번호	홈페이지
전라북도	전주 청소년 한울안 쉼터	남	전북 전주시 덕진구 진북동 368-8	063-251-3530	·
	전주푸른청소년쉼터	여	전북 전주시 덕진구 인후동 1가 899-4	063-252-1091	www.1091.org
	전주 한울안 청소년쉼터	남	전북 전주시 덕진구 덕진동 368-8	063-251-3530	한울안청소년.kr
전라남도	목포시 남자 단기청소년쉼터	남	전남 목포시 산정동 1050-66번지	061-278-1388	www.youthself.com
	목포유달여자(단기)	여	전남 목포시 상동 957-9번지 1층	061-283-1088	mpyudal.co.kr
	여수시 중장기 청소년쉼터	여	전남 여수시 여서동 917-3번지	061-661-0924	·
경상북도	경상북도 청소년남자쉼터	남	경북 구미시 형곡로 158 (구, 형곡동 292-2번지) 지언빌딩 5층	054-455-1234	www.gbybs.com/
	경상북도청소년쉼터 (희망의샘쉼자리)	여	경북 안동시 옥정동 1번지	054-857-6137	gbshimter.com
	구미시 청소년쉼터 느티나무	여	경북 구미시 원평동 438-3번지	054-444-1388	·
	포항시 중장기 청소년쉼터	여	포항시 북구 덕수동 38-6	054-244-1318	cafe.daum.net/ phyouth2002
	포항청소년쉼터	여	경북 포항시 북구 장성동 1216번지	054-249-7179	·
경상남도	김해YMCA청소년쉼터	여	경남 김해시 봉황동 404번지 5층	055-332-1318	ya1318.co.kr
	마야청소년쉼터(중장기)	남	경남 창원시 사파동 54-1번지	055-274-0924	www.mayashelter.co.kr
	하라단기청소년쉼터	남	경남 창원시 도계동 320-5	055-237-1318	hara1318.or.kr
제주도	성지청소년쉼터	남	제주 제주시 이도2동 1022-13번지 3층	064-759-1388	cafe.daum. net/7591388
	온누리청소년쉼터	여	제주 서귀포시 동홍동 512-14	064-733-1376	onnuri.sgpyouth.or.kr
	제주청소년쉼터	여	제주 제주시 건입동 1274-8번지 3층	064-751-1388	jejushelter.org

출처: 한국청소년협의회 홈페이지, http://www.jikimi.or.kr

살아있는
다문화교육
이야기

2013년 5월 31일 초판 1쇄 발행
2021년 11월 5일 초판 10쇄 발행
지은이 손소연·이륜
펴낸이 이형세
디자인 privateelephant
펴낸곳 테크빌교육(주)
주소 서울시 강남구 언주로 551, 프라자빌딩 5층, 8층
전화 02-3442-7783(333)
팩스 02-3442-7793
ISBN 978-89-93879-49-0 03370
정가 14,000원

* 이 책의 무단 전재와 무단 복제를 금합니다.